SCHNEIDER · WINTER IN WIEN

Reinhold Schneider

REINHOLD SCHNEIDER

WINTER IN WIEN

Aus meinen Notizbüchern 1957/58

MIT DER GRABREDE
VON WERNER BERGENGRUEN
6 ZEICHNUNGEN VON HANS FRONIUS
EINER PORTRÄTAUFNAHME
SOWIE EINER WIEDERGABE
DER TOTENMASKE DES DICHTERS

HERDER
FREIBURG · BASEL · WIEN

Anmerkungen zum leichteren Verständnis einiger

Stellen der Notizbücher

befinden sich am Schluß des Buches Seite 293-301

Herstellung: Freiburger Graphische Betriebe 1993

ISBN 3-451-23209-X

Sterbliche Gedanken soll der

Sterbliche hegen,

nicht unsterbliche der Sterbliche

EPICHARMUS AUS KRASTOS

DER SCHATTEN DES TAUBENSCHWARMS gleitet im ermattenden Schein der Lampen über den Platz: stummer Wirbel herbstlicher Blätter. Auch die Spatzen sind schon wach; sie kreischen in der Platane, unter der gestern, am späten Abend meiner Ankunft, Einsame auf den Bänken die Milde des Novembers genossen. Ein Liebespaar nimmt Abschied, da es Tag wird. Im feierlichen Dunkel der Dominikanerkirche beten Frauen den Rosenkranz vor dem Hochaltar; es ist ein hilfreicher Raum, erfüllt, von harmonischer Kraft; keiner der wenigen Beter in den Bänken ist allein.

Das könnte ein guter Anfang eines jeden Tages sein. Nur langsam hebt sich die Stadt ins Grau; noch ist kein Frost über sie hingegangen; die zarten zitternden Blütchen in dem dichten Grün, das die Mauer des Dominikanerklosters überwuchert, sind unversehrt. Was ich hier will? Wie sollte ich das wissen? Ich bin lebenslang Regungen gefolgt, für die mir die Bezeichnung „Ruf" heute zu pathetisch ist. „Man soll auch des Mannes gedenken, der vergißt, wohin der Weg führt", nach dem Rate des Dunklen von Ephesos. Wenn man aber über dem Paß ist — und das ist ein erleichterndes Gefühl —, so ist man dankbar, wenn man mit einem bedeutenden

Phänomen ins Gespräch kommen darf, von ihm ins Gespräch genommen wird; hoffentlich ist das keine Anmaßung; es geht nicht um einen Austausch mit dem unauslotbaren Phänomen Wien, sondern um ein Hören, Empfangen, um die lernende Existenz in dieser Stadt, die Stern und Verlockung für mich war in frühesten Jahren und die zum erstenmal zu betreten ich erst diesen Sommer den Mut fand. Wie zu erwarten oder zu befürchten war, hat sie das Netz über mich geworfen: sie zog mich nach wenigen Monaten zurück. Jenseits des Passes ist man auf Überraschungen gespannt; man wird immer dankbarer für Geschenke; was etwa das Innere aus sich herausstellen sollte – wenn es noch möglich wäre –, regt die Leidenschaft, die notwendige, nicht mehr an; es wird von immer geringerem Belang. Freilich kann es sein, daß diese Verschiebung im Innersten der Existenz der Zeit parallelläuft: der Zeit, die ganz und gar das persönliche Leben ist, Umkreis und Inhalt. Welche Torheit, über sie hinwegzustreben, statt immer tiefer in sie hinein! Auf jedem Schritt und Tritt also erfahren wir die Zeit, und gerade vor verlassenen Palästen, auf Schlachtfeldern, von denen der Ruhm Abschied nimmt, in Kirchen, die sich nicht mehr füllen; das heißt: im Geschichtsraum, dessen Torwart die Zeit ist. Die Alten wußten: „Das Wesen eines jeden Tags ist ein und dasselbe." Des Menschen paradoxes Wesen ist: Partizipation an Geschichte, seine Aufgabe: mitspielender Zuschauer zu sein. Die explosiven Veränderungen, die sich nach unbegrenzbarer Vorgeschichte in dieser Stunde ereignen, können uns nicht lassen, wie wir waren, verweigern, was wir wollen, fordern, was wir nicht vermögen. Die Zepter wurden im Dunkel vertauscht; ein unbekannter Souverän ist gekommen von verschlossener Stirn; seine Strahlung ist in uns eingedrungen, ist ein Bestandteil geworden unseres Selbst. Was ich mir noch wünsche, ist das gewissenhafte Innewerden seiner Allgegenwart, ist eine Art Standhalten vor der regierenden Machtgestalt, der Versuch, die Sterne über ihr zu sehen, *auch* über ihr.

Aber das hier, wo die zauberhaften Schimmel im Festsaal Karls VI., der noch immer regierenden, noch immer den Huldigenden gnädig dankenden Majestät, die feinen Gelenke, die schlanke Kraft ihrer untadeligen Körper bewegen nach den Takten Mozarts, Chopins, des Walzerkönigs? Welcher Ernst des Tanzes! Welche Sammlung der Anmut: Und welches Entschwinden des verkleideten Reiters ins Unpersönliche, der keine andere Bestimmung hat als die Darstellung der vollkommenen Kreatur in ihrer schmalen Fülle: Kein Rückblick! Keine Sehnsucht! Besser die Erschütterung unter untragbarer Dissonanz. Und dann vor dem Einschlafen – und wieder und wieder im Traum – die feinen Gelenke, die sorgsam-spielerisch sich hebenden Hufe, der verhaltene Klang, die ernsten nickenden Häupter und wehenden Schweife, die sich aufrichtende Majestät der Kreatur, der Zweispitz an ausgerecktem Arm vor der gnädigen Kaiserlichen Majestät. Spanische Formstrenge vermählt sich österreichischer Anmut. Nur wer in der Arena und in der Reitschule zugleich beheimatet wäre, würde Spanien ein wenig näherkommen: dort verwickelt sich das Pferd verzweifelten Hufschlags in sein Gedärm; hier bewegt es sich im Triumphe seines Schritts, seiner tänzerischen Kraft, schönste Huldigung vor der Majestät.

Und wieder die vernichtende Dissonanz: die breiten

Dialekte der Zirkusbesucher, das Gezwitscher der Papageien auf den Galerien, die unerträgliche Anwesenheit der Geschichtsfremden, deren Kamera tagaus, tagein auf Geschichte spannt: auf dem Meere treibendes Seegras, das — wie es den Anschein hat— dem Kolumbus Land anzeigt. Aber welches Land?

Es gehört zum Mißgeschick des Wanderlebens, daß man in Städten aufwacht, auf die man sich nicht besinnen kann, und in Zimmern, in denen man sich nicht auskennt. Der Lichtschalter ist nicht zu finden, der zum Willkommen mit einer Blumenvase freundlich geschmückte Tisch steht im Wege. Kurzum: ich bin samt der sich ergießenden Vase gestürzt und habe mich gestoßen, doch ist es für uns beide noch leidlich abgelaufen, nur die Nelkenschönheit ist geknickt. Da ich unentschlossen vor den Treppen stehe, die zum Portal der Dominikanerkirche aufsteigen, fällt mein Blick auf eine von einem Vordach geschützte Kirchentür, die es mir leichter macht: Einladend ist der Anblick nicht; es ist eine schmalbrüstige nüchterne, in einen Trakt eingesprengte Front aus der Mitte des vorigen Jahrhunderts. Aber das ist nur die Schutzfarbe eines Geheimnisses. Innen schweben Kristallüster im Dunkel; zwei Engel, deren jeder drei Kerzen trägt, stehen vor der geöffneten Pforte der Ikonostasis; der Priester im roten Meßgewand singt am Altar; in fremden Lauten, fremdfeierlichen Rhythmen; er schreitet singend heraus mit den heiligen Geräten und kehrt singend zurück; dunkle Männerstimmen antworten hinter dem Opfertisch, der Diakon liest. Eine alte, in Schwarz gehüllte Frau kniet auf dem Boden und küßt den Teppich; eine Mutter führt ihr buntgekleidetes Mädelchen herein; ein junges Mädchen sitzt in einem der Kirchenstühle: das ist für heute die Gemeinde, stark unter erhabenem Ritus, unter dem Schutzgebet der Heiligen, deren Bilder im Kerzenschein ruhn und von den Gewölbefeldern der Decke leuchten. Ich möchte, wenn es erlaubt ist, fortan Gast bleiben an der Tür.

Es ist die Kirche der heiligen Barbara, anbefohlen dem heiligen Märtyrer Josaphat, dem griechisch-katholischen Erzbischof von Polozk (1580–1623), Blutzeugen der Union, dessen Gebeine während des ersten Weltkriegs in Rußland aufgefunden und hier geborgen wurden. Die Konviktskapelle der benachbarten Jesuiten wurde nach der Katastrophe des Ordens (1773) von Maria Theresia der griechisch-katholischen Geistlichkeit übergeben, großzügig ausgestattet und mit einem Konvikt verbunden, dessen Aufgabe die Ausbildung griechisch-katholischer Geistlicher war. Die Völkermutter überwachte mit dem politischen Geschick das geistliche der in der Vielfalt farbenreicher Traditionen ihr anvertrauten Völker. Marie Antoinette soll ein Christusbildchen für das kristallene Prozessionskreuz gestickt haben. Als, etwa zehn Jahre nach der Stiftung, ihre Aufhebung erwogen wurde, erschien Joseph II. (am 15. April 1784, zwölf Uhr mittags) im Konvikt; er prüfte, ließ sich unterrichten und beschloß, die einzige Kirche zu erhalten und zu unterstützen, die in der Kaiserstadt dem griechisch-katholischen Ritus diente. Der Vorschlag des Präfekten, einen zweiten Priester zu berufen, der der rumänischen und slawischen Sprachen mächtig sei, fand Josephs Zustimmung. Über eine Stunde soll er dem Barbareum gewidmet haben; nach fünf Tagen schon dekretierte er, was er versprochen hatte: das schmale Heiligtum ist lebendiges Denkmal toleranter Universalität.

Ich finde einen nicht beschwerlichen Weg an dem undurchlässigen gigantischen Block der Postsparkasse vorüber und durch den Hof der Postdirektion. Zwar sind Durchfahrt und Durchgang nachdrücklich verboten, aber sie werden von jedermann geübt. Die griechische, römische und slawische Tradition, dreifacheiniger Glaube und Feierdienst, vereinen sich Tag für Tag im Gesang, unter dem Gebet weniger Frauen und eines Kindes. Die Segensmacht der Völker-Mutter, der kaiserlichen Frau im Dienste der Kirche, die aller Völker Mutter ist, blieb ungeschwächt. Und was die Lenker der Staaten nicht vermögen, ereignet sich hier, hinter geschlossener und doch so willig sich öffnender Pforte. Rom und Byzanz in der Gegenwart der Ikonen, das Lateinische, das Slawische (wie stark ist das nordische Element im Griechentum) unter gedämpftem byzantinischem Glanz: Was könnte, was muß dieser Zusammenklang uns bedeuten!

Es ist fatal, wenn ein Dichter soviel weiß wie Gott; wenn er sich auf das Geheimnis der Geschichte, auf das Mysterium der Fügung versteht. Denn es ist dann kaum mehr ein Schritt zur Banalität. Was entschleiert werden soll, zieht sich zurück. Großartig-faszinierende, alle Möglichkeiten des Burgtheaters einsetzende Inszenierung drapiert ein religiöses Lehrstück Claudels („Das Buch von Christoph Columbus"), das vollkommene Pendant zu den Lehrstücken des Ostens: sowenig diese diejenigen überzeugen, die ihre Voraussetzungen nicht bejahen, sowenig werden die nicht Glaubenden von der frommen Geschichtsoper erreicht werden, die notwendig im Theaterhimmel, unter weißgekleideten Statisten der Engelshierarchie endet. Aber werden denn die Gläubigen bewegt, wenn ihnen demonstriert wird, wie geschickt Gott gerade auf krummen Linien schreibt? Und von der noch größeren Geschicklichkeit des Autors, der diese Schrift entziffert? Das ist nicht zu ertragen, daß die blutgierigen Götter unverständlicher Völker als klappernde Gespenster agieren: sie waren mehr. Und wenn sie nur Phantasmen der Sehnsucht gewesen wären, so sollten sie uns ehrwürdig sein, Zeichen der Sehnsucht des Menschen über den Menschen hinaus.

Ich schleiche mich zu Anfang des zweiten Aktes aus der Loge – und ich habe eine halbe Stunde, sozusagen in königlicher Einsamkeit, in der Burg. Denn auch die braunbefrackten Diener sind nicht zu sehen, das Büfett ist abgeräumt. Großartig, in Intervallen, hebt sich die Kaiserstiege herauf in den spiegelnden Glanz des Marmors und der Kristalle. Es ist Entweihung, daß ein anderer als der Kaiser sie beschreitet. Die Abertausend unkaiserlichen Füße ließen keine Spur – und wie viele ihrer noch heraufsteigen, sie drücken sich nicht ein. Die Stiege wartet auf den Kaiser, der nicht wiederkehrt: es warten alle die in Wahrheit Anwesenden – denn anwesend bin nicht ich, sowenig wie die Garderobieren, die Diener, das von der Geschichtsrevue geplagte Publikum; anwesend in Erwartung Seiner Majestät sind die Großen der Szene: die Rachel und Rettich und Ristori, Kainz, Talma, Kean, Thimig. Der Hofstaat ist vollzählig, repräsentiert in Büsten und liebevollen, zum Teil bedeutenden Porträts; der Hofstaat wird, nach menschlichem Ermessen, noch lange versammelt bleiben. Der Kaiser kommt nicht. Er geruht nicht, die Stiege zu betreten. Das

Klima der Welt sagt ihm nicht zu. Und wir und alle Regisseure und Autoren und das düpierte Publikum treiben wesenlos durch den glänzenden Wartesaal. Diese sonderbare Situation: das Ausbleiben des Kaisers, die unbeirrbare Anwesenheit seines Hofs, die Verlassenheit seiner Stiftungen, kommt in der Geschichtsoper nicht zur gebührenden Geltung. Aber — vergessen wir es nicht — die Majestät hat für normale Fälle eigene Einfahrt, eigenes Foyer und private Treppe zur Loge. Vielleicht ist Majestät schon auf dem Wege. Sie steht schon hinter dem Vorhang der Hofloge — aber sie teilt ihn nicht — sowenig wie es der Spielleiter zulassen würde — nach einem nicht geglückten Aktschluß. — Denn wir blicken nicht empor.

Aber das am Tage arbeitende Theater duldet solche Stimmungen nicht; ein beängstigender Wirbel des Kommens und Gehens, der Begegnungen und Verabredungen, des Rufens, Suchens und Verfehlens, der heißen Arbeit pulst durch das riesige Haus; immerfort schlagen die Türflügel, bricht das Wort ab am Tisch der Kantine, hängt, für eine Sekunde, die Frage in der Luft, die keine Antwort fand, bleibt der eben berührte Teller neben dem kalt werdenden Kaffee stehn. Der Dämon der Spiellust ist untrennbar von dämonischer Jagd nach Erfolg; es kann nicht anders sein: Nur was Erfolg verheißt, gilt, sei es die Rolle, seien es die Regie, das Stück, der Mensch. Aber das Wort „Dämon" darf nicht im Sinne unserer viel zu engen, von den letzten Jahrzehnten verdorbenen Geschichtserfahrung festgelegt werden; wir müssen die antike Bedeutung zurückgewinnen, die ja auch für Goethe gegolten hat: Als Ursache aller Zerrissenheit und Unseligkeit sah der Stoiker Poseidonios den Ungehorsam des Menschen gegen den Dämon in seiner Brust an, der dem die Welt durchwaltenden Dämon wesensgleich ist. Solche „Dämonie" ist Leben, Dasein. Was aber die Dämonie der Erfolgsgier angeht, so ist nichts mir fremder, der ich nie einen beachtenswerten Zusammenhang zwischen Bestimmung und Wirkung gefunden habe (wenn auch vollzogene Bestimmung immer ein Ergebnis bedeutet). Diese Unabhängigkeit des Wesens und Tuns von der Begleiterscheinung könnte dennoch ein Zug österreichischer Art sein und, dem entsprechend, Merkmal österreichischer Geschichte. „Die Habsburger Krone", antwortete der Erzherzog-Thronfolger, als die Aufhebung des von ihm für seine Söhne geleisteten Verzichts erwogen werden sollte, „ist immer eine Dornenkrone gewesen. Niemand soll nach ihr verlangen, der nicht hineingeboren wurde" (nach Friedrich Funder: „Vom Gestern ins Heute"). Die Dornenkrone aber ist einer jeglichen Herrschaft übergeordnet; sie allein ist universal; sie ist Habsburgs Unsterblichkeit.

Heute am Tage des heiligen Josaphat, des Blutzeugen der Einheit, ist inmitten seiner Kirche, unter deren kleinen Kostbarkeiten, eine brokatene Krone aufgebaut auf gekreuzten Zeptern, und vielleicht wird auch das Bildchen, das Marie Antoinette der Gemeinde verehrte, im Hochamt zu Ehren kommen.

Und die Stadt arbeitet an mir und ereignet sich innerhalb der engen Grenzen meiner Existenz und meines Sehvermögens. Das Autochen findet sich keuchend durch seinen Weg kreuzende Ströme; ich fürchte, zu spät ins Ministerium zu kommen, wo eine kleine Feier für Max

Mell stattfinden soll. Vor dem Tor, auf dem Minoritenplatz, ruft mich Otto Hahn an, der heute abend im Konzerthaus sprechen will. Seine Bestimmung, seine Persönlichkeit beschäftigen mich immerfort, wie mir ja die Forscher als Regenten der Zeit, in Fesseln der Zeit mehr als die Künstler zu sagen haben vom Menschlichen, vom Schicksal des Geistes, von Geschichte. Ich darf mich auf ihn berufen und werde also heute abend Einlaß finden.

Die Begegnung geht mir nicht aus dem Sinn, während oben in dem edlen Rokokosaal, gegenüber der Minoritenkirche, vor einer kleinen Gesellschaft das Quartett Mozart spielt, Mells Verse vorgetragen werden, der Herr Minister den Jubilar auf schlicht überzeugende, herzliche Weise ehrt, der Geehrte ergriffen dankt. Er legt das Bekenntnis seines Lebens und Wirkens ab: Glaube an die Dauer, und das heißt an die Antike, das Volk und den Menschen, an Österreich, Absage an den Untergang. Und dann, aus dem vorgelesenen Vortrag über Stifter, dessen großes Wort: „Mäßigung besiegt den Erdkreis." Und wieder Mozart – und wir stoßen an mit dem lieben verehrten Jubilar –, und ich sehe wieder den großen Forscher im unauffälligen grauen Mantel neben dem kleinen Auto vor der Kirche der Minoriten; es dunkelt draußen; Regen kündigt sich an. Ist denn das noch da, was uns umgibt? Was würde Stifter tun, heute, wenn er wüßte, was wir wissen müssen – und fände Mozart, Schmetterling vor Wintersanbruch, noch eine Blüte?

Otto Hahns Vortrag im besetzten Konzerthaus ist der Versuch einer Rechenschaft: Ein Mann, dessen Bestimmung Fragen und Finden ist, gelangte vor Sein und

Nichtsein der Welt: die Forschung war nicht darauf vorbereitet, die Verantwortung für Geschichte, ihren Übergang in Geschichte anzunehmen. Forschung kann sich vielleicht in persönlich-ethischem Sinne festigen; ihr geschichtlicher Ort ist eine überraschende Entdeckung und noch kaum erforscht; das gilt für die gesamte Naturwissenschaft und noch in besonderem Sinne für die Medizin, die den Zusammenhang zwischen Geschichte und Krankheit doch erst aufzudecken beginnt. Jegliches Experimentieren und Entdecken müßte von einem großen Geschichtsbild umschlossen sein. Mehr würde damit freilich nicht erreicht, als daß die Wissenschaft ihre Situation erkennt, ihr Gebundensein. Die Lockerung der von Geschichtsmächten ihr aufgenötigten Fesseln ist unwahrscheinlicher denn je; auch das Genie arbeitet heute im Steinbruch der Macht.

Der kühne Versuch eines ringenden Gewissens, einer Gruppe bedeutender Forscher, sittliche Freiheit zu dokumentieren, ist achtunggebietend, ergreifend. Das Thema Geschichte wird freilich nicht aufgeworfen: Wer wüßte es nicht, daß dem Nein der Achtzehn morgen ein Ja der Tausende sich entgegenstellen wird und daß die Geschichtsmächte sich die bisher geleistete Arbeit der Protestierenden restlos angeeignet haben? Was aber sollten wir noch nach dem Fall der Entscheidung, dem Vollzuge der intelligiblen Tat erwarten, als daß das Gewissen sich manifestiert? „Mäßigung besiegt den Erdkreis." Aber das Maß ist zersprengt; es kann nicht mehr zusammengefügt werden. Die Zuhörer spüren, daß es sich nicht um einen Vortrag handelte, sondern um ein Ereignis. Während sie danken, packt der Redner, über einen Stuhl gebeugt, die Tafeln, die ihm zum Vortrag dienten, sorgfältig in seine Mappe: Macht und Unmacht des Geistes, Macht und Unmacht des Gewissens, und also: Persönlichkeit. – Ein junger Autogrammjäger, dem es gelang, ins Künstlerzimmer zu dringen, stellt die naive Frage, ob denn nicht auf die Botschaft Christi der Friede der Welt gegründet werden müsse, ob der Friede nicht aus ihr folge? Otto Hahn läßt sich nicht darauf ein; er weist den Frager an mich. Aber auch ich lasse mich nicht darauf ein: Christus ist nicht der Ordner der Welt. Er ist unsere tödliche Freiheit. Aber wir müssen uns darüber klar sein, daß diese Freiheit in eine Welt überging, die von der intelligiblen Tat unserer Jahre – von unserer aller Sache – bis in ihre Substanz verändert worden ist. Mozarts, Stifters, Mells Gebilde werden sich nicht verändern, aber das fragende Experiment hat den Erdkreis besiegt.

Ich konnte mir eine Aufführung des „Freischütz“ in der Volksoper nicht versagen; sie hat mich ergriffen. Statt der gewohnten Sentimentalitäten bot sie feurige Dramatik, also das Eigentliche, den Herzschlag des Werkes, die klare Weite seelischer Landschaft, die Finsternis: ein Mysterienspiel von tiefer Katholizität, wie aus Wiener Boden gewachsen. Welche Verschwendung! Eine schöne Frau zerreißt die Kette, die sie schmückt, und die Perlen rollen über die Bretter und verlieren sich in den Fugen, zwischen den Kulissen. Das ist Eichendorff, in das Dramatisch-Musikalische getragen; es ist *sein* Erschauern vor der Wildnis; es ist sein Vertrauen auf den Wald, der den Menschen formt, wie Menschen ihn nicht zu formen vermögen, der die schützende Heimat des Reinentsprungenen ist; hier ist das Doppelantlitz der

Natur, das zerstörende und das reinigende, der Abgrund, aus dem das Bild des Himmels spiegelt. Es ist, was wir nicht mehr erreichen: himmlische Naivität. Grillparzer hat, wie ich glaube, gesagt: Weber werde nach dem „Freischütz" keine Oper mehr schreiben; wahrscheinlich hat er recht behalten; hier erklingt das fröhlich-gläubige Sterbelied der Romantik; die Hörner verhallen über dem entschwindenden Wald; Jäger und Reh treten gleichzeitig von der Szene, und Samiel wird sich künftig der seine Allgegenwart beschirmenden Tarnkappe bedienen. Freilich: wenn die Ahnungen des Novalis, wenn Eichendorffs Schauer bis zur Opernbühne gelangen, wenn die Geheimnisse um theatralischen Beifall bitten, so ist das Finale angestimmt; der Vorhang fällt über der glanzvollen Schlußgruppe deutscher Romantik – und wohl nur Marschner und Pfitzner geben ein verhallendes Echo zurück, während das Mausoleum mit der tragischen Maske überm Portal sich auftürmt in Bayreuth.

Im Grunde war die von den Habsburgern vollzogene Idee längst gegeben; sie fanden sie, als sie nach Österreich kamen, schon vor und hätten ihr, als dem verpflichtenden Lebensprinzip des Raumes, der Völkerbegegnung nicht ausweichen können. Die Babenberger überschauten und verbanden den Erdkreis ihrer Zeit von Irland und England bis Byzanz, von Calatrava bis Palästina; sie standen in der Spannung zwischen dem Reich und Ostrom, Bayern und Ungarn; Heinrich Jasomirgott, unter dem der Stephansdom geweiht wurde, vermählte sich in erster Ehe mit einer Tochter des abendländischen Kaisers Lothar, in der zweiten mit einer byzantinischen

Prinzessin; er rief irische Mönche, die „Schotten", nach Wien; sie sollten über den Gräbern der Herzöge beten; das Erbe ihrer Mission ging in die Stadt ein. Es ist die geschichtlich-tragische Idee des „Ottokar", daß der Böhmenfürst in großem Zuge die Universalität vollzieht: denselben Auftrag also, der auf seinen Überwinder Rudolf fällt, den Margaretha als letzte Babenbergerin wie als Witwe des römischen Königs trägt; in diesem Geschichtsraum konnte es nie um etwas anderes gehen als um die Zusammenfassung der Traditionen, der Volkspersönlichkeiten, um das Verständnis ihrer Eigenart und die Achtung vor ihr; habsburgisch ist die höhere Sittlichkeit, die Einheit von Demut und Stärke, die Menschlichkeit der Macht, aber auch deren Verbürgerlichung; sie werden – im Drama – von dem Gründer und seinen Söhnen zwischen Toten ergriffen, gelebt. Auch diese Haltung war schon vorgebildet in der „Milde", die Walther von der Vogelweide am Markgrafen Leopold VI., seinem Gönner, pries. Leopold ist ja Gründer der Burg. Zum letztenmal ereignete sich der Kampf der Universalismen zwischen Napoleon und Franz, dem Kaiser; auch hier war Berufung auf beiden Seiten, auf einer aber das Recht. Es war „zu spät und zu früh". In Deutschland ist es seit Karl V. um anderes gegangen. Oder steht der furchtbarste Zusammenstoß dieser Art erst bevor? Wenn aber Leben heute definiert wird als natürliche Neigung, von der Ordnung zur Unordnung, zum Chaos überzugehen (Schrödinger), die von ordnenden Kräften gehemmt wird, als Verfallsprozeß, der durch Aufnahme freier Energie unter bestimmter Verhaltensweise sich zu verzögern strebt, so müßte es erlaubt sein, auch die großen geschichtlichen Lebensphänomene, Dynastien, Städte, Staaten, Reiche unter dieser Einsicht zu begreifen: sie sind ja „Leben" derer, die sie tragen und erfüllen, und in Wahrheit ebenso schwer erforschbar wie die Einwirkung des Geistes auf den Organismus, sind die Bedeutung, die Wirkkraft der Ideen und Traditionen in Machtgebilden, das Ordnende also, von dessen Wirkkraft die Dauer geschichtlichen Daseins abhängt. Wir wissen nur, daß ein „Plan" ihnen innewohnt, daß er ihren Aufbau, ihren Fortbestand steuert und daß geschichtliche Formen ohne dieses Geheimnis nicht bestehen können — sowenig wie Leben ohne ein Geheimnis während seines Hinabgleitens in den Tod.

Der mit glänzend gedeckten Tischen, singender Ballgesellschaft besetzte Ring der Drehbühne kreist um Büfett, Palmschmuck, goldbetreßte Plüschherrlichkeit während der Walzer sich ankündigt, der unwiderstehlich-unsterbliche, es ist derselbe Zauber des Nihilismus, den der liebe Augustin uns hinterließ, als er, in der Pestgrube vom Rausche erwacht, auf der Sackpfeife spielte, ein Nihilismus mit Herz, der fröhlich und für immer aus der Bürgerwelt und der Staatsordnung tanzt. Eine Verehrerin des Walzerkönigs soll ihn in ihrem Testamente darum gebeten haben, hinter ihrem Sarge zu spielen, und der schwarze Dämon mit der Fiedel, ein „Afrikaner", wie Laube meinte, „lebens- und sonnenscheintoll", der „österreichische Napoleon", Beherrscher der Stadt, gab mit seinen Musikanten das Grabgeleite — über dem Tode und jenseits des Kreuzes. „Der Fiedelbogen tanzte mit dem Arme." Und wenn es nur Schaum wäre: nur das Meer wirft ihn in heißem Glanze auf, das heißt ein Volk aus dem Ganzen, der Tiefe seiner Geschichte. Über lichtlosen Abgründen zerstäubt der Wellentanz, um wieder zu beginnen. In der Kirche „Zu den neun Chören der Engel", Am Hof, einem Bau von feierlicher Größe, wo im Jahre 1806 Franz II. seinen Verzicht auf die Krone des Reiches verkünden ließ, war Josef Drechsler Chori-Regens, der Lehrer des Walzerkönigs, ein strenger Meister – und doch von vagantenhaftem Lebensgang: nur ein einziges kirchenmusikalisches Werk, ein erfolgreiches Graduale, nötigte er dem Schüler ab, und zwar als Gesellenstück; verhindern konnte er es nicht, daß der eben sich aufschwingende Dämon bei verschlossener Tür eine Polka auf der Orgel spielte. Hier, Am Hof, hatten die Babenberger ihr Verwaltungsgebäude, während sie, umklungen vom Minnesang, auf dem Leopoldsberg residierten. Schon zu Anfang des 13. Jahrhunderts, unter dem Kreuzfahrer Leopold dem Glorreichen, tönt die Melodie von Grinzing und Sievering auf, die mitreißende, unbesiegbare, in der Freude und Wehmut sich verschlingen.

Räumet aus die Schemel und die Stühle!
Heiß die Schragen
Fürder tragen!
Heute wolln vom Tanze wir werden müder.
Machet auf die Stube, so ist es kühle,
Daß der Wind
An die Kind
Sanfte wehe durch die heißen Mieder.

Das ist die Melodie Neidharts von Reuenthal, der außen am Dom, am Singertor, unter einem Baldachin schläft. Er empörte die Bauern durch seinen Spott; für ihre Frauen aber muß er empfänglich gewesen sein:

Dörf'scher Weiber ist da ein Getümmel.
Hei, da sieht man tüchtig ridewanzen.
Zweie geigen.
Wenn sie schweigen,
hoch erfreuts die stolzen Bauernlümmel.

Hier, Am Hof, faßte sich Marc Aurel in seinen Monologen, ist er vielleicht gestorben; um eine Häuserzeile zurück, am Bauernmarkt, stand das Haus, wo Grillparzer geboren wurde. – Gab es je ein anmutigeres, ein betörenderes Finale? Und hat es, in den oberen Chören der neun, nicht schon Mozart angestimmt?

Indessen hat die Drehbühne den Geiger samt den Tafelnden hinausgewirbelt. „Unter dem Walzer tat sich der Abgrund auf", sagt Ernst Decsey in seiner Johann-Strauß-Biographie; vielleicht. Das hat schon Don Juan erfahren. Aber nur der Wiener hat das Wort über den Walzer und den Abgrund; das ist sein Privileg. Uns wird weder die Sackpfeife aus den Grüften tönen, vor denen es uns schauert, noch bedarf es der Särge und der Wagen; die Herausforderung auf dem Friedhof, sei es die des Don Juan oder des Königs mit der Geige, das Tödlich-Unsterbliche der Kunst, werden sich nicht wieder ereignen: das romantische Szenarium ist in großer Gefahr, gänzlich abgeräumt zu werden. Polka auf der Orgel, Walzer hinterm Sarg, spöttisches Lebenslied und Wissen vom unwiderruflichen Ende: das ist Unsterblichkeit. Ohne Todessucht keine Magie. – Wenn aber in der Silvesternacht nach der Segenserteilung vor dem Dom durch den gewaltigen Gesang der Pummerin, der „Königin von Österreich", der Walzer zu schwingen beginnt, so offenbart sich Einmaliges: Der Tanz ist dem Heiligen nah, ist Palladium; er ist Gestalt geschichtlichen Daseins geworden, die anmutigste, die ein Volk je gefunden hat; der sachte Beginn des unwiderstehlichen Lieds wird in Ehrfurcht gegrüßt.

Ein amerikanischer Freund, V. St., Träger der versöhnenden Botschaft der Quäker, der auf seinen weiten Reisen durch die Brennpunkte der Gegenwart zu meiner Freude von Jahr zu Jahr meinen Weg kreuzt, teilt meine Liebe zur Operette; er empfahl mir das Kleine Kellertheater hinter dem Stubenring. Ein amerikanisches Stück, vorzüglich inszeniert und gespielt und – ein offener Abgrund. Eine verwelkte, schwatzhafte Schönheitskönigin, ein gescheiterter, dem Trunke verfallener Mediziner waren schon zu Ende, als sie heirateten; kein Kind, kein Ziel; Lebensinhalt, das einzige Objektive in der Ehe, das ableitende Objekt, war ein weißes Hundchen; da es auf rätselhaft-schicksalhafte Weise verschwunden ist – wie eben ein Hundchen verschwindet –, ist die Katastrophe da: Rückfall in das Trinken, ein wenig Erotik und, von ihr aufgeschürt, Haß, ohnmächtiger Durst, sich für ein verfehltes Leben zu rächen, dann stumpfer Zusammenbruch. Es ist jener typische Nihilismus, der in einem krassen Widerspruch zur Kulmination der amerikanischen Macht zu stehen scheint, in Wahrheit aber wahrscheinlich in einem tiefen Zusammenhang; denn mit beispielloser Machtentfaltung ist er emporgestiegen. Die bedeutendsten unter den römischen Imperatoren herrschten in resignierter Verehrung des Weltgesetzes, in stolzer Behauptung von den Geschicken unabhängigen Wertes der Person, in männlichem Verzicht auf Unsterblichkeit; hier ist nichts, woran der

Stürzende sich klammern könnte. Das Bedenklichste und Bedenkenswerteste ist – im Gegensatz zum russischen Nihilismus –, daß auch eine soziale oder staatliche Bindung gar nicht mehr gesehen wird. In diesen Existenzen ereignet sich auf eine schauerliche Weise Geschichte, ohne daß sie imstande sind – geschweige denn sein wollten –, ihrer innezuwerden. Immer wieder spricht sich das amerikanische Drama auf diese Weise aus, verhüllt oder unverhüllt; das in anderen Fällen beliebte Herumkramen in der abgelegten Garderobe europäischer Geschichte und Kultur bedeutet genau dasselbe. Sehen wir aber das Stückchen des im übrigen charmanten Kellertheaterchens genauer an, so entdecken wir, daß das verunglückte Hundchen die Rolle der Wildente übernahm; daß es sich im Photographenatelier Hjalmar Ekdals um dasselbe handelte wie in der amerikanischen Zwei-Zimmer-Wohnung: um den Verfall glaubens- und staatloser Gesellschaftstrümmer, die natürliche Neigung zum Chaos, die von ordnenden Gegenkräften nicht mehr aufgehalten wird. Nur steht Ibsen in nicht vergleichbarer Kunst und Architektur vermöge seiner Wahrheitsethik objektiv zum Werke; hier fallen Autor und Gestaltung zusammen. Oder gar noch mehr? Nie werde ich das Gefühl los, daß in dieser Dramatik eine unheimliche Prophetie enthalten ist. Holberg, Molière und Nestroy hätten einen solchen Vorwurf als Lustspiel behandelt und damit gelöst: man kauft eben wieder ein Hündchen. Aber nun wird es Ernst in einem ganz besonderen Sinne. Ernst ist es den Meistern der Komödie natürlich auch gewesen. Aber hier sind entwertetes Dasein, wertlose Welt.

In der Augustinerkirche haben sich die Habsburger

dicht an der Burg für ihre kostbarste Asche ein „Herzgrüfterl" eingerichtet – wie auch im Mausoleum Ferdinands II. zu Graz: das Herz galt noch mehr als der Körper, aus dem es genommen wurde: Das Herz der Herrscher, das Innerste des Reiches, genoß, in geweihte Asche verwandelt, geschichtsmächtige Pietät. Hier aber ist nur Asche, kein Unterschied zwischen dem Schutt des Menschen und dem der Städte und aller Institutionen der Macht. Was ist das Herz des verstorbenen Präsidenten, des gefallenen Generals? – Amerika oder wir? – Schon Anastasius Grün, der vor mehr als hundert Jahren in Wien spazierende aristokratisch-rebellische Poet, (die Initiation der Revolutionen ist Privileg der Aristokraten, das letzte; sie lassen es sich nicht aus den Händen reißen; noch einmal sind sie voraus); schon der verkleidete Graf Auersperg also hat die noch ungebrochene Kaiserstadt im Schutt gesehen – wie um dieselbe Zeit Macaulay London während eines besinnlichen Ganges über Tower-Bridge. Das waren Visionen, Bilder, die über allem Geschichtlichen aufsteigen seit den schweren Tagen der Propheten. „Wie ist mir so herzlich weh! ... Denn meine Seele hört der Posaune Hall und eine Feldschlacht" (Jer. 4, 19). Das ist „nur" geschichtliche Existenz. Wo aber der Mensch nichts mehr findet, nichts mehr sucht in sich selbst, wo er auf diese heillose, von moderner Dramatik vorgestellte Weise erkrankt ist, droht Krankheit Geschichte zu werden, das heißt Weg zum Untergang. Diese Erkenntnis auszutragen ist Dasein geworden.

Nach einem munteren Abend beim Höllerl an der Straße nach Nußdorf – alle Geräte der niedern Stube hinter dem Hause aus ehrlichem Holz, und ebenso redlich ist der Wein, wenn ich auch beim Spezial bleibe und mich nicht an den Heurigen wage –, nach solchen bewegten Stunden, die Weinhebers schwerblütige Freude mit ein paar Klängen streifte, weht der Wind eisig von der Ebene her, auf der sich die Völker, Kelten, Römer, Markomannen, Goten, Langobarden, Awaren, Hunnen, Kreuzheere, Mongolen, Polen, Türken, und die Massenheere unserer Tage ausgestritten haben. Steile, zerfetzte Wolkengebilde jagen über den Mond, treiben dicht an der Erde hinaus. Nachts tragen die um den Aspernplatz kreisenden Wagen Mäntel aus Schnee; die Fenster beben. Wien ist von Anfang mit dem Winde vertraut. Er liebt seine Türme; er bricht sie nicht.

Advent. Die Platane vor dem Café, wo der Ober mir meinen Arbeitsplatz freihält, ist entlaubt; die stachligen Samenkugeln schaukeln an ihren Fäden an den Ästen; die Ranken und Blüten auf der Mauer vor dem Dominikanerkloster sanken im Froste zusammen. Der Blick von meinem Arbeitstisch auf das Denkmal des Bürgermeisters Lueger ist mir lieb geworden. Bei seinem Tode (1910) sollen die Menschen auf der Straße geweint haben; in jedem Falle hat die Stadt mit ihm einen Schutzherrn verloren: Es war, von innen her, der Anfang der Wende. Überzeugung und Charakter, Einsicht, Fähigkeit stimmten überein – aber schon nicht mehr mit der Stunde. Aber auch er trug, wollend oder nicht wollend, ein Doppelantlitz wie die Zeit und war in gewissem Sinne mit dem Verhängnis im Bunde.

Vom Treppenfenster des Hauses, wo der Herold-Verlag einen Empfang gibt, den Blick in eine geschwungene Gasse; das Fragment des Nordturms mit dem barocken

Aufsatz, in dem die aus dem Feuer wiedererstandene Pummerin hängt, schließt sie ab. Unter den Versammelten eine in aller Liebenswürdigkeit einsame Gestalt: Staatsrat Dr. Funder, einst, als es noch ein Reich gab, Herausgeber der „Reichspost", heute Betreuer der „Furche", schmaler Spur der Kontinuität in der Zeit. Er ist unter den Lebenden einer der Letzten, die das Vertrauen Franz Ferdinands genossen und zu seinem engen Arbeitskreis im Belvedere gehörten, welche Gruppe – das ist nur eine persönliche Meinung – eine der letzten Hoffnungen Österreich-Ungarns hätte bedeuten sollen; der Thronfolger bleibt für den einstigen Mitarbeiter späte Verkörperung der großösterreichischen Idee. Der Gewittersturm, der die über die Donau nach Artstetten gleitenden Särge verfolgte, hat diese Form nicht aus der Welt getrieben, und auch das Kaiserlied, das die Menge vor dem Stephansdom anstimmte, während die Trauerfeier für den Toten von Madeira schloß, ist nicht der letzte Klang: Aufgabe ist die Übersetzung in die Zeit, umsichtige Überfahrt unter Blitz und Donner. Dr. Funder arbeitet an seinen Memoiren, die eine Fülle von Dokumentation und Erfahrung, politischer Weisheit und ausgewogenen Urteilen bieten: ein Vermächtnis, dessengleichen sich nicht oft in den Dienst eines Volkes stellt, ungewöhnlich wie das Phänomen, dem dieses Leben gedient hat. Es war, im einmal gegebenen Raume, ein Weltpostulat: eine Vielfalt von Traditionen wurde von der Mitte einer jeden her aufgefaßt und einer Gerechtigkeit zugeordnet, die über Gewalt zwar verfügen mußte, aber in der Scheu, sie anzuwenden. Das Ergreifende ist, daß in Dr. Funder ein reiner Wille einer von zum Teil unlösbaren Problemen verdunkelten Zeit sich stellte;

daß er hindurchging, ohne daß der Strahl sich brach; daß ein Erfahrener noch da ist, der Rat gibt, und zwar aus Liebe; daß in ihm die Sittlichkeit des Glaubens sich von keiner Enttäuschung verwirren ließ; daß kein Schmerz persönlichen wie geschichtlichen Daseins vom Steuer drängte. Güte, Wahrhaftigkeit, Gerechtigkeit vereint der Glaube an einen nie zurückgenommenen Auftrag; der Zerstörung, der Frage guten Willens antwortet die leidgezeichnete Harmonie, die eben österreichisch ist.

Ich versuche, aus besonderem Anlaß, von heute her zu sagen, was Ignatius von Loyola mir bedeutet, mit den Iren, Augustinern, Benediktinern, Dominikanern ein Gestalter der Stadt, überwundener Überwinder Josephs II. und seines Todfeindes, des Portugiesen Carvalho, spätern Marques Pombal, der am Theresianischen Hof Gesandter war und hier seine Weggenossin freite, eine Gräfin Daun.

In einer jeden Bindung suche ich eine Freiwerdung. Es kommen dunkle Nächte, während die Stadt einschläft und widerwillig unter Schneegestöber aufwacht. Seit Jahr und Tag bin ich in Völkern, Zeiten versunken, in Wahrheit nur in der Gegenwart, wie ich sie nun einmal zu verstehen vermag: Kreuzung über Kreuzung, ein Strahlenbündel, das in die Kälte schießt. Das Verlangen nach Gestalten, die doch allein Antwort wären, wenn auch nicht ausdeutbare, ist eingeschlafen. Ich existiere in imaginären Gesprächen, der Kunst gegenüber ohne Leid resignierend. Was im Innern dieser Welt geschieht, was erkannt, gedacht wird, übt noch Faszination aus; es fiele mir nicht schwer, sie abzustreifen; was die Zukunft bringen könnte, ist ja da. Es wird nichts den Wissenden

Überraschendes geschehen, aber diese Sicherheit ist Blick in Finsternisse, auf die Dunkelwolken, die zur Hälfte die Masse unserer Milchstraße ausmachen, auf die Zusammenstöße der Galaxien, Quellpunkte kalter, härtester Strahlung.

Vom einsamen Gesang des weißgekleideten Priesters zwischen den Kerzen der Ikonenwand von Sankta Barbara, vom dunklen Morgen also, über die Arbeit des Tages, dumpfen kurzen Schlaf, Besuche ist ein weiter Weg bis zum Abend. Warum sollte ich nicht gestehen, daß die Operette mein Trost ist? Der „Bettelstudent" in Adolf Rotts Inszenierung ist, an seiner Stelle, vollkommene Kunst. Jedes Auge weint sich einmal aus; die Trauer um meine Pläne klingt ab; die Vorstellungen von Größen lösen sich auf:

Dieser Fürst Liwinsky
War nur ein kleiner Scherz.

In dem zierlich gerahmten Spiegel sich verabschiedenden Biedermeiers – die Wand ist nicht mehr da, der Spiegel hängt in der Luft – dreht sich die bunte, die ganze Welt, schwerelos und unbelastet vom betörenden Nihilismus der Walzermelodie; der geschändete polnische Adler, in die Operettenglorie erhoben, segnet Glückliche und Narren; ein melodisches Gleichnis befreit für ein paar Stunden von der Verdammnis der Geschichte. Natürlich bleiben die Schmerzen da, aber in ihrer liebenswerten Gestalt.

Nachts versammeln sich die Rätsel wieder. Geschichte? Was maßte ich mir eigentlich an, von ihr zu verstehen? Die steinernen Masken der Osterinsel starren, im Grase liegend oder aus ihm aufragend, in die leere Luft, auf das Meer; sie sitzen, wie erst später entdeckt wurde, auf in der Erde vergrabenen Leibern. Ich weiß nicht, was sie bedeuten, ob sie deutbar sind. Ich kenne keinen ergreifenderen Ausdruck der Frage an das Sein: Wenn der Leib schon versunken ist, so behauptet sich die Frage noch über der Oberfläche. Das Volk, das sie mit groben Steinwerkzeugen gestaltet hat, ist vielleicht nur Frage gewesen. Welches Volk ist das nicht?

In der Eichendorff-Feier im Akademietheater war die Sprechkunst Albin Skodas von großer Wirkung. Es ist die schönste Art, vorzulesen, gesammelt, ohne jeglichen Schmuck das Wort in Kraft zu setzen. Danach – beim Grafen W., nicht weit von dem kalkigen Kunstgebilde der Votivkirche, der „Kirche ohne Gott", in deren Nähe ich diesen Sommer meine ersten Wiener Gehversuche machte – einige erfreuliche und mir wichtige Begegnungen; Wien hat sich die Aufnahmebereitschaft bewahrt, von der aus dem 18. und 19. Jahrhundert so viel Rühmenswertes berichtet wird. Ich habe kein Talent, mir selber Türen aufzumachen, und bin dankbar, wenn einige vor mir aufgehen – obgleich ich eigentlich nicht weiß, was ich gerade hier zu bringen hätte. Auch fürchte ich immer, daß ich zu sehr mit der hier beheimateten, glücklicherweise von keinem Unglück vertriebenen Leichtigkeit kontrastiere; ich würde am liebsten die Wandlung verbergen, die seit einigen Jahren unter der Entschleierung gewisser düstrer Perspektiven in mir in Gang gekommen ist. Die Menschen guten Willens sehen in mir den, der ich war, als mein Name da und dort genannt wurde: um die Zeit also, da ich mich in religiösem Sanitätsdienst bemühte und mich keineswegs schämte, ein bißchen literarisches Ansehen – und literarischen Hochmut – durch die Veröffentlichung von Traktaten zu beeinträchtigen. Ich würde wahrscheinlich den mir verbliebenen Rest mit einem gewissen Ingrimm an ähnliche Unternehmungen setzen, wenn ich heute die Berufung dazu spürte; geistige Existenz ist soziale Existenz, Dasein im Zusammenhang – und es steht einem jeden frei, seine Mittel zu wählen. Aber es ist nicht die Stunde, und ich spüre keine Nötigung, zu sagen, was ich in Wahrheit von der Stunde denke: Es wäre kein Beistand, wäre ohne jeglichen Nutzen; man soll nicht belasten, wenn die Last nicht aufrichtet. Unsere Bahn ist entschieden; all unsere Freiheiten fallen hinein, werden mitgerissen, können nur auf dieser fragwürdigen Fahrt noch vorhanden sein.

Es ist eigentlich zu spät geworden für Rodaun. Aber ist es nicht in jedem Falle zu spät für diese Fahrt? Schon steht der blanke Mond über der leuchtenden Scheibe der Turmuhr, dem dunklen Wald; spärliches Licht wohnt hinter vergitterten Fenstern des Fuchs-Schlössels; im engen Hof, vor dem Ziehbrunnen, liegt Schnee, und die Gänge und Mauern, die geschwungene Treppe, auf deren Absätzen Heilige verwelkte Kränze halten, atmen Kälte. Die drei großen, von Erinnerung – sagen wir lieber: von Vergangenheiten – überfüllten Räume sind erstarrtes Menuett: vollkommen noch immer und doch ohne Widerschein des sprühenden, fortreißenden, wissenden, des leidvollen Lebens, das hier sich verschwendete, das hier – wenn es richtig überliefert ist – nach krassem Zusammenbruch endete in der Ecke der Bibliothek. Das Spectrum Austriae, die untergegangene Sonne des unsterblichen Reiches, zauberte ihr Bild in das letzte Glas aus dem Keller der Burg. Aber das Glas erreichte die Lippen nicht mehr. Fortuna nahm fast alles zurück, was sie über den Knaben-Jüngling geschüttet hatte, ohne einen Preis zu nennen – und nun bleiben seine, des späten Dichters, fragende Augen. Nein, sie fragen nicht: Sie wissen, und lächelnd schließt er die kunstreich gearbeitete Truhe über unvergleichlichem, unvollendetem Geschmeide. Auch hier, an der bescheidenen Stelle, die er für geziemend gehalten hätte, verglühen, wie in der Schatzkammer, die Kleinodien unter Glas.

Maria Grengg, die Bewahrerin, setzt ihre verschwebenden Blumengedichte dieser Todeskälte aus. Wann wurden die alten Öfen zum letztenmal geheizt? Aber im rückwärtigen Zimmer darf ich auftauen; die Gespräche helfen dazu; auch hier, wie rings um Wien, schlägt Weinheber die Saiten singend im Untergang, im Maße der Kunst, maßlos im Leben – und im Grunde doch, wider Pathos und Ehrsucht, Abkömmling volkhafter Bescheidenheit, engen Lebens, vielhundertjähriger Tradition des Bänkelsangs. Aber nicht auch der Minnesänger? Und doch wieder – es war dem Musikanten von Ottakring heiliger Ernst mit den Alten; sie blieben bis zuletzt sein Trost, indessen er den Verlust der Kirche vielleicht nicht verschmerzte, jedenfalls nicht zu einer gelassenen Absage kam wie Grillparzer, der sich mit einem halb schmerzlichen Achselzucken beschied. Weinheber war es Ernst mit dem Suchen nach der Seele Griechenlands, mit dem, was er unter Adel einmal verstand, mit dem großen Gedicht, dem Wort – und der Reue über den Mißbrauch des Worts, diese, von seinen Werten her gesehen, eine und einzige tragische Sünde. So ist ihm das leere Glas aus der Hand gestürzt; Hofmannsthal berührte es nicht mehr; er genoß den verglimmenden Schein, den verströmenden Duft.

Abends, bei Friedrich Heer, geht es wieder um diese Gestalten später Stunde, Propheten durch ihre Existenz. Aber nur wer in solchem Grade Wien selber ist wie Heer, sein sprudelndes, in Überraschungen beglücktes, unversehrtes, sein europäisches Leben, findet das letzte Wort; weil er eben vom Ursprung kommt und getrunken hat vom Lebensquell der Stadt. Ist es der Vermählungsbrunnen auf dem Hohen Markt, unter dessen Baldachin die Jungfrau mit dem Lilienzepter vom heiligen Josef den Ring empfängt? Es ist der Brunnen Karls VI., des Bauherrn von Weltenburg und Kaisers der Reitschule, in der alten Mitte zwischen Römern und Babenbergern. Vermählung – hier in ihrer höchsten Gestalt – ist Symbol der Herrschaft, Bindung für immer, Einheit von Liebe, Fülle und Verzicht, Vorzeichen des Heils. – Jetzt wird gegen die Straße hin kein Licht mehr brennen in dem kleinen Schloß der Kaiserin und des letzten Erben ihrer Reiche. Der vereiste Ziehbrunnen im engen verschneiten Hof neben der Treppe, die keine Gäste mehr erwartet, weil eben kaum mehr ein Würdiger zu erwarten ist, und nun gar in der Winternacht, geht mir nicht aus den Augen.

Das Heranrücken der Weihnachtszeit bringt mich immer in eine etwas peinliche Lage. Ich würde ihr gerne ausweichen; eine Kirche ohne Glanz, ohne Kranz und Baum würde mir ausreichen, am Tage ein Buch, aus dem ein Volk aufsteigt wie das eben in Holland erschienene „Nederlandse Beschaving" von J. J. M. Timmers – und Wein. Einstweilen wird mein Lebensgang noch nicht verwirrt; ich arbeite ungestört am letzten Platz im Café, gehe dann, an Karl Lueger vorbei, über den Platz in das gegenüberliegende Café am Stadtpark, durch dessen Fenster der Ober meinen Aufbruch schon erspäht hat. (Bei bescheidener Zeche werden die konkurrierenden Unternehmungen mir das nicht verübeln.) Der alte Rockefeller soll täglich die Terrasse seines Luxushotels betreten haben, um sich ein halbes Ei zu verordnen; dann ging er zum Golf. Gegen ihn bin ich ein Prasser. Sicherlich hat der Bewundernswerte auch nichts getrunken. Solche Existenz ist luxuriös. Denn nicht essen ist viel teurer als essen. Hier fahren jetzt, um Mittag, mit schweren Kränzen behängte Straßenbahnen zum Friedhof hinaus. Auf Wegen und Plätzen des Stadtparkes spiegelt das Wasser; der Park ist jetzt nur von seinem Federvolke belebt. Durch die Scheiben blickt das Elend auf meinen schwach besetzten Tisch, das volle Glas. Nach der Wegzehrung habe ich kulinarischen Frieden bis zum nächsten Mittag. Seit ich mich für jedes Angebot der Kochkunst im voraus mit einer Entschuldigung bedanke und von ihr keinerlei Mühewaltung mehr beanspruche, fühle ich mich in einem wesentlichen Grad freier; wie konnte ich mich nur den Mißhandlungen in den Restaurants nordischer Hauptstädte – Kopenhagen ausgenommen – aussetzen und versuchen, mir Kräfte zu verschaffen aus Gemüse- und Konservenballast, von Früchten zu schweigen, die ich in der Hauptsache, ihren Propagandisten zum Trotz, samt den berühmten Säften mit allen Salaten und müsli-artigen Gemengen für schmerzensreiche

Freuden halte. Das „Gift der Vitamine" – ich zitiere einen sehr berühmten Arzt – habe ich mir nie zugemutet. (Auf Grund dilettantischer biologischer Studien habe ich mir eine Theorie zurechtgemacht, die ich sowenig zur Diskussion stelle wie meine „Vorträge" – diese überschreiten niemals den Kreis des Bekenntnisses. Natürlich ist meine Theorie falsch, für mich vielleicht aber nur zur Hälfte. Man kann sie ruhig als eine Formulierung der Krankheit betrachten.) Kurzum, das dumpfe Leiden nach den Mahlzeiten zieht sich zurück; ich hoffe, die Nachmittage für die Arbeit oder doch wenigstens für Lektüre und Korrespondenz zurückzugewinnen. Aber für diese Zeit bin ich dem Beisel, aus dem der liebe Augustin musizierend in die Pestgrube taumelte, untreu geworden: es zieht mich tiefer hinab. Immer habe ich mich am liebsten in Höhlen und Kellern aufgehalten; das beruht auf einem gewissen Mißverhältnis zum Licht, dessen ich mich feierlich bezichtige, um gewissen mir wohlverständlichen Einwänden eine solide Grundlage zu verschaffen.

Der Weg führt an dem Hause vorbei, wo Schumann Ende der dreißiger Jahre einen Winter verbrachte; daneben, das Türmchen, das Dach, die schwingenden Fassaden und Fenster des die Straßenecke auf großartige Weise zusammenfassenden Heiligenkreuzerhofes müßte er geliebt haben. Im Nachbarhause unten, in durch die Tiefe des Hauses sich erstreckendem vielbogigem Gewölbe arbeiten Kunstschlosser an Gittern, Wirtshausschildern, Laternen, Kerzenhaltern, ein edles Gewerbe, ausgeliefert dem unsicheren Geschmacke der Zeit. Aber wehende Flamme im Gewölbedüster, Glut und Funke und Hammerschlag, Arbeit und Eisen sind echt. Ich kann es mir nie versagen, stehenzubleiben, während der Regen in die Gasse tropft und das Dunkel herabsteigt.

Die Gewölbe meines unterirdischen Unterschlupfs, zu dem ich, einmal zufällig vorübergehend, sofort Vertrauen faßte, sind aus flachen Ziegeln aufgemauert, von einem gewaltigen Bogen in zwei Räume geteilt; das Licht ist so abgestimmt, daß ich gerade noch schreiben kann und mich doch vom Schatten beschützt fühle; das Büffet verliert sich im Dämmer; die Wände sind mit Schilfmatten ausgekleidet, die ihnen wahrscheinlich die kalte Feuchte nehmen – so haben portugiesische Mönche ihre Felsengelasse über dem Atlantik mit Rinden der Korkeiche tapeziert; auch sie sind Höhlenexistenzen gewesen, wie überhaupt Ordensleute, Klausner, Eremiten, Poeten – und Seelenkranke. Über der Treppe hängt ein schwerer Adventskranz, dessen Poesie hier nicht gerade stört, wo Heiligenbilder zu beiden Seiten des Aufgangs als bunte Laternenscheiben leuchten. Welche Heilige das sind, darf ich nicht sagen; dann würde ich den Namen des Kellers verraten, der ohnehin schon fast verraten ist. Auch würde ich mir wahrscheinlich den Tadel Ortskundiger zuziehen, die mir, wie überall, in Lissabon, Kopenhagen, Madrid oder Marbach und unter den Vogesen, meine Neigung zu unzeitgemäßen Aufenthalten und Veranstaltungen vorwerfen. Ich kann hier meine dürftige Kenntnis österreichischer Weine vertiefen und damit auch meine Dankbarkeit. Fast bin ich allein. Die meisten Gäste kommen erst, wenn für mich, sofern ich nichts vorhabe, schon Schlafenszeit ist, und dann allerdings wird es zu laut; Karaffen und Gläser sind ebenso schnell geleert wie gefüllt. Ich weiß nicht, bei welchem Jahrhundert ich mich für diese Zuflucht bedanken soll: es ist ein großer architektonischer Sinn gewesen, der diese Traggewölbe gegliedert hat. Ach, es tut so wohl, nicht zu wissen, welches Wetter droben ist (nasser Schnee, wahrscheinlich, oder Glatteis), und zu wissen, daß niemand weiß, wo man ist! Denn daß das Schicksal die Adresse hat, ist genug. Von einer Uhr ist nichts zu bemerken; die Pärchen sind glücklich in den Nischen, stumme Ehepaare befassen sich ernsthaft mit dem mitgebrachten Vesper, Einspänner mit an der Straßenecke gekauften Kastanien. Selbst das an solchen Orten heimische gesangumwobene Zitherspiel, für das mir der Sinn fehlt, ist hier nicht zu befürchten. Und ich höre das Traben der müden Schimmel nicht, die sich durch das Irrsal der Stadt finden müssen, vergesse die Frau in zerschlissenen Kleidern, schwarzem Kopftuch, die mit der Linken den zerfetzten Schirm halten mußte, damit er nicht zuklappte, den Zeitungsverkäufer an Krücken, die von ihren verkümmerten Frauen geführten Blinden, die stumpf vor den auf- und abblinkenden Signalmasten stehen; ich vergesse den Blick in die verregneten, hinter tiefen Gängen gähnenden, lichtlosen, übelriechenden Höfe, aus denen die Zerstörung der alten Form hervorgekrochen ist. Es ist natürlich kein Vorwurf, nur Bezeichnung eines Faktums: daß der in diesen Höfen und Straßen herumlungernde Herr der zwölf Jahre sich von diesen Finsternissen genährt hat, wie irgendeine arme Kreatur — oder die Ratten, denen er in den Schützengräben mit Jagdlust erfolgreich nachstellte, sich mästeten in Kloaken, vom überreichen Abfall und Abraum der Kaiserstadt. Solche Wahrnehmungen und Reflexionen kommen hier nicht zu ihrem Recht. Ich befinde mich sozusagen in einem Unterstand unter dem Trommelfeuer der Geschichte. Ich überlasse mich der Zuversicht, daß dieses Mauerwerk halten wird bis —

Es wird a Wein sein
Und ...

Damit sind Josef Weinhebers Saiten zerrissen.

„Alpenkönig und Menschenfeind", in der Burg, von Lindtberg inszeniert, der österreichische Timon also. Der Shakespearesche ist nicht weniger befangen in der Unkenntnis seiner selbst, in der Selbstsucht wie Rappelkopf, wie wir alle, und seine Geschichte ist genauso märchenhaft, aber er wird nicht erlöst: er durchschaut die Menschen nicht und nicht sich selbst, er erstickt in der Anklage, wie der Misanthrope sich zurückzieht in seinen coin sombre, in den Stolz selbstbefangener Resignation. Die Reflexion des Ich in einem zweiten, im dritten Akt Raimunds, die Aufteilung des Ich in zwei Personen, seine ironisierende Spaltung und Spiegelung ist eine geniale theatralische Idee, in der noch ungenutzte Möglichkeiten schlummern: Sie zeigt wieder, wie modern die romantische Psychologie, wie romantisch die moderne ist. Wie dicht war Raimund schon hier, acht Jahre vor der Katastrophe (1828), am Rande, wie hat er gerungen, gegen sich, um den Menschen, wenigstens sein Bild. Aus welcher Tiefe holte er die Liebe herauf, ein schrankenloses Ja und den Glauben an himmlische Lenkung, an den Sinn des Traumspiels Welt: Es geht um die Schönheit des Menschenbildes zwischen Reichtum und Armut; das Aufleuchten des Menschen im Wechsel der Geschicke. Shakespeare hat Timon wohl erst in den Romanzen überwunden; Raimund ist überwunden worden, wenige Jahre nachdem er gesiegt hat. An einigen Stellen ist in dem närrischen Helden eine Erfahrung zu spüren, die recht hat und nicht widerlegt werden kann. Das geht bis ins Grausige; fast schlagen die Wellen zusammen. Aber noch gelingt ihm, was seines österreichischen Dichteramtes ist: Wiederherstellung der Schönheit, des zertrümmerten Spiegels, des zerschlagenen Hausgeräts.

Der junge Eichendorff bewunderte Friedrich Schlegels sittliche – also wohl nicht richterliche – Größe, als die Nachricht von Kleists Selbstmord nach Wien kam. Rappelkopf, der nicht so ganz in die Welt paßt, ist für solche Größe ein ungeeignetes Objekt. Übrigens könnte die Lösung, zu der Raimund hier sich durchgerungen hat, eine dem Manne vorbehaltene sein: Jean Paul, Initiator der Psychologie zwischen Jung und Strindberg, spricht von dem „weiblichen Mangel an Selbstgesprächen und Selbstverdoppelung", aus dem er die meisten Nach- wie Vorteile der Frau erklären wollte.

Vorgestern hat, begleitet vom Krampus, der Nikolo, in Purpurornat unter der Bischofsmütze, mit hohem Stab, die profanen Räume des Beisels gesegnet. Den Morgen des zweiten Advent verschleiert nasser Schnee. Die Sonntagstraurigkeit der Straßen hinter dem Ring ist respektabel; frierende Damen führen ihre Doggen zum Sträflingsspaziergang aus; sonst ereignet sich nichts. Diese tristen Subjektivitäten entschwinden unter der feierlichen Wucht der Dominikanerkirche; es ist, als wolle hoch oben, hinter dem Altare, verhaltenes Licht hereinfluten; die Gewölbe und die Kuppel erdämmern in mattgoldener Schönheit. –

Zu verhindern ist es nicht, daß im Café ein Elektriker unter der Assistenz der Scheuerfrauen ein Weihnachtsbäumchen aufputzt: ja, es klappt; die Kerzen brennen. Aber das Bäumchen zieht sich aus meinem Gesichtskreis und hält sich bescheiden neben der Tür. – Über der Mariahilferstraße zieht sich ein Netz aus Lichtern und Glocken, fast diskret im Vergleich mit den Kaskaden der Monde und Sterne, den Schwärmen absurder Schmetterlinge, mit denen die Industrie des Ruhrgebiets ihr Hochfest zu illuminieren pflegt. Wieder schlägt das Wetter um; im Föhn fächern riesige Wolkengespinste über den Mond. Vom Schnee blieb keine Spur.

Graf Paul Thun-Hohenstein ist in dem alten Hause – wie bewundernswert die Anlage der um einen durchbrochenen Zylinder steil emporkreisenden Treppe! –, er ist tagsüber zwischen den Bücherwänden ein einsamer Mann. Ein Gehörleiden hat ihn dem Umgang entzogen. Ist es nur das? Er schreibt mit Bleistift vollendete Verse in sein Notizbuch. Zur Niederschrift unübersehbarer Erinnerung und Überlieferung seiner Familie kann er sich nicht entschließen. In kleinen Kapiteln, so wie er erzählt, von Hofmannsthal, von Saar, von der Cosima, von . . . , vielleicht doch? Ach, die Jugend war beschattet; schon die Eltern spürten den Untergang, an den die andern nicht glauben wollten. Es ist wahr, was Graf Rivarol sagte: „L'Autriche est toujours en retard." Aber das kann Stärke und Weisheit sein und hängt zusammen „mit dem tiefen Mißtrauen des Österreichers gegen jeden Mann der Tat" und seinem „sonderbaren Ressentiment gegen sich selbst". „Er läßt es sich gern gefallen, wenn ein Großer aus seiner Mitte aufsteht, aber der Große gefällt ihm dann nicht mehr." Der Sinn ist ein tiefer, verborgener: Der Große soll groß bleiben, nicht verbraucht werden von Pathos und Ruhm, sein Bild soll „nicht zusammenbrechen im Herzen der Kleinen, der Alltagsmenschen", denen die Liebe dieses aristokratischen Deuters österreichischer Lebensform und Wesensart gehört. (Man könnte darin den Grund sehen, warum außerhalb bedeutender Sammelwerke so wenig Zureichendes über repräsentative Gestalten österreichischer Geschichte geschrieben wurde, die Babenberger, die späteren Habsburger: Leopold I., Joseph I., Karl VI. Ich streifte diesen Umstand einmal in einer Gesellschaft. „Wir brauchen darüber nicht zu schreiben", erwiderte eine Dame, „wir *haben* es ja.")

Der Lobkowitz-Platz draußen unter den hohen Doppelfenstern hieß, eh er nach dem fürstlichen Palais getauft wurde, Schweinemarkt. Hier wurde im Juli des Jahres 1408 der Bürgermeister Konrad Vorlauf mit zwei Ratsherren zum Tode geführt: Man möge *ihm* zuerst den Kopf abschlagen, ihm auch jetzt den Vorlauf lassen. Er habe nichts zu bereuen. In einer der für die Geschichte der Habsburger charakteristischen Erbstreitigkeiten, der tragischen Bruderzwiste, mit dem sich soziale Kämpfe, Umschichtungsprozesse verbanden, führte der Bürgermeister die aristokratische Partei; vor kaum einem halben Jahre hatte er seine Gegner, Führer der Handwerkerstände, richten lassen auf dem Hohen Markt. Bangnis, Grauen; des Bürgermeisters trotziges Gesicht und das milde seiner Frau sind, in Stein gehauen, zu sehen im südlichen Seitenschiff des Stephansdomes. Noch im vorigen Jahrhundert waren öffentliche Exekutionen ein Fest der unheimlichen unteren Klassen, der Höfe- und Katakombenbewohner, der Dirnen und ihrer Freunde; man brach schon am Abend vorher zur Richtstätte auf, um sich den besten Platz zu sichern, zur Vigil also unter Trunk, Tanz, Gesang und dazu gehörenden Späßen.

Wir sitzen, zwischen den zierlichen Erbstücken, an der Ecke der Spiegelgasse, wo in Nummer 21, im mir unzugänglichen vierten Stockwerk, im Jahre 1872 der verehrungswürdige Herr Hofrat starb, Ehrendoktor vieler Universitäten, Mitglied des Herrenhauses, reich an Ehren also, aber auch an Bitternissen und in der mißmutig empfundenen Genugtuung darüber, daß alles so schlimm gekommen war, wie er immer vorausgesagt hatte. Ein paar Schritte weiter wäre das Haus noch zu sehen, wo die Unvollendete aufklang, abriß, vollendet wurde in ihrer kühnen Unvollendbarkeit; dort in der Nähe wohnte die Ebner-Eschenbach, die noch einer Brieffreundin langer Jahre, die ich nie gesehen, das Lesen lehrte, und drüben in dem stummen, lichtlosen Palais, Wohnung aristokratischer Traurigkeit, erklang die Eroica zum erstenmal. Weit ist es auch nicht zum Grab Metastasios, zum Dachgeschoß Haydns. Und . . . Ich will wiederkommen, die Erinnerungsstücke bewundern. Eine Tochter Metternichs hat in diesen Räumen lange Zeit gewohnt. Wer war ihr Gast? Es ist so schön, nicht mehr sich selber zu leben. Die Stadt spielt sich in mir ab. Österreichisch ist, um noch einmal den verehrten Dichter und Gastgeber zu zitieren, die „schöne Fähigkeit zum hohen Traum und die Unfähigkeit, ihn zu verwirklichen“. – Und zum Abschied wieder die bewundernswerte Treppe, während die Tür sich schließt vor Zeiten, Erkenntnissen, „Kammerkonzerten“, die, wie Trakl sagte, „auf verfallenen Treppen verklingen“.

Vor der zu erwartenden Düsternis flüchtete ich in das Kellertheater am Parkring. Wie angenehm ist es doch, an einem kleinen Tische zu sitzen, statt in den Galeerenbänken der Logen und Parketts! Und die Kunst wird durch vorsichtige Bewirtung nicht im mindesten gestört. Wieder ein amerikanisches Stück: Sidney Howards „Silberschnur". Die Hauptdarstellerin und ihre Gegenspielerin sind jeder Bewunderung wert: alle Chancen der Rollen vom Menschlichen her ergriffen und erfüllt. Die Männer sind nichts, wie in der Klage um die kleine Sheba. Geisterte dort Ibsens „Wildente", so hier Strindbergs „Pelikan". Aber Ibsen und Strindberg haben in frühen Dramen, in den „Kronprätendenten", in „Master Oluf", einen bedeutenden Rahmen aufgestellt, in den das Lebenswerk fällt; beide haben als religiöse Tragiker begonnen und sind es geblieben; Strindberg, schrieb Karl Kraus ihm zum Nachruf, war „ein Gläubiger Gottes", er sandte „die letzte christliche Botschaft aus". „Da er stirbt, geschehen am Himmel keine Zeichen, aber die Wunder der Erde wirtschaften ab." Doch ist das noch einseitig gesehen, von der „Bedrohung der Weltordnung vom Weiblichen" her, also ausschließlich in der Perspektive der Tragik zwischen den Geschlechtern. Im Gesamtwerk wird eine immense, in der Moderne fast beispiellose Geschichtserfahrung ausgetragen und versöhnt. – Hier aber bietet erhebliches theatralisches Können nichts als beziehungslose und überholte Psychologie. Wieder – und das ist unheimlich und widerspricht der gesamten europäischen Tradition, in die natürlich, was man leider schon *betonen* muß, die slavische eingeschlossen ist –, wieder ist kein sozialer Bezug zu erkennen, vom politisch-geschichtlichen, ein paar Geschmacklosigkeiten nicht gerechnet, zu schweigen. Was hier angeboten, was hier goutiert wird, ist das Nichts. Der Mann ist erotischer Schwächling, gebrochen von Perversität, die Mutter Raubtier. Von der jungen Frau, die Mutter wird, könnte etwas zu erhoffen sein, wenn sie Boden unter den Füßen hätte. Aber der fehlt: die Frage, mit der alles steht und fällt, was Ehe ist — nicht nur animalische Mutterschaft —, wird ernstlich gar nicht gestellt, wird nicht einmal mehr gesehen. In welchem Grade solcher Aussage eine geschichtliche Bedeutung zukommt, weiß ich nicht. Aber geschichtliches Verhalten beeinflussende Substanz drückt sie jedenfalls aus.

Noch immer flügeln im Föhn die Wolkenfittiche über dem Mond. Ich habe die Stimme des Untergangs gehört — und den Beifall, der sie begleitet. Das Schlimmste ist: beide haben mich nicht überrascht. Ich habe den feigen Wunsch, nicht so lange leben zu müssen, bis die Geschichte Prophetie und Einstimmung bestätigt.

Mehr und mehr befreunde ich mich mit meinem Visavis, dem einstigen Kriegsministerium, das, noch vor dem ersten Weltkrieg begonnen, in dessen letztem Jahr fertig geworden ist, jetzt, wie es scheint, eine von einem Beamtenheer bevölkerte Stadt der Amtsstellen mit eigenem kleinen Postamt. Neben dem „Reiter" gehe man hinein, sagt die Frau im Tabakladen; der „Reiter" ist das Denkmal Radetzkys. Nachts ist das — im übrigen maßvolle Schmuckwerk der Erbauungszeit nicht zu sehen: die großartige Repräsentation der entschwundenen Kriegsmacht, die, präsidiert vom Reiterstandbild des Helden von Custoza, diesen Teil des Rings beherrscht und mit den Seitenflügeln noch mächtig ausgreift, hat etwas Erschütterndes; nun ist sie lichtlos und stumm wie die Stadtpaläste berühmter Geschlechter, deren Namen fortglühen über vermoosten Schlachtfeldern, geschlossenen Grüften, verwaisten Schlössern, über der Burg. Nur eines der runden Lukenfenster unter der Dachkante ist erleuchtet; der schwarze, zweiköpfige, mit Schwert und Zepter bewehrte Adler, am Tage beängstigendes, an das Obergeschoß genageltes Gespenst, erhebt sich mit weit ausgreifenden Schwingen in die Sphäre der Dämonie: Raubvogel über Belgrad, Zenta, Aspern, Wagram, Lissa, Königgrätz, und wieder Belgrad, dem Isonzo, Siegesbote des Untergangs, Pfeil am Himmel, Vorgestalt apokalyptischen Endes. Die den Platz umringenden, die Straße säumenden Lampen blinken auf und verdunkeln sich rasch, wie der Wind sie schüttelt; die Macht der geweihten Monarchie, der zweifachen, dreifachen Krone, ist und ist nicht; sie ist in die Glut zurückgestürzt, der sie entstob, Phönix, der sich morgen im Feuer des Untergangs verjüngen wird. Die Girlanden, die den Genius fesselten, zerreißen im Flug. Das Aas, die sterbenden Völker, liegt unter dem Himmel, und Geier und Adler werden nicht fehlen: das ist der gekrönte, von Blitzen umwitterte Kaiseradler am Gewölbe der Dominikanerkirche; die Wolke, die dem Endgewitter vorausstößt, schwarzer Engel des Richters in Raubvogelgestalt, der die ehrwürdigen Insignien der Weltherrschaft in den Klauen hält: Habsburgs Auszeichnung, Adel, Schicksalslast, heroische Entfaltung der Majestät. Denn nun wird die irdische umgeschmolzen in die unvergängliche. Das war ja Habsburgs Amt: Zeichen göttlichen Weltregiments zu sein. Und der Reiter? Er wird ungeduldig. Hufschlag meldet sich in rasender Schnelle. Auf dem Ring? Nein, nein. Und doch auf dem Ring. Die drei sind an der Burg, der Kapuzinergruft, der Himmelpfortgasse schon vorüber – und jetzt spornt der vierte das schwarze Pferd, und der Adler, der doppelt gekrönte, ist über dem verlassenen Hause der kaiserlich-königlichen Kriegsmacht in der Feuerwolke entschwunden. Der Marsch des Reiters – eben klingt er fern herauf, und die unsterbliche Huldigung schwingt mit: „In deinem Lager ist Österreich", dieser Marsch ist apokalyptische Melodie wie das Fiedelspiel, der Tanz seines Urhebers, des dämonischen Zigeuners im Sperl, wie das nihilistische Lebenslied des selig-betrunkenen Augustin. In einer jeden Inspiration jubelt, verführt uns der Tod.

3. Advent.

Wider Willen unter dem Weihnachtsbaum im Gewölbe eines kleinen Cafés. Der Zuckerschaum der Kinderträume, der mich umgaukelt, und die neidlos bewunderte sorgfältig aufgebaute Kuchenherrlichkeit haben etwas Rührendes; Füllhörner des Jugendstils, die zum Alter des Gelasses nicht passen, umrahmen die rotbefrackten Weihnachtsmänner, Bonbonnieren und in stattlicher Reihe aufmarschierten Flaschen; Mamachen sitzt im Tändelschürzchen an der Kasse, mit feurigen Brillantohrringen geziert, unter der aufmerksamen Assistenz Papachens. Draußen ziehen die Käufer vorüber, während die Gitter vor die Ladentüren geschoben und dahinter die Lampen gedämpft werden. Mögen nicht zu viele Enttäuschungen heute verpackt worden sein. Ich bin wunschlos, außer daß etwa die Schmerzen ...

(Heute morgen Seelenmesse in Sankta Barbara; die dicken Kerzen über den Ikonen zu beiden Seiten der

Pforte schenkten den Heiligen Leben bis hinauf zum Kreuz; vier Frauen in bunten Kopftüchern und ein gebückter Mann am Stock mit wirrem Prophetenbart bildeten die Gemeinde. Das wäre genug.)

Ob wir denn nicht etwas tun könnten gegen den Mißbrauch der Weihnachtsbäume, fragte eine Dame heute mittag den verehrten Max Mell und meine Wenigkeit in den gastlichen Zimmern Kurt Friebergers, dessen sehr ernst zu nehmendes Buch über Petrus, den Fischer, mich eben beschäftigt. Ach nein, wer maßte sich an, der Industrie ein Reklameobjekt zu entreißen? (Und warum?) Uns unterhielt lange die Frage, warum so viele Weine nicht reisefest sind und in fremder Landschaft oder gar fremdem Lande nicht munden: vieles liege am Subjekt, an der Spannung zwischen der Reisestimmung und dem Zuhausesein. Ja, aber ich glaube, daß der Wein sich verändert in seiner Substanz, wenn das Klima ihn verletzt. Das brachte uns auf die Könige.

Ich habe nie geglaubt, daß ein Geschlecht physiologisch degenerieren m u ß; von der heiliggehaltenen Krone gehen heilende, erneuernde Kräfte aus. Die Welt ändert sich nicht, weil die Geschlechter verfallen, viel eher verfallen die Geschlechter, weil die Welt ihnen ungemäß geworden, weil ihr Klima in ein für solche Lebensstämme tödliches umgeschlagen ist. Freilich kann Monarchie nicht allein auf sich selber ruhn; ihre Bedingung ist Begegnung der Krone als Bild wie als Kraft mit Volk, in einem bestimmten Geschichtsraum; sie ist – nahezu – ein hochzeitliches Sakrament und als solches mit Bezug auf die Stabilisierung der Freiheit vertrauenswürdiger als die Demokratie. Über den österreichischen Aspekt des Phänomens habe ich nicht zu urteilen; jedenfalls ist es

WERNER KRAUSS

ein einzigartiger – weil eben keine Großmacht in solchem Grade mit einer bis in den letzten Zug ausgeprägten Dynastie identifiziert war; in Deutschland bin ich als Monarchist Gegner der Restauration. Und doch gehörte zur Substanz Wiens die Anwesenheit des Kaisers; und es würde viel für diese Substanz bedeuten, wenn der Repräsentant des Hauses hier lebte; sein Dasein würde die Stadt ergänzen, auch wenn er keine Krone trüge.

Mell ist überzeugend durch die Schlichtheit großen Ernstes, die stille Herzlichkeit des Humors: Künstler ohne Geste, aus dem Sein, Träger einer großen theatralischen Tradition, die Herzensreinheit mit szenischer Sinnfälligkeit verbindet. Das ist nur die dritte Stufe des Geheimnisses: Wein, Krone, Poesie (und gerade: Bühne). Wir sind in Deutschland über das Gesellschaftstheater nicht hinausgekommen. In Wien wurde das Theater von Liebe umschlossen, beflügelt, war die Krone beheimatet wie der Wein unter dem Kahlenberge oder im Burgenland.

Eine akademische Verbindung erwies mir die Ehre, mich zu ihrem Kommers einzuladen. Ich bin unwissend, was die Formen solchen Zusammenseins angeht; aber in späten Jahren möchte man alle Antipathien widerrufen – von den Urteilen zu schweigen, die unversehens und fast ausnahmslos in die Schwebe geraten. Es stimmt nicht eins. (Ich schreibe das am sprühenden Ofen eines Schlupfwinkels, einigermaßen gesichert vor dem Telefon. Die schönen blauroten Flammen hinter der gewölbten Scheibe und draußen der Nordwind! Die riesige getigerte Katze hat sich wieder neben mich gelegt auf den Rücken, was vermutlich Existenzform erheblichen Wohlbehagens ist — ganz sicher ist das nicht — was wissen wir vom Tier? — sie legt die gekrümmte Pfote über die Augen, was eine Vorbedingung der Zufriedenheit sein mag; sobald ich zu schreiben beginne, nimmt sie sich auf diese Weise meiner an. Tatsächlich: die Kuckucksuhr schlägt im Nebendämmer, Gruß des geliebten Ländchens und seiner Berge; ich hänge sehr daran — aber auf „Heimat" liegt schon ein übertreibender Akzent.)

Nun, ich habe eingesehen, daß solches Zusammensein der Generationen von großem Wert sein kann. Was kontinuieren soll, strömt in die Jugend über, und das Alter wird von ihr erfrischt, von dem gläubigen Ernst, der auf den jungen Gesichtern liegt, dem beherzten Vertrauen zu der Erde, die so oft schon erschüttert wurde und ihre Verheißungen doch nicht zurückgenommen hat — sowenig wie das Vaterland. Die durchlebten Kriege, Umstürze, Gewalttaten, sittlichen Katastrophen verbinden sich für mich mit unüberwindlichem Schuldgefühl: wie sollte es anders enden, als es war? Aber der Jugend, gerade dieser, die noch von Tugend weiß und sich des Wortes nicht schämt, wünsche ich einen helleren Himmel als den Himmel dieses Advents. Und doch: ist Advent nicht Dunkelheit? Aber ein adventischer Glaube bricht den Himmel vielleicht auf: wäre der Retter gekommen, wenn ihm Glaube nicht vorausgeeilt wäre? Kommt einmal eine Jugend herauf, ist sie da, die mit dem Wissen von der Welt, der Wahrheit von Geschichte, den Glauben an das Wunder zu vereinen vermag? Das ist ja eigentlich der Gehalt, die heilige Paradoxie der Botschaft, Alten wie Neuen Testaments: Der Prophet von Anathoth sieht alles verloren—aber mit dem Blick auf die Rettung;

der Hammer des die Völker zerschmeißenden Worts ward ihm in den Mund gelegt, aber die unwiderrufliche Verheißung des „Ich habe dich je und je geliebt" ist der Trost seiner Nacht, seines Daseins zwischen Untergang und Geburt. Gefordert wird von uns – über die Kraft – der felsenfeste Glaube, daß durch die Untergänge hindurch der Weg des Heiles führt, der Heimweg, an dessen Ziel der Sohn unter den Wunden der Glorie dem Vater die Welt zurückgibt.

Es sind die alten Lieder: vielleicht gibt es kein neues Lied, weil keine neuen sinnfällig-transzendentalen Bilder gefunden worden sind, die diese Zeit beantworten und ihr über sich selbst hinweghelfen könnten. Eine große Gefahr ist es, daß wir mehr und mehr von Abstraktionen beherrscht werden; es sind die Hülsen und Häute der Werte, die einst das Gleichgewicht bestimmt haben – so sicher wie die winzigen Steinchen, die nach dem Erdmittelpunkt tendieren, Steinchen der Gleichgewichtsorgane der Menschen und Tiere. (Menschheit, Demokratie, Europa, Wissenschaft ...) Aber wenn die Fluggeschwindigkeit die Gravitationskraft überrast, so geben die Steinchen verwirrende Signale.

Die Jugend gelobt sich der Freiheit an und ist bereit, „um großen Tod zu werben" für des Vaterlandes Majestät, es ist ihr todernst damit, und es ist gewiß, daß wir in der Zeitlichkeit nicht sein können ohne solchen Entschluß. Aber mir geht der Gesang mehr zu Herzen, als ich sagen kann; ich höre ihn zum drittenmal; ich sehe zum drittenmal solche Stirnen; ich weiß, daß die Antworten und Hoffnungen, mit denen wir uns zu trösten pflegen, mit denen die unglücklichen Staatsmänner und Prominenten zu einem jeden Jahresbeginn ihre Völker beglückwünschen – denn, wider Vermuten fast, die Fähre ist nicht abgesackt –, dem, was ist und getan wird, in keiner Weise entsprechen. Der „große Tod" des jungen Helden schließt ja die Bereitschaft ein, Todesjammer in tiefster Erniedrigung zu verantworten, wenn auch auf den Knien: sich opfernd zu knien auf der Asche jeglicher Kreatur. Das Furchtbare, was ich an diesem Abend nicht zu sagen wage; was ich dieser Jugend, die mich beglückte, doch nachrufen muß, ist, daß auch der Mut zum Heldentum immer problematischer geworden ist (in einem gewissen Grade war er es stets); daß es nicht ohne sehr harten Kampf, ohne letzte persönliche Not, ohne „mea culpa" vertretbar sein könnte, Held zu sein. Denn es ist eben wirklich später, als wir denken nach dem alten, wieder erneuerten Wort. Und doch: das Wunderbare, das Unwahrscheinliche, das der Geschichte Widerstrebende, in radikalem Sinne in Gott Mögliche? Wem wünschte ich es lieber? Und wo ruht Hoffnung, wenn nicht auf einer Jugend, die durchglüht ist vom Soll des Glaubens, der Notwendigkeit, die nach dem Lohn ihres Vollzugs gar nicht mehr zu fragen vermag?

Nie ist es mir in den Sinn gekommen, daß ich noch einmal eine Oper Verdis ansehen würde, sicher eines Meisters, Vollenders einer ihm gemäßen Form. (Über sein Werk hinaus war in dieser Richtung nichts mehr zu erjagen, aber was geht es uns an, auch wenn alle Dimensionen der Szene meisterlich vom Regisseur eingesetzt werden, die Menschen jubeln und die große Sängerin und Gestalterin ihre Huldigung verdient? Aida – Advent 1957? Der Schluß bringt ein dramatisches Seelengemälde, das Verdis großes Werk vielleicht übersteigt, das seine

Krone sein mag. Aber wie fern ist das alles: Huldigung vor einem vergessenen Khediven aus Anlaß der Eröffnung des verlorenen Suezkanals: Pompe funèbre dieses Kanals und etwa gar der Mächte, denen er zu verdanken ist? Heute melodische Elegie aus ägyptischem Tempel, den Europa ausgeraubt hat? – Man kann einen solchen Vorwurf als reines Spiel vom Barock bis Mozart gestalten – oder im Geiste der Tragiker; die Auflösung in den lyrisch-pathetischen Effekt begeistert wohl Tausende noch – aber im Glanze welcher Illusion?)

Aber – mit Respekt – ich bin ja nicht wegen Aida gekommen; die Oper selbst, das Haus ist ein geschichtlicher Ort; ihr Wiederaufleuchten vor wenigen Jahren war ein Wunder; die Kunst strahlte sich aus – und es wurde gut; Kunst der Staatsmänner, Wirtschaft, der ergriffene Glücksaugenblick taten viel; aber das Symbol österreichischer Wende ist es, daß die Kunst zurückkehrte in ihren Palast, daß ihre Majestät wieder den Thron bestieg und das Licht aus dem königlichen Bau hinausflutete auf den Ring, daß die Freude aufrauschte und der Reigen sich wieder schloß, daß der Genius da war und das Land ihm huldigen durfte. Denn nun steht es wieder unter seinem Schutz; die Oper ist Macht, ist mehr als Macht: Sich-selber-Finden. Aber – das scheint mir, einem Gast leider so fremder Art – ohne Glanz kann das nicht geschehen. Ut potiar, patior. Glanz und Armut gehören zusammen. Der Genius übersiegt die Geschichte wohl nicht. Er schmiedet nicht Nachbilder versunkener Kronen. Aber er ist doch wieder da in der alten Pracht; er singt: das Kind in der Hut des Löwen. Ein Wirtschaftswunder ist Österreichs Freiwerdung nicht gewesen: dann wäre ja Österreich abgefallen von sich selbst. Das steht so fest, wie daß es keine Freiheit gibt ohne Maß, ohne Opfer, ohne den Glanz der Freude.

Für einen Spaziergang im Stadtpark reicht es nicht, keine Kreatur also denn die Pferdchen leichter Lastwagen, die nur nach Mitternacht in hellen Trab verfallen, die Spatzen, die Tauben, die sich unter dem Denkmal des genannten Bürgermeisters ereifern und, wahrscheinlich unbefriedigt, in ihre Wohnung im Dach des Dominikanerklosters heimflügeln; ein einziges Mal ein schneller Gang an einem trügerischen Föhnabend, da der Wind mit Wolkenbändern und -schleiern Rätselbilder zwischen Gelb und Blau entwarf und Rätselworte darunterschrieb. Plötzlich grüßte der Himmel den zweiköpfigen Adler am First mit einem tödlichen Blitz. En boca cerrada no entram moscaes. Ich kann nicht sagen, was ich auf den Straßen, in den Nächten empfinde. Mit zermarternder Monotonie hämmern mir die Worte im Ohr:

Nur der Adler ist da.

Ich weiß nicht, woher sie kommen. Aber mit meiner inneren Verfassung haben sie doch etwas zu tun. Und etwa mit der Zeit? Was man „Leben" hätte nennen können, was es nicht war, ist ausgelöscht. Und der Adler ist da: das verzehrende Völkergeschick; es ist der Adler, der von unseren, von der Völker Eingeweiden lebt. Ich kann nicht wünschen, daß ich ihn nicht erblickt hätte. Und manchmal nimmt er mich hinauf und läßt mich seine Freiheit erleben: den Blick auf die zusammenrauschenden Völkerströme und ihre Ursprünge, die einander vor Wien begegnenden Gebirge. Wenn der Morgen dämmert, scheinen Bilder auf in den Fluten, Volksburgen, das Castrum der Imperatoren in der Hut der Wachttürme, kühne Brücken, Kirchen, gleich hohen schmalen Booten, Kathedralen: aber der Feuerschein, der immer auf den Strömen liegt, schmilzt die Bilder ein. Schon droht kalter Tag – und wir müssen zurück. Der Adler wird zur Attrappe, ich, wie es sich geziemt, zu einer auf die Freundlichkeit der Bedienung und die Wärmflasche angewiesene Existenz.

Jetzt erstarren in Lappland die von den Höhen geflohenen Rentierherden, die der Winter verscheuchte, vor dem geschwellten Strom; keines der Tiere wagt, den leichten Huf zu netzen. Von den Eichhörnchen, der Landesfreude Finnlands, sagt man, daß sie sich in die Strömung werfen, ohne sie überqueren zu können; ich weiß nicht, ob das wahr ist. Aber die Herden, die dahinstoben wie Wolken im Sturm, würden vielleicht an den Ufern verderben; Hunger ist Tod und die Flut auch. Der Lappe im kurzen betreßten Rock nimmt sich ihrer an: er fesselt das Leittier an sein Boot und zwingt es hinüber; und die Herden folgen – durch den Tod, der keiner war – und wieder, vielleicht, wird ein Winter überwunden. (Die armen Frauen, in ihrer ratlosen Liebe zur Kreatur, füttern mit ihren aufgesparten Brosamen die Tauben auf dem Luegerplatz nur für den Tod. Aber die Beschenkten flattern zurück in den Dachstuhl des Dominikanerklosters – und wieder ist ein Wintertag besiegt.)

Ein tröstlicher Abend in einer Innenwohnung des unteren Traktes des Belvedere: vermutlich hat der Schloßherr hier seine Stallmeister untergebracht. Übermäßig gut werden sie es nicht gehabt haben, aber ihre Aufgabe war der Umgang mit der Kreatur und mit Österreichs

Genius – und es war nichts Geringes, wenn der Glorreiche und Vielgekränkte ihnen einen Blick gönnte unter dem leicht aufgehobenen Vorhang der Karosse. Damals waren die Pferde Personen, nicht Schaustücke und keineswegs unbeteiligt am Ausgang einer Schlacht, am Aufgang des Ruhms; diese Rolle haben sie, hoffen wir's, ausgelitten – sie werden keinen Anspruch erheben auf das Siegeslied; wenigstens ist aus dem Untergeschoß kein Scharren und Wiehern zu vernehmen. Es ist kalt, die Mauern sind dick, schwer die Gewölbe; die Fenster vereisen, und Grete Wiesenthal, ein Winterschmetterling, der seinen Blitz über Hofmannsthals erlöschende Seen zog, ist nicht mehr ganz da. Der Winterschmetterling flügelt auf und ab über den Eisblumen, hinter der zierlichen Gardine; man kann ihm nicht raten, hinauszufliegen. Ein in den Raum geöffnetes Fenster ist Tod für das Herz, für den Zauber, für Mozart, den spielenden Falter der Walzermelodie. Den Weltraum bestehen wir nicht. Aber in dieser adventlichen Stunde wird ein Tropfen Wein, wird ungarischer Nektar genügen, Anmut zu beschützen durch die Winternacht. Sie braucht ein wenig Wärme, vielleicht doch viel: Klima der Orchideen, der Flugsamengewächse, die, durch die Lüfte getrieben, fremde Stämme um Heimat baten: sie brauchen ein wenig Hilfe, ein wenig Stoff; aber sie schmücken den Stamm, der sie ernährt. Und dann schläft und träumt sich der Winterschmetterling in sein unsterbliches Glück.

Wer vor der Planierung der Wälle um diese Jahreszeit in der Stadt verblieb, war einigermaßen geschützt vor den sich wie Krähenschwärme zankenden Stürmen. Es war eine weise Anlage, die Straßen geführt wie die

Schlupfgänge einer Maulwurfsburg; auf einen brüsken Stoß an einer Biegung mußte man gefaßt sein, aber schon krümmte sich das Gäßlein wieder, stand ein Durchhaus offen, beschützten Pfeiler und Gewölbe der Lauben Betrachter und Käufer – sie führten auch um die windigen Märkte herum –, bot, unter dem schaukelnden Buschen, eine steile Treppe die Zuflucht zur Unterwelt. Nun weht über den Ring ein tödlicher Hauch; die Stadt der Kaiser und ihrer Spielleute hat sich weiter vorgewagt, als den Bewohnern winters zuträglich ist: Millionen schnupfen und husten mit tränenden Augen und fiebrigen Stirnen; der Friede der Ehe- und Liebespaare wird von verständlicher Gereiztheit beeinträchtigt, während die Cafés von Patienten beherrscht werden, die ihr Kranksein rücksichtslos ausüben.

Welche Bewandtnis es mit dem Zahnwehherrgott an der Rückwand des Chores von St. Stephan hat, weiß ich nicht: der Begrabene ist wieder da, mit offenen Wunden, lebend-tot, durch eine flache Nische kaum geschützt, nackt und noch immer unter der Pein der Krone; er war drei Tage lang der Toten Gefährte, auch Mozarts, dessen leichter Sarg hier an der Nordwand des Chores, über dem Eingang zu den Grüften, der schmalen Pforte und schmalen Treppe, den versöhnenden Segen empfing – auf dem Wege wohin? Das Leiden nämlich dauert – wie der Schmerz um die Toten auch; der Mitleidende auf Erden, der die äußerste Grenze erreichte, aber nicht überschritt, der durch die Grabesnacht blutendes Fleisch blieb, unverwesliches Leiden, er ist hilfreicher als der Auferstandene, wenn unterm Schneeregen ein Kind mit verbundener Wange vor seinem Bilde kniet und seinen Groschen in den Stock wirft. In aller Religion ist die

Sehnsucht nach dem leidenden Gott, nach dem göttlichen Bruder in der Schmerzensgefangenschaft: Wie viele Fesseln nahm er nicht ab; wie viele schauerliche Verliese schloß er nicht auf! Aber er ist da: ausgesetzt dem Todeshauch, mit unbedeckten Wunden.

Dem Winterelend, dem ich mich schon ergab, entriß mich eine profane Freude, die doch nicht ganz profan war: wider die Hoffnung bot mir der unermüdliche Herr Dr. K. von der Botschaft Karten zur Erstaufführung des „Bruderzwistes" an in der Inszenierung Gielens, mit Werner Krauß, Skoda, Jäger in den wichtigsten Rollen. Die einzige Frauenrolle war gestrichen, vielleicht nicht mit Recht, denn sie dient dem Relief des Kaisers und seines Sohnes. Es blieb um so mehr Raum für die hintergründigen Einsichten und Prophetien des Kaisers; der Ton war vom ersten Augenblick getroffen; prophetische Tragik in der Umwelt wilden Erdenstreits; Sternenuntergang vor der Heraufkunft des Mars; Mars als Stern von Bethlehem. Ostentativ wurde bei offener Szene an den Stellen applaudiert, die Gleichheit (in ihrem revolutionär-geschichtlichen Vollzug) als Erniedrigung brandmarken und den Ständen voraussagen, was sie inzwischen erreicht haben. Krauß war in den größten Augenblicken das Geheimnis des kaiserlichen Hauses selbst, des Hauses, dem der Gekreuzigte in schwerer Stunde zusprach: „Ich habe dich nicht verlassen" (ein nicht zurückgenommenes Wort). Wie der Kaiser seinen Liebling Leopold streng in den beginnenden Gottesdienst verwies und — auf dem Wege dahin — doch noch Zeit fand, ungesehn dem Jüngling mit dem Stock auf die Schulter zu tippen: das war und bleibt Geheimnis des österreichischen Theaters, wortlose Sprache szenischer

Sinnfälligkeit, des Spiels. Der Künstler war an die Grenze gelangt; es wäre unehrerbietig gewesen, ihn vor den Vorhang zu rufen. Gewiß: alles bleibt Spiel. Aber das Abbild des Mysteriums Habsburg ist dem Beifall entzogen.

Grillparzer hat den Schauspieler nie allein gelassen: der Darsteller erfährt von einem jeden Worte, was er zu tun hat. Und doch ist die Auslegung offen.

Mehr und mehr – und das ist von großer Bedeutung – scheint der „Bruderzwist" als singuläre Erscheinung verstanden zu werden: das Szenenbild, vor dem Österreich sich wiederfindet; in dem es sich bewahrt sieht. Die zweite für ihre Gattung singuläre Erscheinung bleibt der „Don Juan", aber Mozarts Tragödie ist im wesentlichen doch eher Menschheitsgut als österreichisches Eigentum; die Dämonien der südlichen Völker, der Spanier und Italiener, und das im Widerstreit und in der Einheit sich vollendende Maß sind wenigstens im selben Grade beteiligt wie das österreichische Element. „Hier aber ist das Wort", die hieroglyphische weltumfassende Inschrift des Kaisergrabs in St. Stephan.

Auf dem Hradschin, auf der Burg, werden alle Fragen aufgeworfen, um die es uns geht: nach dem Bilde der Herrschaft, nach der Gestalt des Glaubens – Rudolf bekennt sich zur Kirche aus Ehrfurcht, aus Geschichtsbewußtsein, in Freiheit, Matthias aus Furcht – und weiter: nach dem Verhältnis zwischen Kirche und Staat; die Spaltung in Konfessionen; die Dialektik zwischen Krieg und Frieden – auf jeder Seite ist ethisch-geschichtliches Recht – stehen zur Diskussion, zugleich die Beziehung zwischen Staat, Wissenschaft und Kunst, die Unbedingtheit der Sitte und die Freiheit des Fürsten vor ihr; von der Höhe hierarchischer Ordnung schaut prophetischer Blick in die Unterwelt, aus der die Massen heraufgären. Die Krone, die Hierarchie, die Ehrfurcht vor Gott und den Menschen, nicht definierbarer Glaube stehen fest; das heißt – und nun erst wird das Österreichische vernehmbar –, Habsburg muß sein, aber Habsburg, das sich selber versteht, eine Herrschform der Liebe über der Dämonie der Tat, ein Vermögen, zu handeln aus der Einstimmung in Gottes unverrückbares Gesetz: Herrschaft ist das Zusammenwirken des Sympathikus und Parasympathikus, der Sekrete und der sie hemmenden Wirkstoffe, der Spannung und Erschlaffung der Gefäße und Adern, der Fliehkraft und Schwerkraft, der Beschleunigung und Verzögerung, der Jugendkraft und Altersweisheit; gelingt es einer der Kräfte, die andere zu übersteigen, so zerbricht der Weltkreis, wie der Organismus gestört wird, wenn die einander entgegenarbeitenden Nervensysteme sich nicht die Waage halten. Das Leben besteht so lange, wie es fähig ist, zugleich sich zu steigern und zu verzögern. Universalität wird von herrscherlich-cäsarischer Dominante nicht gehalten werden; sie ist, ganz im Sinne Linnés, Keplers und Shakespeares, Vollzug der Weltharmonik. Dies ist unwiderrufbar, aber in der Zeit findet sich das Vermächtnis nicht mehr zurecht; die Erde antwortet dem Wandel der Sterne nicht mehr; Schuld und Opfer, die von langer Geschlechterreihe erworbene unschätzbare Einsicht verhallen, an den Ereignissen vorüber, ins Nirgendwo; mit dem, was sich nun begibt, haben sie nichts zu tun, obwohl ihre Geltung nicht angezweifelt werden kann. Es gibt keine Lösung; über die Tragödie Klesls hinweg, der das Drama, nachdem der Held gesunken ist, mit neuem Heldentum im Schlußakt bedroht, wird der große Tragiker hilflos, bittet er die Historiker um Beistand. Ein jeder Lehrling der Dramaturgie hätte ihm seine Sünden vorrechnen können – und er hätte solche Belehrungen gewiß mit Sarkasmus entgegengenommen; die dramatische Wirkung ist unwiderstehlich, hier, wo das Drama die Dramaturgie überschreitet, wo die Rätselgestalt der seit der Antike großartigsten Machtform als Handlung sich aussagt. Keine Notwendigkeit wird verletzt, herabgesetzt; der letzte Kaiser verschwindet in labyrinthischen Gängen; sie stürzen hinter ihm zusammen; was das Künstlerische angeht, so kann die Sprachgewalt der Geste nicht überboten werden: Idee und Prophetie werden genau in dem Grade erreicht, in dem sie schauspielerische Aufgabe sind, szenische Möglichkeit. Das ist Grillparzers Genie; Österreich war Inkorporation – Fleischwerdung also –, keine Konstruktion, kein Kantisches Soll, keine idealistische Kostümierung des Raubtieres Macht; sondern es war die Macht der Einstimmung, die mit Blitzen gerüstete der Liebe, der Menschlichkeit: Humanitas in glorioser Repräsentation auf dem Welttheater, unter der Regie des Todes, der alles Vordergründig-Wirkliche in Zweifel setzt, aber sich seiner für das auseinanderstiebende Spectaculum bedient:

„Für uns und unsere Huldigung
Erbitten wir Genehmigung“,

heißt es ja im Prolog des tragischen Zwischenspiels des „Hamlet“: der Schauplatz ist Wien. Das bedeutet Shakespeares Gruß an Grillparzers noch weit entfernte Bühne. Und eben darauf beruht das Genial-Theatralische, Gebärdenhaft-sinnhaft-Spielerische des österreichischen Theaters, das vom Volke kommt und zu ihm will: dem Volk in der Geschichte. Vielleicht konnte nur Grillparzer einen Darsteller wie Werner Krauß, einen Regisseur wie Gielen zu solcher Vollendung des eigentlich Theatralischen, zur Vermittlung des Körperhaft-Unergründlichen emportragen. Die Glorie friedlicher Macht, des Friedens Huldigung und dahinter die stürmisch-heroische Melodie: sollte nicht ein Dichter daran zerbrechen, sollte nicht er – wie die Künstler – sich an dieser heiligen Unmöglichkeit vollenden?

Der Mann der Ordnung ist Vater eines chaotischen Sohnes; als Rudolf Don Cäsar zeugte, war das Chaos auch an ihm; die Zeit, mit der er kämpft, hat ihren Schauplatz in ihm selbst, er ist ihr nur in der Erfahrung voraus; seine Buße ist das Gericht über den Sohn. Daß der Mann der Ordnung der Vater des Chaos ist: das ist die tragische Ironie, deren nur Grillparzer, und zwar im Geschichtsraum Österreichs, fähig war. Am Schluß – und das ist eben nicht ganz geglückt (und wie wäre das möglich gewesen?) – soll der Zuschauer erschüttert werden vom Anblick des über die Ufer stürmenden Hochwassers, entfesselten Geschehens, chaotischer Geschichte, der sich kein Pfeiler widersetzen kann. Das Wahre ist unsichtbar – das Ende der Handlung ist totale Dissonanz; denn Rudolf war der Zeit ja in keiner Weise mächtig.

Grillparzer konnte als Künstler mit diesem Abschluß nicht zufrieden sein; wieviel Anteil er am Chaos hatte, in dessen Strudel er blickte, wußte niemand besser als er. Gerade dieses Werk ist Selbstgericht. Ein solches kann nur gehalten werden, wo ewige Tafeln stehn. Der

Fortgang ist nur möglich in echt österreichischem Sinne: in der Überwindung der Tragik durch Glück, durch die Macht der Liebe. Es ist bezeichnend, daß die einzige Frauenrolle im „Bruderzwist" gestrichen werden kann, ohne daß die Aussage von Geschichte beeinträchtigt wird, wenn auch wesentliche Begründungen damit fallen und die Bedeutung Don Cäsars zur Episode zusammenschrumpft. – (Er ist die lebendige Schuld Rudolfs, Zeichen seines unterirdischen Zusammenhangs mit dem Chaos.) Die Frau also müßte, wenn es noch eine Lösung geben soll, die Szene wieder betreten, sogar deren Mitte. Die Geschichte inszenierte nach sehr sorgfältiger Exposition, getragen von Ferdinand II. bis zu Karl VI., den Auftritt der Maria Theresia im Glanze heroischen Glücks, der Mutter, nach dem Versagen so vieler Väter. Aber es ist, als ob Grillparzer an diesem Vorwurf vorbeigegangen sei, er wollte weiter; Resignation, allzu verständliche, hatte schon einen zu tiefen Schnitt in die Gewebe getan, die ihn mit Geschichte verbanden: Für ihn, wie für Shakespeare, der erlitt, was Grillparzer erlitten hat, bot nur das Märchen eine verläßliche Lösung: nicht mehr die glückliche Mutter (die ihr Leid verschwieg) im Gewitter der Siege und Niederlagen, sondern die Geopferte, die zur Seherin erhoben wurde, Richterin und Verkünderin jenes fernen Einklangs zwischen Himmel und Erde, des Sternbilds mit der geschichtlichen Gestalt, der Fata Morgana also mit ihrem Urbild, der schon Glaube der Babylonier war. Aber sicher war Grillparzer in dieser Sache nicht. Und das Vage war nicht seine Sache. Er suchte allein die unausdeutbare Gestalt. Für die völlige Auflösung der Geschichte in das Märchen, die Shakespeare gelang, für den sich bescheidenden Sieg über alle Wahrscheinlichkeit war nicht die Zeit: zu furchtbar sind die Gesichte, die den aus Wien geflüchteten Kaiser auf dem Hradschin bedrängten, über der verfluchten, der gesegneten Schicksalsstadt Prag.

Der Dreißigjährige Krieg wird somit negativ bewertet: Katastrophe einer Generation, Verlust der Rudolfinisch-habsburgischen Idee. Und doch sagt Wallenstein, der Initiator, was der Friedenskaiser vom Türkenkrieg sagte: Der Krieg ist gut. (Ein Pazifismus, der sich nicht mit der Dialektik echter Geschichtserfahrung auseinandersetzt, hat mir sowenig zu sagen wie ein prinzipieller Gegner der Vivisektion, der sich in die Wahl zwischen dem Leiden eines Nahestehenden und dem Opfer der Tiere nicht hineingedacht hat.) Richard Kralik bewertet in seiner reichen und umsichtigen Geschichte der Stadt Wien Ferdinands II. Entschluß, den Großen Krieg aufzunehmen als Rettung Österreichs und seiner Kultur. Die religiöse Tragödie, das Leid der Völker dürfen nicht abgeschwächt werden. Aber wahr ist es doch, daß die furchtbare Notwendigkeit, alle erreichbaren Kräfte zusammenzuraffen, Österreich erneuerte, daß der Ruhm der Schlacht am Weißen Berge Wiedergeburt war und bis nach Rom (Madonna della Vittoria) die Kunst befeuerte. Daß der Krieg die Kultur nicht vernichtete, vielmehr zu ihr beitrug, wenn auch um einen sehr hohen Preis, bedarf keiner Erörterung. (Die religiöse, die ethische Entscheidung ist personal und bleibt offen.) Ohne die Gestalt des Feldherrn und Admirals, ohne den Brandschein geplünderter Städte, die Flucht mißhandelten Volks, den unsagbaren, nie ausreichend geschilderten Jammer in Feldlazaretten, Spitälern, Irrengefäng-

PIETÀ

nissen, den ungehörten Schrei von der berstenden Galeere hat keines der europäischen Völker sich selbst gefunden und ausgestaltet. Wie im Siècle de Louis XIV, wie im Gouden eeuw der Holländer erschien das Unsterbliche zwischen Schlacht und Schlacht: es war ein kurzer Ritt vom Fest in der Burg in namenloses Grauen. Die Felsbrocken, die das Geschütz der Belagerer über die Basteien spie, wurden Bausteine. Und doch bleiben Angst und maßlose Agonie, was sie waren und sind. Mit welcher Ruhe, Sicherheit, Majestät erhob sich die Universitätskirche mitten im Sturm: Ferdinands Krone ruht über dem Altare in Ewigkeit; kein Samson wird die gewundenen Säulen von unerhörter Kraft, marmorne Schlangenleiber, Einheit von Leben und Stein, ins Wanken bringen. Habsburg und sein Erbe sind gerettet von Kampfesbeginn.

Das ist bitter, ist Wirklichkeit. Unsere Kultur – wenn wir so hohen Anspruch stellen dürfen – wird von der Wissenschaft getragen und geführt: sie stellte den Kriegsherrn vor Untragbares: der Krieg hat sie mit beispiellosen Forderungen gefördert. Vom Vernichtenden ist nichts zu sagen: Es gibt darüber keine Mißverständnisse für die Redlichen; was die Sünde angeht, so mag sich ein jeder selbst über seine Mitwirkung zur Rede stellen. Aber auch die Forschung als solche, die Erkenntnis an sich, die zur Leistung des Unmöglichen aufgerufene Medizin sind dem Kriege über und über verschuldet. Wir rasen auf immer kühneren Kurven zum Passe hinauf; oben erwarten wir uns selbst; das furchtbare Doppelwesen wird auf uns zukommen, uns greifen und hinabschleudern in die Schluchten unter dem Simplon. Der am Anfang der Geschichte auf das Wissen geworfene Fluch wird sich als ihres letzten Kapitels Inhalt erweisen. Wer hält an oder auf? Wer vermöchte es?

An meinem Arbeitsplatz sehe ich den Reflex des Weihnachtsbäumchens in der rückwärtigen Glastür. (Der Reflex ist schöner als der Baum.) Der Heilige Abend ging gnädig, ganz ohne Schwermut vorüber, gegenüber dem Adler. Hans Fronius kam am Nachmittag in seiner strahlenden Kraft, die so vieles verdeckt, was sein Werk aussagt. Er brachte mir ein Blatt, das ich erst am Abend enthüllte: die Pietà, Klage ohne Trost um den in Todesfinsternis erlegenen Sohn. Ich glaube, Fronius erfährt dieses Jahr wie ich, als düsterste Prophetie, letzte Szene auf dem Hradschin; er hat das Antlitz dieser Zeit in seiner Graphik gefaßt: trauervolle Besessenheit, und er hat visionär die kranke Genialität erblickt, von der diese Ära stammt, deren Erbe in ihrem Blute kreist; in dieser Sicht schwindet das Bild Gottes immer tiefer in die Todesnacht, vereinsamt die Klage der Mutter zwischen unerbittlichen Felswänden. (Wo wäre sonst Hoffnung?) – Es regnete Eis; ein jeder Pflasterstein war davon überzogen und ebenso das Geländer der Treppe, die hinter der Postsparkasse, dem Daseinsreservoir der Stadt, zur Dominikaner-Bastei führt. Dunkel und leer die Straßen, ausgeliefert dem Wind, dem bei der Berührung mit der kalten Erde in Eis sich verwandelnden Regen. Zum Stephansdom reichte es nicht.

Im 15. Jahrhundert sangen die Mönche in St. Gallen:

Cognovit bos et asinus,
Quod puer erat dominus,

und draußen sang das Volk:

Der stier ond der esel kantent das,
das Jesus Krist ein herre waz.

Die Kreatur beglaubigte ihn – und er hat ihr dieses Wort kaum gedankt, noch weniger haben es die Christen getan; ihn beglaubigten die wenigen ihm Entgegengesandten an der Krippe, das Volk, zu dem er kam, beglaubigte ihn wider Willen durch seinen Widerspruch und durch maßloses Leid. Und noch immer das alte Wort:

Er ist gewaltic unde starc,
der ze wihen naht geborn wart,
der herre Krist.

Wir haben dieses Wort nicht und nicht seinen streitbar herausfordernden Jubel: uns bleiben die zwei Gestalten, die nicht überwunden werden können, an Weihnachten also die Pietà, die Vollendung der Menschwerdung, Gottes letzter Schritt in sein Geschöpf, in die Erdennacht.

Die Gletscher, heißt es, weichen beharrlich zurück; der Nährboden oben wird vom Himmel dürftig versorgt. Aber das Eis rückt vor, in den Völkern, in uns. Das gilt von der Mitte wie von den Rändern. Im südlichen Grönland kann die Heilige Nacht milde sein wie eine Septembernacht; das Nordlicht flackt, und die Hunde lärmen. Stunde um Stunde um Stunde, vielleicht aufgewühlt vom Eingang Gottes in die Kreatur, dem Ereignis der Nacht, dessen Ungeheuerlichkeit der Mensch nicht mehr spürt. In den Hütten werden zu Weihnacht die

Tapeten gewechselt, wohl nach altem, tiefsinnigem Brauch. Und die neue Tapete? Abgegriffene Blätter aus Illustrierten, Micky Mouse, die Fürstin Grace, andere Damen zwischen Leinwand und Thron, Shells Reklame: ein wenig grelle Farbe in der Finsternis, buntes Nichts. Allenfalls scheuen die Armen noch den Teufel. Ganz, so wird versichert, seien die Spuren der Lebensordnung noch nicht erloschen, die vor langer Zeit Herrnhuter unter dem Schutze der dänischen Krone hier gestiftet haben. Die Alten im Altersheim sammeln sich um den Wacholderstrauch und grüßen ihn nach der Melodie: O Tannenbaum:

Ka kit dlarnagut, ka kit dlarnagut.

Und da und dort leuchten Kerzen in aufgestecktem Heidekraut über Kaffeefluten, durch Zigarrenrauch – und die Kinder draußen singen um die Weihnachtsspeise, Gerste, Keks, Kaffee und Zucker, deren bescheidene, bis auf das Gramm festgesetzte Menge einem jeden Einheimischen zukommt.

Schrauben wir uns unvermittelt empor in die dünnste Luftschicht hoher Kultur: „Tu ne me perdrais pas, si tu ne m'avais pas perdu", schreibt Henry de Montherlant in seinen Carnets, damit die etwas vorwurfsvolle und auch nicht ganz glaubwürdige Behauptung zurücknehmend, daß er als Knabe durch „Quo vadis", als Jüngling durch die „Pensées" den Glauben verloren habe. Diese Umkehrung des berühmten Wortes Pascals läßt sich nicht entkräften; sie besteht wie der Satz, dem sie entgegentritt. Sie könnte uns sagen, was eigentlich sich ereignet: daß Heilige Nacht zur Karfreitagsnacht wird.

Periissem, nisi periissem. Es ist wahr: das Verhältnis

zu Gott ist eine fundamentale Gegebenheit, Element der Person, feststellbar oder nicht: im Ja oder im Nein Substanz, von der aus das Experiment des Daseins erst aufgenommen werden kann. Die Substanz kann – im Ja oder im Nein – der Substanz nicht widersprechen. Das Korn will Erdreich, in dem es sterben kann, um aufzuerstehen. Wenn der Mensch das ewige Leben weder ersehnt noch fürchtet – und dieser Zone sind wir sehr nah –, verdorrt das Korn für immer. Der Glaube an Auferstehung setzt den Wunsch nach Auferstehung voraus – oder die Angst vor dem Nichts. Aber weder dieser Wunsch noch die Angst verstehen sich von selbst; in der Definition des Menschlichen, soweit sie überhaupt möglich ist, sind sie nicht eingeschlossen. Menschentum kann sich darstellen, formen, ohne von der Frage nach Unsterblichkeit beunruhigt zu werden: hier ist die Grenze der Verkündung, der Mission, des Wortes, des Christentums. Es ist nicht das Wort an alle, sondern an die Erwählten unter allen.

Professor Fiechtner machte mich mit Robert Jungk bekannt. „Kennen Sie Jungks letztes Buch? Und die neuen Modelle von Dior?" fragte mich Albert Schweitzer diesen Herbst in Günsbach; ich konnte mir gerade noch durchs Examen helfen, was die Modelle angeht, freilich nur durch Berufung auf Abbildungen in „Politiken". Einigermaßen fühle ich mich bedrückt, wenn ich erfahre, mit welcher Leichtigkeit sich die Zeitgenossen über die Meere und Kontinente schwingen, gerade aus Bangkok ankommen oder mit den niemanden verwundernden Worten sich in den gewohnten Klubstuhl setzen: „I am just coming from Sydney", während ich mein Leben lang auf dem Geländer des westeuropäischen Balkons auf und nieder hüpfte und nie den Abflug gewagt habe. Ich bin Gefangener Europas geblieben, des Restes, den wir so nennen. (Heute – in der Jugend verhielt es sich anders – will ich nichts anderes sein.) Ich bin dankbar für diese Begegnung, die vom ersten Händedruck an außerkonventionell gewesen ist; von der ich manches für mich erwarte. Unsere wichtigste Aufgabe bleibt, die geistige und sittliche Bewältigung des in „Heller als tausend Sonnen" ausgebreiteten dokumentarischen Materials; Jungk scheint zuversichtlich zu sein, gestützt auf Forscher, die noch ein Gleichgewicht zu halten vermögen zwischen Erkenntnis und Gewissen, auf die Jugend des Okzidents und Orients. Ich mag solche Erfahrungen nicht zergliedern und wünsche inständig, daß sie sich bewähren. Mir selber ist das Vorhandensein atomarer Waffen zum Seelenleid geworden; die uns geglückte „Verbesserung" der Kanonen (man kann Kanonen überhaupt nicht verbessern, sondern nur verschlimmern) erscheint mir ebenso untragbar wie unausweichlich. Angesichts dieser Paradoxie zu kämpfen geht über die Kraft; es muß doch sein. „Death in the breast-bones" müssen wir streiten gegen den Tod – und darüber verzehren sich das Leben, die Freude, der Klang, das Spiel.

Unser Versagen an der Zeit, ihrem vorherrschenden Problem, besteht darin, daß es uns bisher nicht gelungen ist, die Technik des von Max Planck eröffneten Jahrhunderts und ihre etwa erahnbaren Entwicklungen in den Rahmen einer zureichenden Vorstellung von Geschichte zu fassen. Die Wissenschaft in ihrem Übergang in die Technik, in ihrem Einssein mit ihr wird, ganz verkehrterweise, als Einzelphänomen gesehen, während sie sich doch aus geschichtlichen Prozessen herausgearbeitet hat und unablenkbar in solche zielt. Wer sich aber nun an dieses Wagnis macht und die Forschung und ihre tödlichen Ausstrahlungen zu sehen versucht unter der Legitimation des Weltgeistes, geschmückt mit seinen unerwünschten Dekorationen, der möchte nicht mehr sprechen, es sei denn daß ihn die selbstgefällige Leichtfertigkeit empörte, mit der sich eine bis in die Substanz der Kampfesweise veränderte Geschichtswelt zurücktäuscht in die Tage von Murten oder Custoza. Die noch nicht beamtete, noch nicht eingebürgerlichte, noch nicht einmilitarisierte Jugend sucht vielleicht ein neues Denken. Was wird sie tun, wenn sie eingeschmolzen sein wird? Die Passagiere mögen sich vorzüglich verstehen, beim charmant servierten Lunch; in die Kabine des Flugkapitäns dringt kein Passagier ein. Die Kokarde an seiner Mütze ist befremdlich; es könnte tödlich sein, ihm ins Auge zu blicken; denn er fliegt den vorgeschriebenen, den unabänderlichen Kurs. Freiheit? Gewiß. Personal, nicht außerhalb der Geschichte, Opfer, das an der einen ihm erreichbaren Stelle das Gesetz durchbricht, ohne es aufheben zu können.

In den White Mountains in Kalifornien wurden Borstenkiefern entdeckt, deren Jahresringe mehr als vier Jahrtausende bezeugen; sie haben, was wir Geschichte nennen, erlebt und überlebt, aus dem Gesetze ihrer Gestalt. Und das Alter eines gewissen Heidekrauts, der buchsbaumblättrigen Blaubeere, wurde auf mehr als 13 000 Jahre geschätzt. In sein beharrendes, geschichtsloses Dasein fällt alle „Geschichte". Sie ist von Anfang auf dem Wege zu der Stelle, die wir eben passieren; sie wird sich nur fortbewegen aus ihrer unaufhaltsam-fliehenden Existenz. Die Kiefer, das Heidekraut könnten Aussicht haben, auch das Ende zu sehen – oder die unglaubhafte Wandlung, die uns retten würde.

Die gemeinsame Sprache kann den Deutschen nicht darüber täuschen, daß er – tragischerweise – hier im Ausland ist; „draußen" bezeichnet eine ebenso entschiedene Trennung wie „abroad". Auch ist die Empfindlichkeit eines Verwandten noch ernster zu nehmen als die eines Fremden; das Gemeinsame irritiert; es ist fast unerträglich, von den schmerzlichsten Problemen eigenen Daseins zu wissen, daß sie einen Zweiten beschäftigen, der, nach seiner Art und Herkunft, ein dem eigenen Verhalten Konträres zu ihnen sucht. Nichts ist gefährlicher, als eine nicht angestammte Dialektfarbe annehmen zu wollen; ganz abgesehen davon, daß das nicht gelingen kann, kommt solche Annäherung einer Beleidigung gleich. Eine fremde Sprache mag man sprechen; gut oder schlecht; aber niemals einen fremden Dialekt.

Die Frage nach dem Wert des Daseins legt die Axt an die Wurzeln; fällt die Antwort verneinend aus – und warum sollte das nicht geschehen? –, so stürzt alles zusammen. Der hambre de inmortalidad, dessen – zweiflerischer – Sprecher Unamuno war, hat etwas Barbarisches; ich habe ihn nur als Todesangst verstanden; aber jetzt verstehe ich beides nicht mehr: weder die Angst noch den Trost; oder ist das ein Durst über den Durst hinaus, Durst derer, die nie getrunken haben, der Mönche, die nie oder zu flüchtig eine Frau umarmten? Attrahiert die Frau aber nicht mehr, so haben wir schon eine bedenkliche Situation. Ohne Lebensbejahung keine

Religion; das Ja zum Leben ist vielleicht die eigentliche Gnade, die Kanzel der Verkündung. Aber der dreifach gekrönte Gregor an der Kanzel des Stephansdomes hat seine eigenen Gedanken über das Brot des Lebens, das er in schwer beringten Händen hält; und der Bischof von Hippo ist nur bohrende Frage, der Zweifel im zermarterten Fleisch und Blut. (Hieronymus, der Kardinal, ist die gestorbene Kirche.) Wenn ich das Leben nicht will, nicht mehr wollen kann, so vermag auch Gott nichts über mich; denn Gott ist das Sein, und dieses „Nicht mehr" (nicht das affektive und daher verdächtige „Nein") entrückt seinem Bereich. Das scheint es mir zu sein, was Pilgram ausgedrückt hat an seiner Kanzel im Stephansdom: es ist der Zweifel ohne Grenzen, der Zweifel noch der Toten (Hieronymus), gekleidet in den Ornat, es ist der Zweifel in der tragischen Verkleidung der Repräsentanz. Hier ist die Kirche am Ende, mir nur allzu nah; und es ist ein Mirakel, daß sie diesen um 1510 geschehenen Tod überlebt hat. Aber sie stirbt fort, sie lebt fort — und letztlich ist es die Gnade, die uns in die Nacht oder in den Tag beruft. Eine große Gnade ist die Nacht.

„Les nénuphars froissés soupirent autour d'elle . . .", sagt Rimbaud von der leblos dahintreibenden Ophelia. Wer will dieses Phänomen, dieses Herausgleiten aus jeglichem Horizont, widerlegen? Und ist hier, am stygischen Strande, noch eine Möglichkeit der Verheißung? Was suchen hier die Verwalter des Sakraments? (Im Ofen flackert es munter unter dem alten Gewölbe, ein Liebespaar zu erwärmen, das solcher Glut sowenig bedarf wie ich; die Nadeln fallen aus dem Adventskranz, dessen Kerzen nie angezündet wurden, und die Hufeisen, die nie an Rosseshufen saßen, reden eine kindische Sprache von Glück.)

(Seit ein paar Tagen ist die asthmatische Uhr, unter deren Zifferblatt sich Engel und Genius begrüßen, stehengeblieben; es hat keinen Sinn mehr, die beringten Steinklötze, die die Wangen der Bank zieren, für die Waage bereitzuhalten; mit Kundschaft ist nicht mehr zu rechnen. Es ist ja auch kein Hafer da und keine Tränke. Und die von Rädern und Wind abgeschliffenen Prellsteine draußen an der Buchtung der Hauswand haben ernstliche Konflikte nicht mehr zu befürchten.) Das ist Trakls Hellbrunner Herbst, den der Passagier des „bâteau ivre" im voraus erlebt hat. Rimbaud hat das Erbe mit großer Gebärde verzecht; er trank nicht aus; den Rest goß er in den Strom. Der Wein, den er opferte, ist ausgegangen. „Sie haben keinen Wein mehr": damit beginnt das Evangelium. Wie steht es aber mit denen, die nicht geladen wurden zur Hochzeit? Immer schmaler wird die Tafel des Bräutigams, immer breiter werden die Tische, an denen niemand nach Wundern verlangt.

Mit Hans Fronius und seiner Frau im Beisel, er: Zauberer auf der Höhe des Vermögens, zu durchschauen und zu gestalten, von Schatten umringt und doch ganz da, immer an der Grenze und nicht verneinend, fast mit allen intim, mit denen ich mich in der Stille verehrend befreundete, die meinen Weg mitbestimmt haben. Es sind nun einmal die Beschatteten und Heimgesuchten, deren Begnadung ihr Geschlagensein durch ein Unbedingtes war. Aber Fronius, der an Franz Ferdinands Straße in Sarajevo stand, als Knabe, genau meines

Alters, und die Schüsse hörte und noch immer hört, wird diese erlauchte und bedrängende Gesellschaft nicht los werden. Ungestraft steht man nicht an der Straße in Sarajevo, da eben die Stunde schlägt und die feierlich steife Würde unter Pleureuse und Federbusch vorüberfährt. Als die Untat geschah, ist Fronius nach dem Verbandskasten seines Vaters gelaufen, eines aus Siebenbürgen zugewanderten Arztes. Aber den hohen Verwundeten war nicht mehr zu helfen. Die Wunden waren geschlagen, von denen Gott dem Jeremia sagte, daß sie unheilbar seien: Es handelt sich um das geglückte Attentat auf einzigartige Machtgestalt. Und nun, lieber verehrter Freund, stoßen wir an mit dem dunkelroten Feuer von der ungarischen Grenze! Das ist ja der Grund unserer Freundschaft, daß wir auf etwas unsanfte Weise an die Grenze (in jedem Sinne) versetzt worden sind. Aber an der Grenze reift unser Wein.

Der zweite Band der Erinnerungen Friedrich Funders vertieft den Eindruck und schließt ihn ab. Er beruht weniger auf dem Staatsmännischen und Informatorischen als auf dem Sittlichen; immer treibt der kaum vom Stapel gelaufene Staat im Sturm; Meuterer erschießen die letzte Mannschaft, bemächtigen sich des Schiffs, steuern es in den Untergang. Ein Mensch guten beharrlichen Willens, sicheren Glaubens tut seinen vielfältigen Dienst, geht, beschützt von der Reinheit seiner Gesinnung, durch Aufruhr, Ränke, Parteiung, über den wankenden Boden, unter dem die Sprengkörper der Verschwörer liegen. Um den Erzähler ist eine Art Friede und damit dessen zusammenhaltende Kraft; sobald er nach der Katastrophe den Arbeitsplatz langer Jahre,

Ort dramatischer Ereignisse und Gespräche, wieder erreicht, läßt er den Schutt hinauswerfen — und beginnt.

Eine gewisse Dichte des politischen Lebens, das in engem Raume sich abspielt und kaum eine Ausweichstelle kennt, so wie das Leben Wiens innerhalb des Rings, ist für das Land und seine Geschichte charakteristisch: die Handelnden kennen einander genau — so wie ja auch Mussolini, Stalin und Hitler in dieser unheimlich erfüllten Stadt sich einmal gleichzeitig im selben Lokale befunden haben sollen — ehe der Weltgeist sie aus der Unterwelt rief. Die größte Gefahr — vielleicht folgenschwerer als die wirtschaftliche und soziale — war das Klima der Ressentiments, das sich in Österreich gebildet hat, seit dem Verzicht Franz' I. auf das Reich, vielleicht schon seit dem elektrischen Schock, mit dem Joseph II. zugleich belebte, umwarf und verdarb. Es hat sich zu explosiven Kräften verdichtet; ihnen Rechnung zu tragen, sie abzuleiten war eine der wichtigsten und schwierigsten Aufgaben der Staatsmänner; außerhalb dieses Klimas ist nicht zu verstehen, was zwischen 1934 und 1937 geschah. Ein Selbstloser, der Friede hat und keiner Krise ausweicht, gelangt unter solchen Gegebenheiten zu einer bedeutenden, helfenden und vermittelnden Wirkung; sein Dasein, seine Bereitschaft, sein ruhiges Urteil machen einen politischen Faktor aus.

Das neue Jahr eröffnete Mozarts mutiges, fast ins Heldische schwingendes Credo, in das das Mysterium des Incarnatus eingebettet ist, in der Hofburgkapelle von klaren Knabenstimmen gesungen: welche Vollendung vor der Krise, wie ja einer jeden Phase Vollkommenheit im Sinne von Geschlossenheit ihrer Darstellung erreichbar ist. Damit verband sich die stille Strahlgewalt der Reichsinsignien, der Heiltümer und Heiligtümer; auf dem Verlangen nach ewigem Leben ruhte das geschichtlich-übergeschichtliche Gebäude, dessen Zeichen sie sind. Der Glaube verwandelt die Dinge, und zugleich verwandelt das Sakrale sie, in dessen Bereich sie gehoben wurden; der Stoßzahn des Nar-Wals wird zum Horn des Einhorns, in dem Zeptergewalt ruht, Jungfräulichkeit der Macht; der Halbedelstein wird zur unschätzbaren Kostbarkeit – an der Krone; ein krummer Säbel ungewisser Herkunft ist Karls des Großen „Schwert"; ein ehrwürdiger Splitter ungewisser Herkunft zum Kreuzesholz, die Lanze eines Verschollenen zur Lanze furchtbarster Weihe, die über dem Schlachtfeld erhoben wurde. Ich wage es, von einer Wandlung bis in die Substanz zu sprechen, profanes Gold ist dem der Heiltümer nicht vergleichbar, wie ja auch am Kaiser die geschichtlich-entscheidende Wandlung sich ereignet: Er wird in eine die Ungeweihten überragende Gerechtigkeit, Gläubigkeit, Dienstbereitschaft, aber auch in einen ungewöhnlichen Glücksstand erhoben, er soll lange leben; Abglanz des kaiserlichen Gott-Vaters sein, dessen Bild das Evangelienbuch schmückt und besiegelt. Wie der Kronenreif sei der Kaiser vollkommen, Priester der Macht in Lebensfülle, Cäsar und Pontifex. Im Grunde hat das Abendland seit der Gründung Roms und den Tarquiniern ein einziges kontinuierendes Bild des Herrschers, dessen letzter Widerschein über der nordwestlichen Küste zittert; er ist Mensch in der Fülle des Lebens und der Geschichte, entsagend, aber ohne von Entsagung gezeichnet zu sein; unter dem Goldbrokat trägt er priesterliches Kleid; seine Weisheit nähert sich der Prophetie; er ist Prophet wie David; das gilt noch für Rudolf II. (in Grillparzers Vision), der dem Hause zu später Stunde noch eine sakrale Krone schenkt. Handschuhe, Strümpfe, Schuhe, ein jedes Kleidungsstück bereiten die Verwandlung des Kaisers vor, bis der Besitz des Schwertes, des Apfels, des Zepters, die Salbung, der zum Kreise geschmiedete, von Edelsteinen funkelnde Blitz der Macht die Umgestaltung dessen, der Mensch gewesen wie wir, sie vollendet. Der gesalbte Herrscher ist Wundertäter, Heilsmacht; in England und Frankreich war eine gewisse Krankheit auf seine Berührung angewiesen, die Skrofulose hieß mal du roi oder King's Evil (H. E. Sigerist). Und der König konnte sie heilen. – Maximilian I., der kaiserliches Selbstbewußtsein in das Märchenhafte steigerte – er stieß einem Löwen die gepanzerte Faust in den Rachen –, forderte über fürstliche Weisheit hinaus Kenntnis der „Schwarzen Kunst" (im „Weisskunig"); der König „sollte mehr wissen als andere", bis in die Dunkelheiten hinab; er ist Magier und Prophet, unversehrbar unter Bestien, in Gefangenschaft, an der Felsenwand, wo er sich verstieg.

Am Abend des Neujahrstages bei Grete Wiesenthal mit Carl Zuckmayer eingeladen; er von der eben bestandenen ausgiebigen Silvesterfeier, zu der er sich sogleich bekannte, nicht im mindesten beeinträchtigt. Bewegender Abend; die gedämpfte lichte Atmosphäre der großzügigen Räume half mit. Wir kamen auf Bellman. Zuckmayer ließ sich verlocken, eigene Verse seiner bewundernswerten Nachdichtungen Bellmanscher Gedichte, dazwischen frühe Verse Benns frei zu zitieren; die Themen: das Leid der Kreatur und das gloriose Elend des Dichters, welche Themen zusammengehören; denn unter den Lasten, die den Dichter aus dem Gleichgewicht bringen, ist das Leid der Kreatur eine der schwersten. Er weiß, daß sie ihm anbefohlen ist und daß er ihr nicht zu helfen vermag; keine der Leidenschaften, denen ihn diese Unmöglichkeit entgegentreibt, hilft ihm über sie hinweg. Dieses Problem dichterischer Existenz fand gestern abend seine erschütternde Sprache. Ich habe Zuckmayer immer für den einzigen Erben Gerhart Hauptmanns gehalten. Übrigens war ich erstaunt über die Hinneigung, mit der er von der Kirche sprach. Meinetwegen hat er es gewiß nicht getan; es war aufrichtig wie alles, was er sagte. Ich komme seit einigen Jahren in solchen Fällen in eine schwierige Situation. Fest überzeugt von der göttlichen Stiftung und ihrer bis zum Ende der Geschichte währenden Dauer, ziehe ich mich doch am liebsten in die Krypta zurück; ich höre den fernen Gesang. Ich weiß, daß Er auferstanden ist; aber meine Lebenskraft ist so sehr gesunken, daß sie über das Grab nicht hinauszugreifen, sich über den Tod hinweg nicht zu sehnen und zu fürchten vermag. Ich kann mir einen Gott nicht denken, der so unbarmherzig wäre, einen todmüden Schläfer unter seinen Füßen, einen Kranken, der endlich eingeschlafen ist, aufzuwecken. Kein Arzt, keine Pflegerin würde das tun, wieviel weniger Er!

Natürlich gab es auch Vergnügliches: Zuckmayers Abenteuer diesseits und jenseits des Ozeans; ich beschloß, mir die Mahnung zu Herzen zu nehmen, mit der ihn vor einer Zahnoperation eine afrikanisch getönte, mit Whisky versehene Krankenschwester ermunterte: „Take it easy! Be a good boy!"

Durch den feuchten Nebel flimmerten die Lichter der Grinzinger Heurigenschenken. Die Tochter Richard von Schaukals und ihre zwei Brüder hatten uns eingeladen. Das weitläufige Gebäude, ein Kasino der Biedermeierzeit, wo der Dichter über dreißig Jahre, bis zu seinem Tode (1942), wohnte, ist durch viele Türen betretbar; es kostet einen kleinen Umweg über breite Treppen, durch kahle, kalte Gänge. Die ersten einfach-repräsentativen Räume sind kalt; hier auf dem Flügel die Totenmaske in strenger Vollendung und der Abguß der Hände, die vielleicht noch mehr sagen als das Antlitz, von lebenslang geübter Zucht und Distanz, von der Arbeit des Leidens und des Geistes, die auch die Materie verzehrt, durchgeformt hat. Diese Hände sind ineinandergeschlungene Strophen vollkommenen Formgehalts, Besiegelung der strengen Kunst, deren Verkünder und Streiter der Tote war. Alle Räume erfüllt seine unverrückte Gegenwart. Wir sitzen in seinem Arbeitszimmer; die zwei Enkelkinder singen mit reinen Stimmchen ein steirisches Weihnachtslied voll Freude, Frömmigkeit, heimlichem Weinen; die unter dem Baume in allen Größen aufmarschierten Nußknacker, die altertümliche Zierde der leichten Zweige, vertreten die Monarchie: sie kommen aus allen ihren Teilen und ihren Grenzländern, aus Polen und Rußland, die Monarchie, ihr Weltverhältnis ist noch da als Schimmer des Glases und gestanzten Goldpapiers, als Krippe aus Blei, als Versammlung der bärtigen Nüsseknacker, deren einige sich höchstens an Haselnüsse wagen könnten: ihr Mund geht nicht weit genug auf; sie teilen das Los der Poeten, die nicht imstande sind, ihre Verse, ihre Sache zu schreien. Ob die Stimmchen ins Nebenzimmer dringen, wo die Witwe des Dichters, der noch immer in Ehrfurcht geliebter Hausherr ist, ihr Leidensbett nicht mehr verlassen kann? Von ihr hat er mit letzten Versen Abschied genommen:

Aus der Tiefe meiner Leiden,
meines Elends, meiner Not
ruf' ich mit erhobnen beiden
Händen nach dem Retter Tod.

Alles kann ich wunschlos meiden,
was sich mir im Leben bot:
nur von dir zu früh zu scheiden,
ist der Schatten, der mir droht.

Er ging über die Schwelle, die auch die Grenze ist glühend geliebter, gemeisterter Form:

An der Schwelle vor dem Dunkel denk:
War nicht alles, was dir ward, Geschenk?

Sonnenschein und Amselruf und Blau,
Kinder und die Liebe deiner Frau?

Hast du etwas dir verdient? Sag nein
und geh arm und wahr zur Wahrheit ein.

Um Wahrheit ging es immer, in der Kunst, im männlich-ritterlichen Leben.

Die Mädelchen müssen zu Bett und verabschieden sich zärtlich und scheu. Mögen sie es noch nicht fühlen, wie nahe der Schatten im Nebenzimmer ist: „Großmutter" war ein frühes Buch Richard von Schaukals, ein Nachruf auf die Brünner Kindheitswelt, innig und streitbar, Herausforderung hohen Kulturbewußtseins, der

Herzenskultur an unabwendbaren Wandel. Schaukal war unerbittlich im kritischen Streite, in der Verteidigung der Sprache, des Stils, makelloser Form, und doch bis ins Alter wehrlos gegen Kinderstimmen, knospende Hecken, erstes Grün, Frühlingsdämmerung:

Märzluft, die laue,
dämmert ums Haus –

In aristokratischer Innigkeit, Liebe und Distanz blieb er Fechter vor diesem seinem Haus. Der gewaltige Schrank im Vorzimmer ist mit hochgestapelten Manuskripten gefüllt; die kühne, stolze Schrift verbleicht. Es ist bewegend, vor der Arbeit eines Lebens zu stehen, die der Zeit kein Zugeständnis machte und lieber ihren Undank ertrug als ihren Sold, ihren Beifall.

Nachts ein Traum von unabweisbarem Untergang. Ein Weltkörper in deutlicher Plastik seiner Gebirge glitt tief über die Erde hin; dann war der Hof meines im vorigen Jahre abgeräumten Vaterhauses überdeckt von einer nachtschwarzen Wolke, die sich in spürbarer metallener Schwere herabsenkte wie der gewölbte eiserne Deckel eines Sargs, Gestalten der Kindheit flüchteten durch die Finsternis. Das Ende unter unsäglichen Schrekken war unausweichlich. Und dann ging ein heller Blick auf wie auf den Eiger, blaues Flimmern des Gletschers, des Schnees. Den Tag über sehe ich wieder die verschlossene Tür neben dem von Büchern und Schriftstücken erfüllten Arbeitszimmer, wo längst Feiertag ist. Die späten Worte ungebrochener Liebe werden gegenwärtig sein im Geheimnis des Leidens bis in die Agonie:

Noch der Myrtenkranz in Deinen Haaren,
noch der Glanz an Deinem Hochzeitskleid.

Es hat mir wohlgetan, zu erfahren, daß Schaukal Ferdinand Raimund als Dramatiker neben Shakespeare stellte. Meine hier wohnenden oder durchreisenden Landsleute halten den „Alpenkönig“ für ein albernes Märchen, während er in Wahrheit die österreichische Lösung bedeutet des Konflikts mit der Welt und dem Ich. Lösung ist Selbsterkenntnis, Versöhnung ist Selbstironie. Aber – und das ist das Märchen – sie werden von Liebe umgeben, von verzeihender Liebe aufgenommen. Das Märchen ist die Lösung überhaupt, es gibt keine andere. Shakespeare mit den Romanzen, Goethe mit der „Novelle“, Kleist mit dem „Homburg“, Grillparzer mit der „Libussa“, Hofmannsthal wenigstens mit einer Fassung des „Turms“ haben mit dem Märchen geschlossen; Schiller war ihm ganz nahe, hat es schon erreicht: der „Tell“ ist ein grausames Märchen. Auf die Geschichtswelt gibt es zwei Antworten: das Märchen und das Kreuz. Damit ist gesagt, wo wir uns befinden.

Die großen Chronisten Jans Jansen Enikel, der am Ausgang der Hohenstaufenzeit in Wien die Weltgeschichte schrieb, Ottokar von Steiermark, der etwa um dieselbe Zeit Taten und Geschicke der Kaiser reimte, die Isländer, Iren, Portugiesen haben Geschichte als Märchen erzählt oder doch den Bericht mit Märchen umwunden. Sie sahen das Heillos-Schreckliche – aber auch den Schleier der Babenbergerin, der vom Turm des Leopoldsberges wehte und dem frommen Gatten die Stelle wies, wo er sein Kloster stiftete. Und des Herzogs Rock war auf der Kreuzfahrt bis auf die weiße Schwertbinde mit Blut übergossen: das ist der unglaubwürdig-wahre Ursprung der Landesfarben. Das Märchen ist zugleich schrecklich und fromm.

Ich sage nicht, daß der das Gute findet, der es sucht. Aber wer das Schlechte sucht, findet es gewiß. Und es kennzeichnet uns, es brandmarkt uns, daß wir die das Böse Hervorziehenden für klug halten, die das Gute Betonenden für schwach begabt. Und doch fordert es sehr viel mehr Verstand, das Gute zu erkennen als das Schlechte, verlangt die Darstellung der Vorzüge weit mehr Begabung als die der Fehler – und sehr viel mehr Willen, Ethos, Humanität, menschliche Weisheit, Persönlichkeit. Es ist ein Kennzeichen höherer Umgangsform, die Kenntnis der Mängel vorauszusetzen und über die Verdienste sich zu unterhalten. Montherlant hätte seiner bemerkenswerten Aufzählung der Grossièretés de la Société noch die Gepflogenheit hinzufügen können, nach Personen und Leistungen in einem Ton zu fragen, der die abschätzige Antwort vorwegnimmt; niemand fischt vergeblich im Trüben, nach dem Nein; es ist immer da, wenn man es will.

Der Kapitän des norwegischen Passagierschiffes „Leda" kam mit dem Kurs auf Stavanger dicht an den von Stockholm angelaufenen, in Seenot treibenden englischen Frachter „Narva" Er ließ siebzehn Tonnen Öl in die Flut pumpen und sandte ein motorisiertes Rettungsboot aus: die Bemannung, zwei Offiziere und sechs Matrosen, sahen sechs oder sieben Mann der achtundzwanzig der „Narva" auf dem Heck bei 30° Schlagseite und dem Bug unter Wasser; aber sie konnten langseits nicht anlegen, und der Sturm verschlang die sinnlosen Rufe vergeblicher Mühe; sie mußten zurück. Bald darauf verschwand das Bild der „Narva" auf dem Radarschirm in der Kapitänskajüte des Norwegers auf „geheimnisvolle Weise". Währenddem schliefen die fünfhundert Passagiere in ihren Kajüten. Versetzen wir uns in den Kapitän!

„Het is wel geheimzinnig hoe de Narva zo plotzeling is vergaan", zei Karstein Kjeilen, de eerste Stuurman, bei der um fünf Stunden verspäteten Ankunft in Stavanger.

Ein anderes Bild: Wenn der Sandsturm heraufdunkelt über der rotglühenden Sahara wie die Wolke eines ungeheueren Heuschreckenschwarms, fallen Insekten aus fremden Breiten, zarte Schmetterlinge vor die Hufe der Kamele. Die Verletzlichsten sind, wenn sie dort erscheinen, wo sie nicht sein können, Boten des Untergangs. Aber sie kommen zu spät. Es gibt keine Flucht mehr, keinen Schutz vor den Wirbeln glühenden Sandstaubs. Die Lastwagen stranden wie Schiffe (Sven Aurén). Das Flugzeug, das sich nicht über die Glutwelle goldenen Staubes erheben kann, ist verloren; denn landen kann es nicht; schon stocken die Motore. Wer sich nicht der Himmelsrichtungen versichert, findet kaum mehr aus der Hölle; er wirft sich vor eine Düne, unter dem Mantel, der nicht schützt: er atmet Sand, möchte ihn aushusten, ausniesen; die Wüste ist in ihm. Am schlimmsten toben die Stürme im März; denn dann gebären und nähren die weißen Gazellen, und die dunkel glühenden Wirbel blenden die Jäger. So fliegt das letzte Gedicht über die Steinwüste, das leuchtende Sandmeer dem elektrischen, nervenzerrüttenden Sturme voraus.

Die Steinwüsten und Sandmeere wissen zu schweigen. In unterirdischen Gewässern leben Fische, deren Ahnen vor unmeßbarer Zeit hinabgesunken sind; über der Oase von Tiassili, im südlichen Algier, geben Malereien in den Felsengrotten unlösbare Rätsel auf – das Sandmeer war damals, vor vielleicht achttausend Jahren, noch langhalmige Steppe. – Unter entsetzte, windleichte Giraffen stürmen der Strauß und der Jäger, sein Herr; eine unbenennbare Göttin rundet den Arm über der üppigstarren Brust; Ägypten dämmerte herüber: Zwei Frauen sind seit Jahrtausenden befangen in beschwörendem Gespräch. – Immer unbegreiflicher wird mir die Welt, das verlorene Schicksal des Lebens. Drei- oder viermal wurde die Campagna besiedelt und wieder zur Wüste. Warum? Und die rätselvollen – von wem aufgerührten? – Wirbelstürme der Mongolei, fremdestes Volk, rasten über das Marchfeld gegen Wien. Und immer wieder wird der Golf von Mexiko Vulkane gebären.

Am 5. Januar, dem hundertsten Todestag Radetzkys, Huldigung vor dem Denkmal, unter dem schwarzen Doppeladler, der die Blitze seiner Augen nach Westen und Osten wirft. Die Fahnen, Farben der Babenberger, ehren ihn, den Marschall, wie es sich gebührt. Aber er stritt ja für Schwarz-Gelb. Im eisigen Ostwind, über entblößten Häuptern, seine irdische Unsterblichkeit: sein Marsch, die heimlich-heldische Walzermelodie. Ich bin den Stimmen derVölker kaum mehr gewachsen und kann doch nicht ohne sie sein. Ein wenig mühsam raffe ich mich auf zur Straße meiner Liebe, ins Griechenviertel; in der griechisch-orientalischen Kirche, über die Kerzenflammen, das geöffnete Geheimnis der zierlichen Ikonenwand, die Weihrauchwolken wogt der feierlich-traurige altgriechische Gesang. Wie gern würde ich mich in der Wand verbergen, unsichtbarer Gast! Die jungen Leute schreiten eilig vor an den Kerzenständer, entzünden, opfern ihre Kerze, küssen die Glasscheibe über der Ikone – und der Priester tritt vor mit erhobenem Kreuz. Welche Gnade, sich zu beugen unter den Segen der Völker und ihres Glaubens!

Im Volkstheater der „Revisor". Es ist zunächst erstaunlich, daß Nikolai I. die Aufführung durchsetzte, zeugt aber nur für höhere Einsicht. Denn diese vernichtende Satire auf den Beamtenstaat führt die Sache des Zaren, erhebt sich ins Metaphysische. Nie war Kritik in gleichem Grade unbarmherzig und loyal. Man sollte denken, daß dieses geniale Stück das zaristische Rußland hätte retten müssen. Es ist natürlich dem „Tartuffe" an Gehalt, vor allem in der Anlage, verwandt; aber Molière stellt doch den Menschen wieder her, greift sein wahres Bild gar nicht an, sowenig wie Shakespeare in „Maß für Maß", seinem Wiener Stück; auch hier werden alle schuldig, aber Menschlichkeit überstrahlt die Schuld. Für Gogol sind alle schlecht; darum können auch alle betrogen werden, ohne daß das Rechtsgefühl verletzt wird. Man denke an den unerträglichen Schluß des „Biberpelz". Nach der Essener Aufführung blieb ein Teil der Zuschauer sitzen; es ehrte ihr Rechtsgefühl; sie konnten nicht begreifen, daß der redliche Krüger auf so schnöde Weise um Pelz und Holz kommen sollte. Der „Biberpelz" ist, als Verklärung der Diebin und Verhöhnung der Justiz, destruktiv revolutionär; das Stück dokumentiert in der Anlage eine merkwürdige menschliche und künstlerische Schwäche des großen Gestalters, wie sie, auf gleicher Höhe, kaum wieder angetroffen werden kann. (Die Fortsetzung im „Roten Hahn" ist Eingeständnis, macht aber den Fehler nicht gut: der Rechtskreis eines Dramas muß geschlossen sein.)

Gogols Menschen erscheinen im Spiegel karikaturistischer Wahrheit, nicht verzerrt; das Schlechte ist eben in jedem Falle wahr. Er hat für die Schlußszene, auf die alles ankommt, genaue Anweisungen und eine Zeichnung hinterlassen; der Auftritt ist grandios, stellt aber mit dem Übergang der korrumpierten Bürger-Beamten ins Metaphysische an Regisseur und Darsteller eine fast unlösbare Aufgabe. Und doch ist dieser Übergang von der ersten Szene an vorbereitet, ist er die Konzeption selbst. Wohl selten, vielleicht kein zweites Mal, hat sich essentiell Christliches auf diese vollkommene Weise dramatisch inkorporiert, sich in Gestalten verhüllt auf der Bühne ereignet ohne Fingerzeig. Aller Mammon ist schlecht wie der Mensch; da es so ist, so kann der falsche Revisor die ungetreuen Verwalter betrügen; er übt die Klugheit der Kinder der Welt – aber es gibt keine Kinder des Lichtes. Auf eine unheimliche Weise schwingt das Gleichnis mit vom Bräutigam; er bleibt aus und kommt zur unrechten Stunde; kein einziger besteht vor seinem Gewissen (wahrscheinlich auch der Dichter nicht); der Bote des Zaren ist der Bote des Weltenrichters, der gnadenlose Gerechtigkeit vollziehen wird. Das Ende ist Angst, Zusammenbruch, der Schrecken, in die Hände Gottes des Lebendigen zu fallen, wie es Gogols Schicksal war. Wo er auch ging, betete, sich kasteite, er hörte den Schritt des Boten auf der Treppe; er warf die Mühen langer Jahre, die Inspiration selbst ins Feuer, ehe die Tür aufging. – Ich wage von keinem Genie zu sagen, daß es zu früh gestorben sei; von keinem, daß es seine

Leistung nicht abgeschlossen habe. Das Geheimnis ist viel zu groß. Aber das Unglück, das die Genien Rußlands schlug, hat eine eigene Größe. Es ist Auszeichnung und Schicksal. Geschichte ist der brennende Holzstoß von Rouen und von Konstanz, der Flammenschwall, aus dem der heilige Pilger Awwakum zitternde Frauen segnete, altrussischer Gebärde, die Glut auf Towerhill und dem Campo Fiori, das Blutgerüst auf dem stor torget in Stockholm; sie ist der Prozeß, in dem Heilige, Helden und Dichter verbrannt werden, sich in den königlichen Flammenmantel hüllten. Sie zerstört die Kräfte, die sie berief; sie bedarf ihrer, um sie zu verbrennen, die Flamme zu erhalten, vor der die Wohnkasernen und Arbeitspaläste unserer anonymen Vögte zusammenstürzen werden. Denn die Macht, an der alles Gewollte zerbricht, ist das Leid.

Hans Fronius besuchte auf der Rückreise aus Deutschland Alfred Kubin in Wernstein. Ich kam im Sommer dort vorüber, als ich, melancholischer Erinnerungen wegen, die triste Neuburg besuchte, wagte aber natürlich nicht, im Wernsteiner Schlößchen vorzusprechen. Aber Kubin gehört gewiß zu den Existenzen, die heute Österreich repräsentieren und das Jahrhundert mit seinem Vorgänger vereinen. Er arbeitet nicht mehr, aber er ist da in der herben, stillen Donaulandschaft, die er sich wählte, in dem weiten Raume zwischen der Romantik und Kafka, abhängig aber von niemandem als Gestalter der Schrecknisse in der Seele, über unserer Welt. Als Schüler, während des ersten Krieges, kaufte ich mir Hauffs Märchen mit Kubins Illustrationen; ihr Unheimliches bedrängte mich so stark, daß ich den schönen Band nicht besitzen konnte. Aber es war in meine Seele gedrungen und hat mich fortan begleitet. Die Verehrung eines Künstlers für einen anderen, eines Meisters, der sich als Schüler fühlt, tut wohl in Bezirken, wo sich gemeiniglich nur Raubtiere zerfleischen.

Da nun der Ring an meinem Finger vermißt wurde, so kam das Gespräch auf diesen traurigen Verlust: das Andenken wurde mir auf der Herreise in einem Stuttgarter Hotel gestohlen. Noch immer empfinde ich sein Fehlen als Wunde an meinem Finger. Ich spreche nicht gerne davon. Der Ring war ein Geschenk meines Großvaters an meinen Vater; der Verlobungstag meiner Eltern war eingraviert. Ich konnte mich, wenn ich liegen mußte, mit den zitternden diamantenen Lichtsternen an den Wänden, der Decke, in die der Stein die Sonnenstrahlen verwandelte, unterhalten; es war der einzige Gegenstand, den ich liebte. Da ich aber keine Erben habe, so habe ich auch nichts zu vererben. Das ist es also nicht. Das Unverwindliche ist die Brutalität des Diebstahls. Ich hatte mich zu einer Einladung verspätet und bemerkte das Fehlen des Ringes, als ich eben die Zimmertür geschlossen hatte und zum Lift ging. Aber ich wußte ja: ich hatte den Ring offen auf den metallenen Deckel der Schreibmaschine gelegt. Er lag wehrlos da. Und das konnte ich mir doch nicht denken, daß ein Mensch diese Schutzlosigkeit ausbeuten werde. Das ist dann geschehen, mit ein bißchen Schläue: das Bett war nicht aufgeräumt wie sonst immer, wenn ich zurückkam; es konnte also „bewiesen" werden, daß das Mädchen das Zimmer nicht betreten hatte; und eben dieses Alibi ist natürlich ein Beweis der Schuld — wie ja so oft vor Gericht gültige Nachweise im Gegensinn verstanden werden müssen. Da man aber keine Anschuldigung vorbringen kann, ohne Unschuldige in Verdacht zu bringen, da ich mich Verhandlungen dieser Art nicht gewachsen fühle, so sagte ich nichts. Es ist mir ein bitterer Gedanke, daß das Kleinod, das meine Mutter mir kurz vor ihrem Tode gab, mit dem Auftrag, es niemals abzulegen, daß diese einzige Reliquie ganz ferner Zeit an fremder Hand, zu schlechtem Zweck entwertet wird. Denn auch hier verhält es sich so, daß die Bedeutung die Substanz erhöht, verändert und daß Besitz ohne Bedeutung den Wert auflöst, das schutzlose Zeichen erniedrigt. Mein Vater hatte einmal den Stein verloren, und auf fast unwahrscheinliche Weise wurde er von einem treuen Hausdiener wiedergefunden. Aber auf allem, was mir an Erbe überkam, ist kein Segen, kann kein Segen sein.

Am Morgen vor dem Diebstahl waren wir nach Marbach gefahren; das Sterbezimmer Alexis Kivi's in Järvenspå, das ich für das Portiunkula der Dichtung hielt, ist kaum ärmer als diese zwei düsteren Räume zu ebener Erde, die rauchige urtümliche Küche dahinter, die Schillers Kindheitswelt ausmachten. Und wie arm sind die Kleinode, die an ihn erinnern: unwissende Raubgier können sie nicht reizen. In dieser beklemmenden Enge enthüllt sich die Überdimension des Werkes; der Knabe, der hier aufwuchs — und draußen auf dem Markt, wo der wilde Mann auf der Brunnensäule das Wappen Marbachs beschützt, ein von Reben umschlungenes Türmchen —, er sollte die Sprache der Könige sprechen, der Feldherrn, der großen Verräter und Verschwörer. Aber seine geschichtliche Umwelt erweitert sich sofort ins Grandiose, wenn von dem Hügel von Lorch, wo die frühen Hohenstaufen, die Großeltern

Barbarossas, begraben sind, der Blick die Stammburg erreicht. Welche Bahn zwischen Ursprung und Gruft, und welche Sprache der kühnen, Burgen tragenden Gipfel ringsum! Es gibt nur eine Universalität. Barbarossa erhob die Ostmark unter Heinrich Jasomirgott zum Herzogtum; er hat, als Kreuzfahrer, den aufsteigenden Stephansdom betreten (1147) und kam zwei Jahrzehnte später als Kaiser nach Wien. Es ist ein Hin- und Widerreden ohne Ende zwischen den Zinnen der Alb und dem Kahlenberg, dem weinumkränzten Hügelgewelle am Neckar und der windüberbrausten Schlachtenebene vor Wien. Alles Persönliche geht darin unter. „Dank vom Haus Österreich" gehört mit „Höchstes Glück der Erdenkinder" und „Nach drüben ist die Aussicht" zu den sinnlos und böswillig mißbrauchten Zitaten („Wallensteins Tod" 2,6); Butler widerruft sofort: „Die Treue brach ich solchem gnädgen Kaiser"; er wird, als Mörder, zum treuesten Diener seines Herrn.

Baron und Baronin B. nahmen uns mit Grete Wiesenthal mit nach Neusiedl. Sobald man Wien in dieser Richtung verläßt, fühlt man sich an der Grenze des Abendlandes. In dem unendlichen graublauen Föhnhimmel und über den flachen Höhenzügen des Horizontes schwimmen plastisch geformte Wolken; der in der flachen Weite anschwellende Wind saust in den Pappeln, über den langen Zeilen gelber einstöckiger Häuser, den in Gebüsch und Erde eingewühlten spitzgiebligen Weinkellern und den Weinäckern dahinter. Nun spiegelt der Steppensee vor der schwach angestiegenen Straße, von Flut und tauendem Eis geworfenes, weithin die Lüfte durchblitzendes Licht. Leidenschaftlich stürzt sich der Wind in die Schilfwälder zu beiden Seiten der Straße; die Fahnen, die schmalen Hände an langen biegsamen Halmen, tanzen im Kreis. Die Ufer verschwimmen; hier ist nichts als grandiose Einsamkeit, die schwermut- und leidensvolle Stummheit der Natur, ihre antwortlose Frage an den Himmel, deren Ausdruck Lenaus Auftrag und Thema war. Von Brechung zu Brechung in Grau und Blau verschwendet sich das Licht. Der Tauwind hat parallele Straßen durch das Eis gebrochen und treibt die Flut wie rasche Bäche vor sich her; auf den Straßen draußen stürmt sie in schäumenden, versprühenden Wellen hin. Fern, an einem der Bäche, fast verhüllt von Licht, fischt ein Raubvogel; eine Möwe gesellt sich ihm zu. Die abertausend Wildgänse, die hier herbergen auf der Wanderschaft, halten sich verborgen. Über die Eisflächen tanzen diamanten leuchtende Flocken aus Eiskristallen, Winterschmetterlinge, nach denen der Wind vergeblich mit auf der Bahn hingleitenden Eisstücken wirft. Spiel des Wassers und der Flocken, Wiege des Windes, unaufhörliche Verwandlung des Lichts, eine Fremde, in der sich der Mensch, scheu vom schmalen Ufer in das Grenzenlose blickend, als Fremdling erkennt. Wer kann sagen, daß er Natur versteht? (Lenau hat sie verstanden.) Auch heute können wir nicht vollständig erklären, wie die Wurzel Wasser aufsaugt und dieses im Pflanzenkörper weitergeleitet wird, oder gar wie die Wurzel sich bildet, geschweige denn der Halm; wir haben das Leben der Zelle, die Beschaffenheit und Wirkweise winzigster in das Plasma gebetteter farbiger Körper nicht ergründet. Wir sagen: die Chlorophyllkörner in den Blättern verschlucken Sonnenenergie, *um* sie für den Aufbau organischer Stoffe zu verwerten – und spüren nicht die Anmaßung in diesem „um", die einem Gliede eine Einzelfunktion zuteilt, als ob es sich um das Rädchen einer Konstruktion handle, nicht um einen Lebenszusammenhang, in dem jegliches Vorhandene in unbegrenzbaren Bezügen wirkt. Wir handeln vom „Sinn der Lebensgemeinschaft", die die Hyphen gewisser Pilze mit Baumwurzeln schließen. Wir teilen die Erdgeschichte wie die Menschheitsgeschichte ein in Altertum, Mittelalter und Neuzeit. Wir können vielleicht solche Hilfskonstruktionen nicht vermeiden, aber sie führen zu Mißverständnissen, sie sind Unrecht des Menschen an der Natur. Hier, an dem föhnigen Wintertag, vor der sandigen Uferstraße des Neusiedler Sees, lebt sie in sich selbst, einsam in spielender Verwandlung, Erscheinungen zeitigend, Welle und Flocke und Licht und Tanz der Halme, die uns, den Eindringlingen, als Wunder erscheinen, weil wir die Totalität nicht als Wunder begreifen wollen. Vielleicht ist dieses Dasein ein Leiden, aber dann in keinem zugänglichen Sinne; die Natur bedarf unseres Wortes nicht; es kann sie gar nicht erreichen. Indem wir ihr eben begegnen, stoßen wir an die Grenze unserer Existenz; jenseits vermögen wir nichts. Und was vermögen wir hier? Wir können unseren Köper nach seiner chemischen Beschaffenheit in Sauerstoff, Kohlenstoff, Wasserstoff, Stickstoff und scheinbar minimale metallische Bestandteile aufgliedern; es sind, chemisch genommen, dieselben Stoffe, die in Erde und Luft enthalten sind. Aber das Minimale ist vielleicht das Wesentliche; was wir Minimum nennen, ist keines der Natur. Etwas ist wirksam in uns, das uns wie mit Glas umschließt, das die Osmose verhindert; es ist die Wirkkraft, die uns gebaut hat.

Und also ist unsere Antwort, an dem Föhntage am Ufer des Steppensees, unter dessen Eisdecke die Fische kreisen und einander verschlingen, in dessen Schilf sich die Gänse bergen, während die kristallenen Schmetterlinge wirbeln und sich zerstören – ist unsere ratlose Antwort Ehrfurcht vor dem Unfaßbaren, vor einer Daseinsgemeinschaft hinter der unüberschreitbaren Grenze.

Die Zisterzienser von Heiligenkreuz, dem Grabkloster des letzten Babenbergers, der gegen die Ungarn fiel, haben das Land dem See abgewonnen; sie haben die Salatäcker angelegt, den Wein gepflanzt; mit den Fischen – Karpfen, die zu erschreckender Größe gedeihen –, dem Schilf, das zu Matten und Wandbekleidungen verarbeitet wird, sind der im April schnittreif werdende Salat, die Anfang Juli reifende Traube die Gaben der Erde, der Arbeit. Im Sommer sirren die Mücken, schwärmen die Fliegen in lastender Schwüle. Aber die Trauben erinnern an das Gelobte Land. Das erzählt der lebhafte, gastfreie Pfarrherr, der uns in schwarzgelockter Pelzmütze hinter dem grüngestrichenen Hoftor empfängt. Hier ist der uns fast verlorengegangene Sinn der Wörter „Pfarrhof" und „Pfarrherr" noch vollzogen: Land und Weinäcker gehören dazu. Der Pfarrer ist auch im weltlichen Sinne Herr, und das heißt als Besitzer und Verwalter genau vertraut mit den Lebensumständen der Gemeinde. (Es ist nicht ganz in Ordnung, wenn der Geistliche Gehaltsempfänger ist wie der Angestellte und nicht „erwirbt", nicht pflanzt, ackert, erntet, keltert und ausschenkt auf Erden wie für das Himmelreich. Daß die Gleichnissprache der Schrift sich in der irdischen Realität seines Daseins erfüllt, ist die Wurzel der Verkündung, ist deren Kraft. Der Herr, die

Apostel haben die längste Zeit ihres Wandels mit der Hände Arbeit bestritten, die ihres Lohnes wert und auf ihn angewiesen ist. Nur die bestandene zeitliche Wahrheit verwandelt sich in die Zeichensprache der ewigen.) Die perlgrauen Truthühner gackern aufgeregt im Gehege, und dahinter schimmert die zierlich-harmonische barocke Haube des Kirchturms, das gelbe Gemäuer, das zu betreten wir versäumten, meinetwegen natürlich, weil ich nachgerade allen Mühen aus dem Wege gehe. Dafür erforschten wir das Pfarrhaus; wir begannen im Schlafgemach neben dem reinlich-hochgetürmten Bett mit dem Blick auf die bescheidene Würde des Salons; das Sonnenlicht flutete durch die kunstreichen Gardinen, über die mit rotem Plüsch bezogenen Sessel, die dicken perlbesetzten Kissen; es flutete auch in das Goldwasser auf dem Tisch und über die neuesten Bücher, die auf dem Schreibtisch lagen. Wir gingen dann eine Treppe tiefer ins Speisezimmer, an die Tafel, die von den freundlichen Schwestern des Hochwürdigen auf das reichlichste mit Auserlesenem beschickt wurde – und ich fürchte, ich bin beim Feuerwein vom Seeufer in meine heillosen Ketzereien verfallen; der Baron ertrug sie mit etwas wehmütiger Nachsicht, der Hochwürdige mit väterlicher Liebe. (Die Damen hielten sich klugerweise für sich und, wie es schien, bei erfreulicheren Themen.)

Stoben nicht die Ungarn auf leichten Rössern vorbei, scholl nicht der Türkenmarsch über den See? Stiegen nicht die Kreuzfahrer in ihrer brutalen Besessenheit in die Bügel, schwankte nicht die Wiege, in der das arme Kind Elisabeth lag, über die Steppe? und ist etwa Rákóczy, der Rebell, gestorben?

Seit der Fürst Esterházy drüben in Eisenstadt seinen

GOGOL: DER REVISOR

Wildpark auflöste, schweifen gewaltige Eber durch die Sümpfe. Auch sie, leider, wie jegliches Getier, finden ihre Jäger. Haydn also und der See, die Steppe gehören zusammen. (Es bleibt für mich eine grausige Vorstellung, daß der Meister der göttlichen Harmonie, der frömmste Sänger der Schöpfung, von einem närrischen Schüler Galls mißhandelt wurde nach seinem Tode. Das Haupt wurde abgetrennt und gestohlen; die Materie sollte das Geheimnis des Genies preisgeben. Aber sie wird niemals ihr Schweigen brechen.)

Wir erforschten die unterste Stufe des Pfarrhauses, den verführerisch duftenden schön gewölbten Keller; hier lagen mit silbernen Bändern beschlagene Fässer friedlich wie gesättigte Kühe in zwei Reihen, und die Schwestern des Hochwürdigen erstiegen sie behende mittels einer transportablen Treppe; sie entsaugten die Kostproben mit gläsernem Heber, den sie schulterten wie der Erzengel die Lilie, ohne sich selbst zu bedenken. (Denn Engel trinken nicht.) An ein Dutzend Marken mag der Pfarrherr auf dem Hofe altangestammter Erde pflegen. (Das geräumige Gewölbe wurde in der Türkenzeit erbaut.) Die Spielregel ist: von jeder Sorte nicht mehr als den Inhalt eines Kognakgläschens zu riskieren. Dann geschieht kein Unfall. Denn das Reine und Klare kann das Reine und Klare nicht verderben. Und hier an des Reiches Grenzen bricht sich die Menschlichkeit in einem feurigen priesterlichen Herzen, in einem hellen Geiste. Sind hier die Grenzen der Kirche, des Glaubens, des Menschen, des Reichs? Ist nicht die Grenze der Anfang?

Am Abend, um der Melancholie zu entfliehen, ohne Wahl ins Kellertheaterchen meines Cafés. Es wurde ein belangloses französisches Stück mit verdientem Beifall gespielt: die erste Erfolgschance der Bühne ist die Rolle. Die Aussage war ebenso trostlos wie die der amerikanischen Stücke: alle sind korrumpiert, werden ausgehalten oder verkaufen sich; allenfalls ist noch etwas mütterlicher Instinkt vorhanden; dahinter ist nichts; kein Ethos, keine Beziehung; diese Leere wird durch Charme, ein wenig Verstand, schließlich schauspielerische Bravour zugänglich gemacht; sie behagt dem Publikum: sie ist das, was es sucht. Allenthalben knistert es unter dem Föhn; das Eis bewegt sich. Aber es ist kein Frühling zu erwarten. Papst Gregor, der Zweifler an der Kanzel, hält die Hostie in der Hand, an deren Geheimnis er nicht glaubt, und schaut bittersten Blicks auf die Menge herab, die nicht einmal mehr zu zweifeln vermag.

Mit der Frage des Gesetzeslehrers: „Magister, quid faciendo vitam aeternam possidebo?" (Luk. 10,25), ist die seelische Situation gekennzeichnet, auf der das Evangelium ruht. Es ist dem nur faßbar, der diese Frage stellt. Nun entspricht es ganz der Paradoxie, die aus der Erscheinung schicksalloser Wahrheit in Zeit und Geschichte unabänderlich folgt, daß diese Frage zwar genau die Botschaft trifft, hier aber gestellt wird, um den Herrn zu versuchen. Er antwortet, unberührbar, mit der Schrift selbst, sokratisch: der Frager muß die Antwort finden in sich selbst. Die gesamte christliche Kultur mit allen Ausstrahlungen wird von dem Ernst dieser Frage getragen. Ist sie aber nun dem Menschen wesentlich? Ist sie unabdingbar? Nein. Weder die Vorsokratiker noch die Stoiker haben sie aufgeworfen; unüberschaubare

Völkerscharen gingen und gehen hin, ohne an ihr zu leiden. Das Bild des Menschen und das Verlangen nach ewigem Leben lassen sich ebensowohl voneinander trennen wie der Mensch und der Glaube an ewigen Tod oder das Verlangen nach Verlöschen. Die durch die Herabkunft Christi beantwortete, ihm vorausgegangene Frage ist geschichtlich, genau lokalisiert, also Stimme einer variablen, einer sehr besonderen Konstellation. Hieran scheitern an bestimmter Stelle Verkündung und Mission. Was kann Christi Sieg über den Tod Menschen und Völkern bedeuten, die sich in den Tod ergeben haben, nach Ewigkeit gar nicht verlangen? Die Osterbotschaft kann sie nicht erreichen. Und doch wurden die Apostel an alle Völker gesandt. Und doch wissen wir von Dornen, Disteln, steinigem Grund, wo das Korn nichts vermag. Gilt das nur von einzelnen, gilt es nicht auch von Völkern?

Wir sprechen schnell von Abfall oder Auflehnung, ohne die Psychologie des Unglaubens hinreichend zu betreiben, was nach Dostojewskij nicht mehr geschehen dürfte. Wer sich in den Nicht-Glauben nicht ernsthaft versetzt, kann ihn nicht bestreiten, heute jedenfalls nicht. In christlicher Sicht mag man das Verstummen der Frage nach Unsterblichkeit als eine seelische Katastrophe betrachten, wohl gar als ein Geheimnis der Finsternis; das ewige Leben wird erlangen, wer Gott aus ganzer Seele liebt und den Nächsten wie sich selbst. Aber auch diese Bezogenheiten richten sich an eine ganz bestimmte seelische Gegebenheit. Kann der nur Gott lieben aus ganzer Seele, der das ewige Leben will: Liebt er Gott um dieses Lebens willen? Kann nur der den Nächsten lieben wie sich selbst, der Gott liebt? – Ist nicht eine

Existenz möglich, die diese Beziehungen nicht zu leisten vermag, wenigstens nicht zugleich, die Gott liebt, aber das Leben nicht sucht, die den Nächsten liebt, aber vielleicht nicht Gott und nicht das Leben?

Ich fühle, daß solche Fragen mich isolieren und die Menschen enttäuschen oder verletzen, die noch ein wenig von mir hielten oder Trost suchen, ohne bekümmert zu sein. Die Theologie kann solche Probleme auflösen, vernichten, nicht aber den Lebensgehalt, die Daseinserfahrung, die ihr Wurzelgrund sind. Man kann die Pilze abräumen, die ja nur Fruchtkörper sind; oder sie vermodern in ihrer Vergänglichkeit; aber das Fadengeflecht unter der Erde stirbt darum nicht. Es hat sich um meine Wurzeln geschlungen, zieht das Wasser aus der Erde und leitet es ihnen zu. Es gibt eine Abgrenzung der Existenz, die keine Verneinung, keine Verleugnung ist, viel eher leidensbewußte Begnügung, Bescheidenheit. Welch ungeheuerlicher Seelenzustand dokumentiert sich etwa (im Gegensatze zu dieser ermüdeten Stille) im Weltgerichtstriptychon des Hieronymus Bosch (in der Galerie der Akademie). Man stelle diese Psychologie des Glaubens an das Endgericht und das ewige Leben – hier an die ewige Strafe, die ja auch „Leben" ist –, der Psychologie des Nicht-mehr-Glaubens, des Unvermögens, über das Leben hinaus zu reichen, hinaus zu glauben und zu wollen (denn nur der Wille glaubt), gegenüber! Welche Folter des Gewissens! Welche Lust an der Strafe, der Marter, an Gottes Zorn und den absurden Folterkünsten der Dämonen, an der Mißhandlung, Deformierung der Menschengestalt, an behelmten Kopffüßlern, an Vielfüßlern mit Haifischrachen, an der Peinigung durch teuflische Insektenschwärme, Wassertiere und Schlangen, spitzschnäblige Vögel, deren böse Köpfe an geschwänzten Plattfischleibern sitzen, an sadistischer Züchtigung des Obszönen, am durchbohrten Geschlecht! Welches Leiden an der Sünde, welche Angst, welche diabolische Lust! Und freilich: welcher Schmerz um den eben untergehenden Frieden des Paradieses, des Menschen, der Kreatur, der Abschied nehmenden Vollkommenheit und der Liebe! Welche Vision der im Endfeuer, von dem Petrus kündete, brennenden Erde, des Endes der Geschichte, der richterlichen Majestät — und wieder, in schneidender Dissonanz: welche abgründige Kleinlichkeit boshafter Geißelung, welche selbstquälerische Freude an der Verzerrung und Umkehrung jeglicher Ordnung der Gestalt, welcher Humor der Hölle, der röstenden, spießenden, tötenden, hautabziehenden Teufel, die unterirdischen Brüder Jacks des Aufschlitzers! Alle Fleischeslust ist umgeschlagen in Fleischespein, in verzweifelte Angst um das Heil.

Das ist das grandiose Bild der Seele um 1500, dem Meister Matthis nicht fern, der freilich unmittelbar vor dem Bruch die Summa alten Glaubens unvergleichlich faßte und in der Nacht von Golgotha gestaltend den Dämonensturm überwand (um mehr nicht zu sagen). Ich verzichte auf die sich anbietende Tiefenpsychologie. Aber wer sollte nicht von krankem Gewissen sprechen, von der Höllenpein des Glaubens an Gericht und Unsterblichkeit, an die tückischste Gestalt des ewigen Lebens, an die Ewigkeit der Folter, satanischen Triumph, die Fortwirkung der sieben Todsünden in Ewigkeit! Nie wurden Nein und Ja, Reue und Grausamkeit, Sünde und Apokalypse in solchem Schmerz und Genusse vermischt: Sadismus des Wissens und Gewissens, des Glaubens und Untergangsbewußtseins, der Angst. Hieronymus Bosch konnte nicht schlafen, nicht sterben, nicht tot sein. Unstillbare Lebensgier tobt sich aus im Schwefelgestank unter der Peitsche des Gewissens. Das ist nicht Phantasie im Sinne von Unwirklichkeit: es ist Wahrheit von der Sünde, von Blindheit, Wahn, Lästerung, der Zerrüttung der Kreatur – mit dem Willen zur Ewigkeit.

„Sieh, wie die Menschen durch eigene Wahl die Leiden sich zuziehen." (Aus der Schule des Pythagoras.)

Aber Bosch und Dante und der merkantile Seher Swedenborg, denen eingestandenermaßen kaum mehr jemand glaubt, sind wohl ausgerüstet mit Zeugnissen der Heiligen Schrift.

Die Meisen und Sperlinge in den kahlen Bäumen hinter der Dominikanerkirche waren des Morgens in Vorfrühlingsstimmung; dann jagte der Eiswind von Pannonien her die dürren Blätter des verwichenen Jahres über die Pflastersteine; sie finden hier sowenig Ruhe wie die armen Seelen im Höllensturm; kein Hut war mehr sicher auf seinem Kopfe; gegen Abend zauberte milder Wind die Rosawolken der Ile de Cythère über das winterlich erstarrte Riesenrad im Prater – das als gigantisches Marterwerkzeug in Boschs Visionen wohl zu gebrauchen wäre: stellen wir uns einmal vor, zu welchen äffischen Bosheiten es die Vollzieher der ewigen Gerechtigkeit anregen könnte! Zum Trost und um glimpflich in die Nacht überzusetzen, im Kellertheaterchen am Parkring, unter dem von der geliebten Melancholie und Verfallenheit des Café Greco durchwehten Café. Es wurde mit Charme ein musikalisches Lustspiel gegeben, deutscher Herkunft, im Verhältnis zum Nihil der Zeit ebenbürtig amerikanischen und französischen Produkten. Von Hintergrund kann man nicht sprechen; es ist keiner da. Nur verzichtet der Deutsche nicht gerne auf einen sentimentalen Aufblick aus dem Nichtstun und der Armut: Wie könnte die große Welt sein, wenn die kleine nicht wäre? Aber was ist denn die große Welt? (Man sieht sie in Magazinen: es ist der dünne ambiente gefürsteter Filmdamen.) Ich nehme solche Selbstaussagen als historische Phänomene, und ich bin ihrem sentimentalen Zauber keineswegs böse; sie sagen mehr, als sie wollen, und das geschieht mit Fähigkeit, mit Talent, sogar mit verhaltener poetischer Substanz. Kein Zweifel: Unzählige treiben in dieser Ratlosigkeit, aber ohne Anmut, ohne Verteidigung also und ohne Trost.

„Denn die Nacht ist ziemlich lang."

Ein Märchen, von dem sich die Menschheit nicht trennt, ist die Behauptung, daß in den Gräbern der Pharaonen keimkräftiger Weizen gefunden worden sei: Kulturen sterben für immer. Was wir Fortwirkung nennen, ist nicht *ihr* Leben.

Ein von Sonnenstrahlen aus einem Stein erzeugter Affe – Person eines chinesischen Romans, der einen chinesischen Mönch im 7. Jahrhundert auf der Reise in das Land Buddhas begleitet – trägt den Namen „Der dem Leeren begegnet ist" (Wou K'ong).

Im Schreyvogel-Saal des Theaterwissenschaftlichen Instituts in der Burg veranstaltete Professor Kindermann eine Feier zum Andenken an Josef Kainz. Die Ansprache und die gelesenen Berichte und Kritiken — des Entdeckers Hermann Bahr, Speidels, Bangs, Gregoris und anderer — standen in wesentlichen Punkten in auffallender Übereinstimmung: die spezifische Genialität wurde als eine Genialität der Unruhe und Ungeduld aufgefaßt, untrennbar von zerstörender Wirkung: Kainz hat das Theater, wie es etwa die Meininger repräsentierten, zerstört und einer theatralischen Konzeption die Bahn gebrochen, die noch immer Leben und Hoffnung der Bühne ist. Mit der Einzigartigkeit wurde von allen, die ihm begegneten, seine sich steigernde personale Einsamkeit empfunden; Oskar Maurus Fontana hat wohl recht, wenn er in seinem das Theatralische ergründenden Buche über die großen Wiener Schauspieler von dem Ekel an der Scheinwelt spricht, in der doch allein die Flamme brannte; Kainz flüchtete sich in die Natur- und Sprachwissenschaft; er zeichnete. Aber betrogen hat er sich nicht: er wird nicht geglaubt haben, Dauerndes zu erreichen.

Was Hermann Bahr von einer etwa um 1900 geschehenen Wende der Persönlichkeit und der Darstellungskunst sagt, also von des Künstlers letztem Stil, ist mir — in der gebührenden Distanz des Respektes vor dem Genie gesprochen — sonderbar nah: Kainz wurde hart, verletzend, kalte Glut, „kochendes Eis"; es muß eine Art aggressiver Feindlichkeit zu Welt und Menschen entstanden sein, im Widerspruch zur Melodie seiner Jugend — und doch wieder Melodie. Bahr meint: Kainz habe das Böse entdeckt in der Welt als essentiellen Bestandteil. Ich kann mir nicht denken, daß das so spät geschehen sei: Das Böse entdeckt man früh — sofern man dieser Erkenntnis überhaupt fähig ist –, und zwar in sich selbst und dann erst in der Welt.

Wir waren also in der Burg, durch die Fenster der Gänge, des runden Saals waren die ernsten, grauen, kronengeschmückten Trakte zu sehen. Gegenwärtig war, was seit dem Altertum kein zweitesmal in solcher natürlicher Intensität verwirklicht wurde: Kunst in der Mitte der Geschichte, Verwandte der Herrscherfamilie, in ihrem Haus. Das Familiäre ist ihr Schutz.

Was kann man weiter tun als erinnernde Zeugnisse vorlesen? Der Ruhm des Schauspielers ist dem Feldherrn – und gar des österreichischen – verwandt. Keine Schlacht wird noch einmal inszeniert; Kränze und Schleifen unter Radetzkys Reiterstandbild liegen wehrlos im Regen; sie sagen nichts von ihm. Sein beglückter Kaiser schrieb von unsterblichen Siegen und von einem ewig unter Heroen glänzenden Namen. (Alsbald zwang die Majestät den Marschall zum Verzicht.) Bei Custoza, Novara hat der greise Marschall unter dem Ansturm nationalistischer Revolution die geschichtliche Gestalt Österreichs gerettet; aber es waren Siege auf verlorenem Boden. Die Rückeroberung Venedigs – nach einer Belagerung von 17 Monaten (1848/49) – kostete 20 000 Menschen. Unter welchem Stern? Radetzky war human; auch seine Feinde rühmten seinen Sinn für Maß; immerhin wurden unter seiner Verantwortung in zwei Tagen 130 Granaten in das Weichbild Venedigs geschleudert; eine geistreiche Erfindung der Brüder Uchatius – Freiherrn und Ritter – verschaffte ihm den Ruhm des ersten Luftangriffs, der kriegerischen Eröffnung also unserer Ära: günstiger Wind trug die an Ballons hängenden Bomben, die mit Zeitlösung versehen waren, ans Ziel. Ob es das Rechte war? Aber was der ohne Zweifel ebenso gestrenge wie hochsinnige Feldherr gewann, sollte allzubald in dem von dem abgesetzten Kaiser Ferdinand I. so treffend kommentierten Züricher Frieden (1859) und, was den Rest angeht, unter dem Strahl preußischer Waffen im Wiener Frieden (1866) verlorengehen. Sein Siegesadler erhob sich ins Unsichtbare; der bittre, mit Auszeichnungen überhäufte Abschied wurde dem über Neunzigjährigen nicht erspart. „Meinen Leuten einen Lohn, ich danke euch, lebt wohl, laßt mich ruhig sterben." Des Marschalls Aufbahrung im Mailänder Dom (Januar 58) war die des lombardo-venetischen Königreiches. Was aber sollte man erst von den österreichischen Seehelden melden? Ploetzens im übrigen hilfreicher Auszug aus der Geschichte verzeichnet nicht einmal mehr Tegetthoffs Namen.

Feldherrn also und Mimen erringen denselben rasch welkenden Kranz. Von sechs Pferden gezogen, fuhr Josef Kainz, der gefallene König, der einstige Herr der Szene, an der Burg, seinem verlorenen Königreich, vorüber – ins Nichts; denn was wäre ein Sein ohne Geste und Beifall? Und die Aufbahrung des einstigen Herrn des Schlachtfeldes im Mailänder Dom entspricht solchem Pompe funèbre durchaus. Glauben wir immer noch, daß die unsterblichen Werke mehr sind als der erschütternde Flüsterlaut Hamlets und Tassos, als des Gebieters von Novara gewagter Befehl, der „herzhafte Entschluß", der wider die Regel alles für alles aufs Spiel setzte? Denn das Ungewöhnliche, in einen Augenblick gefaßt, ist das Merkmal der Größe.

Die zarte knabenhafte Totenmaske des Mimen lächelt, auf blauen Teppich gebettet, zu den verhallenden Fanfaren seiner Szene – William gegenüber, der das letzte Sagbare von Leben und Szene sagte. Hufschlag schallt nicht mehr unter der Kuppel der Burg; spurlos fliehen die Wagen hindurch. Der große Auftritt ist abgespielt. Wir können die Krönungsmesse kunstgerecht „aufführen"; aber es wird kein König mehr gekrönt. Der Vorhang rauscht. Aber Josef Kainz – Hamlet und Romeo und Tasso, der sieche Heinrich Hauptmanns –, die Duse, die, frierend, vergeblich unter Ibsens, des vom Schlage Gelähmten, Fenster stand (in Oslo, am Schloßgarten), sie treten nicht mehr auf. Wir haben die Gebärde verloren: die Könige, die Feldherrn, die Mimen, die legalen Insassen der Burg. Die Programme der großen Inszenierungen vergilben unter Glas, wie Radetzkys Operationsjournale und Notaten und Montecuccolis Plan der Schlacht an der Raab. Wir sind, für einen Abend, Schatten hinter den Fenstern; unberechtigt, essentiell illegal, Diebe in der Wohnung der Vergangenheit.

Kaum habe ich eine Frau gefunden, die Geschichtsbewußtsein als Lebensinhalt realisierte (es sei denn eine Erzherzogin); dieser Versuch ist der Fluch, ist die fragwürdige Auszeichnung des Mannes. Der Winter ist hart und wird immer härter. Meisen und Sperlinge haben sich – leider! – getäuscht. Ich finde nur eine leichenfarbene Moosblütenranke für den Sarkophag Maria Theresias.

Statt „Traum ein Leben" spielte die Burg wegen Erkrankung Aslans Molnárs „Olympia"; statt Österreich – denn Herrschaft und Sieg sind Traum, das ist die Erfahrung der Radetzky-Zeit, und durch Geschichte hindurch findet sich der Mensch –, statt Österreich also wurde Ungarns Rache an Österreich gegeben, eine mit dürftiger Raffinesse maskierte Rache. Denn was zum Lob Seiner Majestät gesagt wird, setzt sie herab. Natürlich wurde gut gespielt, und noch immer schießt der Dialog einige Blitze; über die ganze Belanglosigkeit ist weiter nichts zu sagen. Sehr deprimiert hat mich das Publikum, das jeden Stich bejubelte und keine Tücke witterte. Ich habe keine Anlage, mich über Unmoralisches zu entrüsten; eine Anlage übrigens, die streng denkende Damen mit dem Instinkt für sie empörende Schriften ausstattet und sie befähigt, in sie langweilenden Büchern genau die aufreizende Seite zu finden. (Das Arom zieht sie an.) Mein Inneres wird von solchen Geschmacklosigkeiten, der Unzucht der Fliegen auf dem Papier, nicht berührt. Unglücklich aber macht mich das Versagen des Geschichtsbewußtseins. Das Phänomen Ungarn ist eines der ernstesten Probleme europäischer Geschichte, ein kostbarer Meteorit, aus fremder Sphäre in das Abendland geschleudert. Viel ist an Ungarn gesündigt worden – man denke nur an die gewaltsame „Bekehrung" im 11. Jahrhundert, die nicht verheilte Wunden schlug; selten wurde diese beispiellose Sonderart verstanden; die sozialen Verhältnisse entwickelten sich ins Unerträgliche; das Streben der Besten nach Selbstbehauptung verdient Bewunderung. Was, von Europa aus gesehen, fehlt, ist Anpassung, der Wille dazu. Kein Mensch, kein Volk setzt sich durch mit der Ganzheit seines Eigenwesens, ohne Opfer an den Zusammenhang, der ihres geschichtlichen Daseins Vorbedingung ist: wir vermögen nur in einem Verband zu existieren; und dieser fordert unerbittlich Zoll. Das gegenwärtige Europa aber – zum Unterschied von Europa vor hundert Jahren

— sieht in zeitgemäßer Pragmatik nicht ein, daß Ungarn, wo es nur konnte, diesen Zoll verweigert und damit sich selbst in die Tyrannei gespielt hat, gegen die es sich im Jahre 56, vom Westen ermutigt und verlassen, heroisch empörte. Ich komme nicht über die Rolle hinweg, die es in der Zerstörung der großen Form Österreich spielte, auf der Bastion Europas, im Bunde mit verblendeten westlichen Feinden Österreichs. Sicherlich wird man im Lande Rákóczys die Dinge ganz anders sehen. Aber auch die Liebe zu den *echten* Märtyrern der Freiheit und der Haß auf ihre Tyrannen sollte europäisches Bewußtsein nicht verwirren, in dieser Stunde nicht. Friedrich Heer hat recht: Europa hat dann nur sich selbst verstanden, wenn es Österreich verstanden hat. Und es ist — Folge unaufzählbarer Fakten, Mißverständnisse und Mißgriffe — fast unmöglich, vom ungarischen Erbe her Österreich zu verstehen. Bewerten wir die von Jahrhundert zu Jahrhundert erfolgten ungarischen Aggressionen in der jeweiligen geschichtlichen Konstellation: fast eine jede konnte oder sollte Todesstoß werden. Es ist nicht die Zeit und der Ort, Hebbels im Vormärz notiertes Urteil zu wiederholen. Man mag es nachlesen und überdenken. Jedenfalls wußte er besser als Österreichs Feinde, worum es ging: „Ich mag kurz vor dem Jüngsten Tag der Nationalitäten das Rücken mit den Stühlen nicht." Das entkräftet das Mea culpa nicht, das der letzte Aufstand uns aufnötigt, und zwar nicht auf die unreinen Lippen unserer Propaganda, sondern bis ins Herz.

Föhn, greller Gewitterschlag, überreizte Nerven, untröstliches Vorgefühl dunkler Ereignisse sind nicht zu lösen von der Walzermelodie und dem Radetzkymarsch. Immer wieder flüchte ich in eines der kleinen Theater: der Lüster schwebt empor über einem nachtschwarzen Haupt, höllisch-dunkel-glühenden Augen, und die Danzas de la vida breve, die törichten, geliebten, die nicht Kunst sind, vielleicht aber mehr, bewegen mich für zwei Stunden unter Föhn und Hagelsturm, Schneeregen draußen, Blitz. Wollte ich, was sich in mir während dieses Winters ereignet, im Gespräch mit dem Phänomen Wien pathetisch ausdrücken, so müßte ich von einem inneren Unfall sprechen, vom Einbruch der dunklen Wasser in einen leer gewordenen Raum, einem Einbruch also von unten her. Man blickt nicht ungestraft in den Kosmos, die Tiefsee, die Geschichte – und vielleicht auch nicht ungestraft in sich selbst, in den Menschen. Was mich überrascht, ist, daß ich keine Bangnis empfinde; daß es mich beruhigt, dort wieder anzulangen, wo ich in Jünglingsjahren war. Freilich: keine Vermessenheit! Dem Himmel ist so wenig zu trauen wie den Nerven, der inneren Resistenz; schon glimmen die verdächtigen Farben über dem Gespensterrad des Prater. Ich behaupte nicht, daß ich stärker bin als der Föhn.

Auf die gütige Einladung des Hochmeisters des Deutschen Ordens bei der Ehrenritterinvestitur der Erzherzoge Gottfried und Hubert Salvator in der Deutsch-Ordens-Kirche. Der von der Orgelempore herabschallende alte Marsch, den, meines Wissens, Erzherzog Eugen wieder eingeführt hat, eröffnet die in den Rahmen der heiligen Messe gefaßte Zeremonie: es ist ein mutiger, glaubensstarker Klang. Und es geht alles um den Mut, in dieser Welt, gegen sie, und das heißt immer für sie, Tradition zu behaupten, die großen Namen, die die Geschichte des Landes führten, als Existenzform zu vertreten. Der weiße Mantel mit dem schwarzen Kreuz, der über die Schultern der vor dem Altar knienden Ehrenritter fällt, ist ein geistiges Kleid und wird von allen als solches verstanden – aber es ist ein sichtbarer Mantel doch; ohne Zeichen und Auszeichnung wird sich keine Tradition behaupten lassen. Die angeborene, in langem Leben, ergrauten Hauptes bewährte innere Form hat Anspruch auf die Hülle des äußern. „Habsburg für immer" ist ein geheimnisvolles Wort; der Fortbestand des Geschlechtes ist nicht einfaches Lebens- und Willensphänomen. In der Geschichte spielen rätselvolle Personen, so wie in die dramatischen Handlungen Raimunds, Shakespeares, Schillers, Grillparzers, Hauptmanns Wesen eingreifen, die keine Erklärung finden, die nicht in dem Grade sterblich sind wie die andern, wenn auch natürlich der Geschichte und der Sterblichkeit unterworfen; eine solche Person ist das Geschlecht, nicht einige einzelne, sondern das Ganze des Lebenszusammenhanges. Wie die Birke und die Schwarzpappel auf etwa 150 Jahre, die Ulme auf 500, Buche und Linde auf etwa 1000 Jahre eingeschränkt sind, gewisse Kiefern aber einige Jahrtausende übergrünen, so ist auch das Alter menschlicher Phänomene, der Familien, der Überlieferungen differenziert. Zugänglich ist diese Erscheinung nur dem Glauben: Segen ist ausgegangen über Macht und Unglück, Verschuldung und namenloses Leid; er ist nicht zurückgenommen worden. Alle sind da, die waren, in denen, die sind. Wir blicken empor ins Geäst, das sich über Völker, Zeiten, Meere verzweigte; Äste brachen, Zweige knickten; die Nadeln fielen und keimten wieder hervor: Leben starb in die aufquellenden Säfte des Lebens zurück. Wie das Erbe sich auswirken soll heute, geistig-gestalthaft: das ist eine wohl nicht gelöste, nicht lösbare Frage. Es ist schon viel gewonnen mit seiner bewußten und gläubigen Gegenwart, mit dem Warten auf den Ruf, mit dem Dasein ritterlichen Sinns unter dem unbefleckten Mantel alter Form. Eine Handlung dieser Art in der ehrwürdigen schmalen hohen Kirche vermittelt die Anwesenheit einer Substanz, die wahrscheinlich mehr für den Gang der Geschichte bedeutet, als sich ergründen läßt: Schwergewicht, Halt; ein Steinchen, ein kostbares, im Labyrinth des Gehörgangs. Von Herrschaft ist jetzt nicht die Rede: Dasein ist Tat – ein Dasein, das sich vor Erstarrung bewahren wird, wenn es sich rastlos intensiviert, sich selber strebend bejaht, Kinder und Enkel wie eine Flamme ergreift; wenn die Herausforderung des Marsches, der, wieder herabschallend, die Geehrten hinausgeleitet, die Herausforderung des Adels also – des Adels, der immer Opfer ist – sich an die Welt verliert und streitend in ihr sich wieder und wieder gewinnt.

Adel? Ich finde ihn noch in seiner Fragwürdigkeit. Als zur Zeit Ludwigs des Bayern der lange Diez, ein beachtlicher Raubritter, mit seinen vier besten Gefährten endlich geschnappt war und gegenüber dem Münchener Rathaus den Block bestieg, bat er zum letztenmal und vergeblich für seine Genossen. Man solle ihm zuerst den Kopf abschlagen und dann diejenigen freilassen, denen sein Rumpf die Hand reiche. Der Henker lachte: darauf konnte er sich einlassen. So fiel der Kopf des Räubers, aber noch nicht der Rumpf: der ging an den Freunden vorüber und freite sie durch Handschlag; dann brach er zusammen.

Wie mir zumute ist, während der Hochmeister die Hostie, den Kelch erhebt, deutet die vorausgegangene Notiz an von Föhn und Gewitter: herzlich weh, wie es sich gebührt. Ich fühle mich aus dieser Wirklichkeit, diesem Wahrheitsbereich gleiten, ohne Einwand, immer in Verehrung und Dankbarkeit, ohne jegliche Rebellion, aber eben doch für mich, gezogen von meinem Daseinsgewicht, mit geschlossenen Augen, verschlossenem Mund.

Em que espelho ficou perdida
a minha face?
In welchem Spiegel
Ging mein Gesicht verloren?
(Cecilia Meireles)

Oder, noch schlimmer:

Nuvem sólida, rosa virginal, agua branca
E tu, grande sinfonia aérea,
Pertenceis aos anjos, não a mim.

— — —

Hóstias puras
Inútilmente vos ergueis sobre mim!
(Murilo Mendes)

Die Wolke, die jungfräuliche Rose, das reine Wasser, der Sphärenklang gehören den Engeln, nicht mir. Und die Hostien ...

Die Verse des brasilischen Dichters fielen mich auf dem Rocio an, im letzten gewittrigen Frühling, in Lissabon. (Wieder zieht es mich dahin zurück, wo der Zweifel zum Gedicht wird und der Unglaube zum Traum.) Aber erst Papst Gregor an der Kanzel des

Stephansdoms, der die Hostie zweifelnd in Händen hält, und Hieronymus, der tote Kardinal, trafen mich ins Herz. Sie sind beherbergt im heiligen Raum. Es müssen Tod und Zweifel *in* der Kirche sein. *Vor* ihren Mauern bedeuten sie wenig, sind sie überall. Aber hier! Welche Konzeption der Kirche, die Raum für solche Schmerzen, solche Haltungen hat! Die Dämonen müssen außen tragen und speien; sie sind Gegengewicht. Frage und Zweifel sind innen, im religiösen Bezug. Große Einsamkeit, große Freiheit, die ihr zur Heimkehr ruft, seid gegrüßt!

Im Hause des Hochmeisters, beim anschließenden Empfang, naschen die kleinen Habsburger in frisch gebügelten Anzügen unbefangen vom Büfett. Die Natürlichkeit der Form, die von jeder Betonung verletzt würde, tut wohl. Der Titel ist der Name selbst. Mehr bedarf's nicht. Ich habe nichts zu verlieren, nichts zu gewinnen. Mein Glück ist Begegnung. Ich möchte nicht einen der noch bestehenden großen Namen überleben. Sie zeugen noch immer dafür, daß Österreich, wie Radetzky sagte, nicht nur mit Waffen zu kämpfen wußte, sondern auch mit Großmut.

Der alte Fürst Th., ebenso wie ich überzeugt von dem nahen Ende der Geschichte. Der Arzt hat ihm den Wein verboten. Ach, ich würde mich nicht darum kümmern.

„Defeat cries aloud for explanation; whereas success, like charity, covers a multitude of sins" (Captain MacMahan, amerikanischer Marinehistoriker). Ein gutes Wort für den Staat – ein gutes für das persönliche Leben – wenn man es umkehrt.

Ein Kaiser kann nicht im Lift fahren. Man empfindet das, wenn man die Treppe zu den Schauräumen der Burg hinaufsteigt, diese gelassenen breiten Stufen des säulengetragenen Treppenhauses, das sich in schmalem Raum zu kühner Größe emporhebt. Oben die Zimmer Franz Josephs und die anschließenden Elisabeths sind fast ganz entpersönlicht; alle Fenster bieten denselben traurigen Blick in den Hof, auf die asketischen Trakte; nur der Schreibtisch, das Audienzpult sind noch wie gestreift von einer gütigen ermüdeten Hand. Es war die Majestät selbst, die in Franz Joseph Schicksale trug mit der Last der rasend rotierenden Welt; ein Mensch allein, ohne die sakrale Kraft, die eingeborene Notwendigkeit, hätte es nicht vermocht. Das Größte vielleicht ist, daß er den Charme der Ritterlichkeit unverbittert bewahrte, der ihn für das Volk zum Kaiser machte bis zu diesem Tag, dem einzigen, der in ihm lebt. Von Elisabeth blieb nichts: es seien denn die Bilder der Lipizzaner. Auch an einem Regentag wie heute, vor dem düster verschlossenen, zum Parkplatz gewordenen Burghof, wohnt ein Licht in den schlanken, überhohen Alabastervasen. Ob sie jemals mit Blumen geschmückt waren? Die Galatafel neben den Zimmern Kaiser Karls wartet auf Geisterbesuch – wie einstmals die von der Geschichtsfurie inzwischen umgestürzte im Berliner Schloß. Hier haben sich nun meine lebenslangen Befürchtungen erfüllt: die Burg ist die grandiose Wohnung vernichtender Traurigkeit. Ein Schmetterling wäre ebenso spurlos durch diese Räume geflogen wie die vertriebenen erloschenen Geschlechter.

Für die einsamen Arbeitsstunden, früh am Luegerplatz, wo die Dominikaner angriffsfreudig vorbeiwallen und wo ich die Freundschaft stummen Einvernehmens mit dem immer aufmerksamen Ober geschlossen habe, des Nachmittags in einem melancholisch-stillen Café strenggläubiger Zeitungsleser in einer dunklen Straße am Aspernplatz – für diese Stunden also, die langen und flüchtigen, hat sich mir zur Gesellschaft ein variables Kartenspiel aus Bildpostkarten zusammengefunden; längst hat sich die Bedienung daran gewöhnt, daß ich es vor meinen Schulheften und Büchern ausbreite: das sind die Zweifler und Frager von der Kanzel des Stephansdomes; das ist die von einem spiegelnden Saphir und Perlen gekrönte Krone Rudolfs II., des Mannes, der sich an Sterne und Geschmeide, an die Geheimnisse der Welt und Herrschaft verlor; gerne lege ich neben den schmalen goldbereiften Kristall des burgundischen Hofbechers, ein Kleinod des Ordens vom Goldenen Vlies, Bruegels Babylonischen Turm: noch träumt der König unten, zur Linken vor dem wahnwitzigen Bau, er sei ein König, und schon weht eine dünne Wolke um die oberste Galerie, in fernster Höhe über dem unglücklichen Sklavengewimmel, das nichts zustande gebracht hat als einen Steinbruch der Macht. Es fehlt nicht an den tückischen Stechmücken des Hieronymus Bosch, an dem Irren, dessen Helmzier einen Fisch verschlingt, dem Narren, der mit verbundenen Augen gegen die Hölle zu Felde zieht, dem nackten Weib, das sich von krötenhaften Teufeln im Gesang unterrichten läßt. Leider habe ich keine Abbildungen der Gemälde Bassanos, des unvergleichlichen Malers der Mystik, gefunden: nicht Franziskus und nicht Juliana Falconieri, die vom Strahle heimgesuchten Beter in der dunklen Nacht, die dahinsterben in Gott; sie wären das Gegengewicht gewesen. Und schon der kraftvoll-herbe Franziskus Cranachs (welche Überraschung, wie eben die Meister immer überraschen!), den der furchtbar geflügelte Gekreuzigte kreuzigt (aus der Galerie der Akademie), könnte das Teufelsgewimmel in Schach halten. Bruegels Seesturm, ein spätes Bild, ist das Porträt meiner Seele; der Himmel bricht nieder in das Meer, und dieses wirft sich auf und will keine Schiffe mehr tragen, ein Rachen klafft schon der sicheren Beute entgegen, und Möwen jagen wie weiße Blitze durch die Hochzeit der Nacht mit der Nacht. Schiffbruch war ja die Chance der Stoiker, Anfang ihrer Philosophie. Trumpf aber im Kartenspiel, dem, wie es sich versteht, auch der Reichsapfel des Kaisers Matthias angehört, das Kreuz auf dem von Perlschnüren umgürteten Erdball – Trumpf ist Maestoso Alea, der Schulhengst der spanischen Reitschule, ein unerhört kluges, zuchtvolles, an Takt und Schritt hingegebenes Haupt, dem der heiße Atem seines Blutes aus den weiten Nüstern weht. Sein Bild liegt stets in der Mitte. Ich füge noch ein Gesicht hinzu, das von unheimlicher Größe der Rätselhaftigkeit geprägt ist: es ist der Porträtkopf des Eutropios aus Ephesos (aus dem 5. Jh. n. Chr.); zu sagen weiß ich von ihm nichts, als daß er wissende Frage ist, nicht unwürdig der Nähe des Dunklen von Ephesos, der ihm um ein Jahrtausend vorausging, und des Sehers von Patmos, der in der Mitte zwischen ihnen steht. Zur Versöhnung am Ende, zur Heimkehr nach Österreich: Maximilians I. Porträt auf einer Münze, der Weltkaiser, bewußt, skeptisch und hart, ein Machiavelli, aber nicht Diener wie dieser, sondern Majestät, und endlich das Unwahrscheinlichste dieser Erde: Franz I. und Maria Theresia, ein Doppelporträt auf einem Medaillon, beide lorbeergeschmückt, beide von männlich-weiblichen Zügen, in denen sich die Dominante nur leise verschiebt; es ist ein Bild imperialen Glücks, die Liebe, die Ehe, die geweihte Einheit von Mann und Frau auf dem Throne, Vorzeichen des Sarkophags in der Kapuzinergruft, wo über Asche und morschem Gebein Auge in Auge auf Ewigkeit blickt.

Aber das edle Haupt Maestoso Aleas nickt, ernst, nach der Gangart, die ihm aufgetragen ist, und sein warmes Leben weht mich an. Es geht nicht um den Reiter, sondern um das Pferd, um das Edle, das mich hier, wie nirgends sonst, mit haltloser Trauer beschenkt. Edel ist der Zweifel – edel, unerreichbar das herrscherliche Glück:

Numina Bina Thronum Fermant.

Auf der meist abends beginnenden Wanderschaft sind die Raupen des Prozessionspinners durch feine Fäden miteinander verbunden; die Bewegung geht von der Spitze der Kolonne aus und kann von ihr angehalten werden: der Zug ist ein einziges Lebewesen auf Nahrungssuche. Biegt die Spitze – vielleicht vor einem Hindernis – scharf um, so kann es geschehen, daß sie auf das Ende trifft; dann kreist die Kolonne pausenlos tagelang bis zur Erschöpfung auf der Stelle (G. v. Natzmer: Lebensgeheimnisse der Natur). Die geistige Spitze, die Forschung, ist auf das Ende gestoßen, auf die Macht, und läuft ihr nach wie die Macht der Forschung; wir kreisen im Todeszirkel; wir wissen nicht, was Spitze und Ende ist.

Statt der Kaiser residiert die Atombehörde in Wien. Doch beschweren sich die Herren darüber, daß man sie „wurze", für mittelmäßige Wohnungen unverschämte

Mietpreise fordere; die Staaten werden helfen; das Schwanzende wird die Spitze nicht im Stiche lassen: es zieht sie ja hinter sich her.

Man muß beten, auch wenn man es nicht kann. Ich kann sehr wohl beten für andre, die Priester, Forscher, Staatsmänner, die Völker, die Kreatur, die Erde; für die Kranken zuerst, wie es sich versteht, und für die Toten; das ist die stille Betätigung eines rätselvollen Zusammenhangs. Ich habe ein tiefes Bedürfnis danach; es ist das, was mich hält, was mich morgens in die Kirche ruft; für mich kann ich nicht beten; und des Vaters Antlitz hat sich ganz verdunkelt; es ist die schreckliche Maske des Zerschmeißenden, des Keltertreters; ich kann eigentlich nicht „Vater" sagen. Marc Aurel und Epiktet beteten, ohne an Unsterblichkeit zu glauben, ohne an sie zu glauben, ehrten sie die Toten. (Von einem Wiedersehen in irgendeinem Sinne steht auch nichts in der Schrift.) Ihnen genügte der Kosmos, in den sie sich fügten. Aber unser Bild des Kosmos, das unabweisbare, kannten sie nicht. Wir brauchen nicht weit zu gehen, benötigen weder Fernrohr noch Mikroskop. Lesen wir nur ein Kapitel über Parasiten (bei Natzmer, K. v. Frisch, der doch wahrlich mit Augen der Liebe noch Läuse, Wanzen und Flöhe betrachtet, ein fast einzigartiger Fall, oder bei L. v. Bertalanffy). Erinnern wir uns nur der alltäglichen, schon oft erzählten Geschichte von den im Gedärme gewisser Vögel lebenden Schmarotzern, deren Eier durch den Kot sich in Schnecken einschleichen; in diesen wachsen sich die Keime zu Schläuchen aus, die in die Fühler vordringen; in den aufdunsenden Fühlern entwickeln sie ein anreizendes Farbenspiel und ebensolche Bewegungen; das lockt die Vögel an, die Fühler abzureißen; so kommen die Parasiten wieder an ihren Platz. Und immer wachsen der Schnecke wieder Fühler, und immer werden sie abgerissen; die Schnecke ist nur Herstellerin der Zerstörer, die sie und die Vögel zerstören; ohne Myriaden von Zerstörern zu beherbergen, ohne von ihnen sich bedienen zu lassen, könnte kein höherer Organismus bestehen; ohne sie also könnte auch der Geist sich nicht aussagen. Und was sind nun Liebe und Schönheit? Es bedarf äußerster Kraft, sie niemals zu verletzen. Wenn man die Visionen des Hieronymus Bosch im Irdischen läßt, woher sie stammen, so ist er unwiderlegbar.

Unter dem Titel „Gevaarligk Stockholm" berichtet das „Algemeen", daß selten noch „zoveel jonge meisjes" in der schwedischen Hauptstadt verschwunden seien, wie das jetzt „het gevaal" ist. Seit Neujahr „zijn elf meisjes spoorlos verdwenen". Und das steht unter dem 10. Januar. Auch die Sahara versagt. Man hat im südöstlichen Algier nach Uranium gesucht und „nur" Platin und Diamanten gefunden. Auch hat der Sturm „de vliegtuigen met enorme snelheden" über den Ozean gejagt, „zo dat sommige uren te vroeg arriveerden". Es geht immer schneller. Wir kommen zu früh an. Aber damit ist nichts gewonnen. Denn wir müssen den Anschluß abwarten. (Voor de passagiers leverde dat alleen extra wachttijden op.) Sir Winstons Tochter Sarah, Filmschauspielerin in den USA, mußte, nachdem sie zwei Stunden lang das Telefonamt gröblich beleidigt hatte, im Zustande tobender Betrunkenheit in Handfesseln abgeführt werden. Zuletzt soll sie noch, das letzte Glas Rum in der

Hand, dem Polizeibeamten im Auto auf den Schoß gesprungen sein, natürlich nicht, um ihre Huld zu bezeigen, sondern um den Vertreter der Obrigkeit kräftig zu beschimpfen. Garantie kann ich für keine dieser Unwahrscheinlichkeiten übernehmen; ich bin auf den Nachweis, daß sie erlogen sind, sofort bereit, sie zu widerrufen. Aber wie soll sich unsereiner, in Gesellschaft Maestoso Aleas und des kristallenen Hofbechers der burgundischen Herzöge, in der Finsternis des Griechenbeisels, wandermüde und welt- und glaubensmüde, ein Bild der Zeit verschaffen? Wie soll man sich zurechtfinden?

Fürst J. S. holte uns freundlicherweise ab, um uns das aus Trümmerschutt wiedererstandene Palais zu zeigen, den festlichen, um ein architektonisches Himmelsgewölbe gegliederten Bau Fischer von Erlachs. Es ist ein großer Eindruck, wenn man unmittelbar von der Vorhalle in den hohen schwingenden Kuppelsaal gelangt, dessen Spiegelungen die Raumwirkung mächtig vertiefen. Die in einen zylindrischen Turm geschlossene Kuppel bestimmt das Innen wie das Außen des Gartenpalastes, seine befremdende, schon südöstliche Struktur; wenn die Türen geöffnet sind gegen die weiten Fluchten des Parkes, in dem in strenger Symmetrie die Skulpturen verteilt sind, wird der Saal erst ganz die beabsichtigte Wirkung erreichen. Ein Teil der östlichen Möbel des 17. Jahrhunderts, der hohen festlichen Vasen, des Porzellans, der reichen, dunkel-getönten Blumenstücke — wie hätten sie Wergeland entzückt —, der düster-romantischen Landschaftsbilder ist geborgen; man wird immer dankbarer gestimmt, wenn solche Dinge noch am rechten

Ort versammelt sind, in der Obhut der berechtigten Hand. Die reiche Geschichte des Hauses verbirgt sich; nichts vom „Pestkönig", der im Jahr der Seuche (1679) in Wien blieb und Ordnung schaffte, während Hof und Gesellschaft flohen; er ließ die Diebe, die plündernden Pestknechte hängen (Kralik) und soll einmal von dem die sterbende Stadt durchschweifenden Gesindel in eine Pestgrube geworfen worden sein, der er, furchtlos wie der Augustin, entstieg; sein Palast am Neuen Markt wurde noch vor dem ersten Krieg der Straßenverbreiterung geopfert. Die Eltern des Feldmarschalls werden durch prunkvolle Bilder in der Großartigkeit ihres Selbstbewußtseins repräsentiert; an ihn selbst, den Schüler Laudons, Meister Radetzkys, erinnert nichts. Er ritt, Sieger von Leipzig, an der Spitze des Heeres in der Mitte zwischen dem Zaren und dem König von Preußen in Paris ein (Vertreter Franz des Kaisers, der sich in seiner fatalen Lage, als Vertreiber des Schwiegersohnes, der Tochter, in Dijon zurückhielt; dennoch hatte er in zögernder Beharrlichkeit „Gallien an Europa zurückzugeben", wie eine Münze des trügerischen Friedensjahres 1814 verkündete).

„Milde Fürsten, starke Helden, Ruhm wird sie der Nachwelt melden." Wirklich? Auch von Felix Schwarzenberg, der gegen Ende des von drei Revolutionen fiebernden Jahres 1848 neben dem achtzehnjährigen Franz Joseph die fast untragbare Verantwortung übernahm – denn es rissen ja alle Zusammenhänge von Pannonien bis Mailand, und das innere Gewebe war unheilbar verletzt –, auch von ihm, dem als Unterrichtsminister der bedeutende Graf Leo Thun zur Seite stand, verlautet nichts. „Die Armee", erklärte der Sieger von Custoza, als er für F. Schwarzenberg um den Theresienorden einkam, besitze keinen „tapfereren General als diesen“ (April 49). Und wo hat Stifter der Fürstin S. seine Erzählung vorgelesen? Ich wage nicht zu fragen, wie immer von meiner Unkenntnis beschämt und in mir selber nicht enden könnend. Es ist eisig kalt; die Statuen draußen, die leichtgeschürzten, werden von Verschlägen notdürftig geschützt. Fürst K., der sich uns angeschlossen, hat wohlgetan, seinen Pelzkragen anzulegen; das ist das Furchtbare: man kann im äußersten Falle retten, bewahren, das Doppelwappen noch einmal in die Medaillons der Vorhalle malen lassen. (Wer versteht seine Sprache?) Bewohnen kann man nicht. Das mutig zurückgekämpfte Erbe wurde museal. Vor den Fenstern des kleinen, mit den anmutigen Bildern der Horen geschmückten Salons steht hochragend das schwarze Denkmal, das die Sieger des letzten Krieges in Wien als Drohung, als Markstein ihrer Macht zurückgelassen haben. Die Horen umkreisen es, den Ruhm, das Schloß.

Ohne es zu wollen, aber auch ohne zu widerstreben, gleite ich dem Fischer durch die Maschen. Seit mir der Ring abhanden kam, ist mir alles mißglückt.

Am Ende eines labyrinthischen Ganges der Burg eine weiße Tür ohne Namen, dahinter A. L.-H. im blauen Bademantel und seine charmante kluge Frau; es ist gegen Mittag; sie wollen eben frühstücken; ich überrasche ungern; aber ich habe den Tag der Abendeinladung vergessen, und die Telefonnummer ist geheim. (Ich mache hier einen Fehler nach dem andern, ungeeignet für das gesellige Leben, wie ich nun einmal bin, und doch sehr dankbar für Begegnungen und für das Vergessen, das sie mir schenken.) So habe ich den reizenden Abend in einer kleinen Gesellschaft doch nicht verscherzt. Es ist ein überhoher, sparsam mit wenigen Möbeln ausgestatteter Raum in dem Trakt Karls VI., auf den der Gastgeber schlecht zu sprechen ist, sowohl was die menschlichen wie was die herrscherlichen Qualitäten angeht; er habe sich eingebildet, ein Herkules zu sein (darum die absurde Dimension des Zimmers), und war ... Ich bin nicht dieser Meinung. Aber darüber streiten wir uns nicht. L.-H. und seine Frau überwinden mühelos, wie es scheint, die gespensterhafte Traurigkeit der Burg: die ist auf den Gang, die Treppen verwiesen – und natürlich versteht sich die verschwiegene Melancholie für einen Reiter, Soldaten und Dichter von selbst, wie es auch nicht verwunderlich ist, daß er mit den meisten Schatten, die sie bevölkern, im Streit liegt – um der Seltenen willen, die er liebt. Aber zur Liebe – das ist eine seiner kennzeichnenden Formulierungen – gehört die Untreue wie die Unbeweisbarkeit zu Gott. (Und ob ich auch die erste Sentenz bestreiten könnte, gegen die zweite wüßte ich nichts zu sagen: niemand glaubt an Gott, weil er „bewiesen" wurde, sondern weil Gottes Sein sich in ihm ereignet hat, weil Gottes Sehen an ihm, in ihm geschah, wie Nikolaus Krebs von Berncastel lehrte; weil Gott sein Auge auf ihn richtete. Gott ist der unbeweisbare Wirkende, der anschaut, den er will.) Davon sprechen wir nicht. (Eigentlich ist es unziemlich, in Gesellschaft von religiösen Fragen zu sprechen.) Wien sei böse, sagt eine der Damen, eine böse Stadt. Ich habe diese Erfahrung nicht gemacht, könnte sie aber verstehen. Was aber soll man sagen von der unterirdischen

Glut Madrids, vom Sirenenklang unter der Plaza Major, vom Erdbebenklima Lissabons? Und um Mitternacht kann man von einer gewissen vorahnenden Trostlosigkeit affiziert werden in Västergatan oder Östergatan in Stockholm. Wo hätte der Teufel nicht sein Laboratorium? Wer weiß denn, für wen unsere Arsenale arbeiten und wo der Molch sich umtreibt, der sich zum Drachen auswächst? (Dem Drachen von morgen, von dessen Debut ich mich um jeden erschwingbaren Preis dispensieren möchte.) Unter der kalten leeren Torkuppel legt der Poet Franzi – das schon ein wenig altersmüde schwarzwollige Hündchen – wie einen Säugling in seinen Arm; seine Augen sind trübe; sie tränen; es hat viel gesehen; es ist spät, aber die beiden werden noch einen kleinen Spaziergang machen. In dem ungeheuerlichen Grabmonument geliebter Vergangenheiten, dem Beinhaus der Königreiche, lebt noch ein Funke, ein Dichter, ein Klang. Versprengter Kavalier!; wir wissen, es ist spät.

Begegnungen geschehen zur rechten Zeit: erst wenn sie von innen her möglich geworden sind. L.-H's verschollener Gedichtband „Die Titanen" ist mir sonderbar nah: stolze österreichische Klassik, Kranz auf den Stufen entweihter Tempel; Schicksal im großen Sinne ist nicht mehr möglich. Es bleibt der Blick auf die Stelle, „wo das Haus nicht mehr stand", wo die „ zarten Pfade ins Ungeheure" verwachsen sind.

> Der du nicht leben konntest, ohne zu sterben,
>   Fremdling
> im Dasein! doch auch nicht wirklich
> hinunter bist, weil du niemals gewesen

Fremdling im Tod! Gespenstisch nun die viel
beweinte,
auf der selbst die Schlange sich nicht
zum Ring schließt, die Gruft,
umschwebend! Nicht hier, nicht drüben,
du Schatten eines ganzen Volks
von Fremdlingen im Lande!
(An Werthers Grab)

Und:

Sind die Worte nicht zahllos, und was du im
Haupte getragen,
war es nicht eine Welt, die du gerühmt und
beklagt?
Nur was du wirklich gemeint hast, hast du nicht
sagen können! Und nichts ist gesagt.
Tust du nicht zahllose Dinge? Nur was du
am meisten,
was du seit jeher gewollt, denn es hätte daran
alles gehangen, den wirklichen Auftrag
hast du nicht leisten
können! Und nichts ist getan.

So erfüllt sich die Sendung, indem sie scheitert. Das konzipierte Dichtertum ist nicht möglich. Aber indem der Vorwurf gewagt wird und die Unmöglichkeit sich erweist, wird alles gesagt.

Am klarsten sagt sich die Zeit in ihren Absurditäten aus; ich kann es nicht lassen, sie zusammenzutragen: in Holland wurde ein vierjähriges Mädchen mit einem radioaktiven Stoff behandelt; die Spitze der Nadel brach ab und blieb unbemerkt stecken; von dem erkrankten

Kind geht eine Verseuchung aus, die die wackre Familie Haanschoten aus ihrem Häuschen in Putten vertreibt; auch der Garten ist verpestet und der daran vorbeiführende Weg zur Kinderschule. In Wien stirbt eine Achtjährige, der ein Zahn gezogen wurde, an der Schockwirkung im Behandlungszimmer; in Oakland in Kalifornien hat das Gericht den Eltern zweier Kinder recht gegeben, die nach der Impfung mit Salkserum nicht heilbare Lähmungen und Rückgratsverkrümmung erlitten; in der Nähe von Bari sind vier Kinder gestorben, die auf Anordnung des Gesundheitsamtes mit einem bisher noch nicht verwendeten Serum gegen Diphtherie geimpft wurden; fünfzehn Kinder liegen im Spital. In der Münchner Universitätsklinik hatte eine Schwester das Unglück, einem jungen Mädchen statt eines narkotisierenden Mittels Benzin einzuspritzen; die Patientin stirbt. Das kann man, die Zeitungen durchblätternd, am selben Tage lesen.

Begreifen wir, daß wir nicht wissen, was wir tun und womit wir umgehen? Und welcher absurde Glaube an die vom Staate inthronisierte Wissenschaft! Man ist, so wird uns versichert, auf dem besten Wege, den Krebs, die Zeitkrankheit und Zeitangst aus der Welt zu schaffen – und damit auch die Zeit (denn die Zeit und die Krankheit gehören zusammen). Ein so kluger Mann wie H. E. Sigerist hält es für möglich, daß in einigen Jahrhunderten „die Krankheit ganz vom Erdboden verschwunden sein wird". Was würde dann aus dem Christentum? Denn als Arzt ist Christus gekommen. (Aber wir haben vermutlich diese Jahrhunderte nicht, die uns erlauben würden, auf den Arzt zu verzichten.) Mit welchen Mitteln, mit welchen Folgen treiben wir

Boschs Giftspinnen aus – und in welcher Maskierung werden sie sich wieder einstellen? Die Wissenschaft ist guter Hoffnung, befruchtet vom Staat: sie wird eine Tyrannis zur Welt bringen, die Ketzergerichte übertrifft. Nur immer grandioser erscheint die Tragik des forschenden, suchenden Menschen vor der Ganzheit der in Selbstvernichtung sich fortgebärenden Schöpfung – vor der Unendlichkeit des Großen wie des Kleinen. Die Zahl der den menschlichen Körper bildenden Zellen wird, unter heftigen Schwankungen, zwischen fünfzig und hundert Billionen gesucht; ein Kubikzentimeter Blut enthält fünf Millionen roter Zellen, ein Gen eine oder einige wenige Millionen Atome (Schrödinger). Zweihundert Millionen Samenzellen werden in einem einzigen Akt verschwendet. Man ist dem Leben auf der Spur: immer unfaßbarer wird die Beschaffenheit einer Zelle, wird die Struktur des Protoplasmas, in dem wir das Geheimnis vermuten. Was bedeutet die Unsumme der Mitochondrien und Plastosamen andres als eine Unsumme von Fragen, Leben unter dem „Übermikroskop"?

Laue Luft, fahlgelbe Risse in den Wolken, in denen sich der Regen von morgen sammelt:

Regenduft von den Gewittern der Welt. (L.-H.)

Und noch einmal der in der Burg eingemauerte Dichter:

Siehe dein Schicksal!
Nicht unbegreiflich, aber nicht begriffen.

. . . . .

KÜHFUSSGASSE UND PETERSKIRCHE

Aber das Schicksal
weiß die Stelle genau, wo dich das Tödliche trifft.

Nun, vermutlich in Wien: ein irrer vieleckiger Treppenturm am Sonntagabend, Kasernenbauten des starren Staatswillens der Metternichzeit; hinter jeder blinden Scheibe wohnt leere Nacht; über die Wände spinnen sich Schwären, Flechten des Verfalls, und die Höfe sind Brunnen der Finsternis wie die Keller in der Tiefe dreier Etagen darunter. Wir leben im Durchhaus. Zwar ist der Durchgang verboten. Aber Geschlechter flüchten spurlos durch das Durchhaus der Geschichte.

Es ist wahr: es wird früher, wie es auch für F. García Lorca, den Gefährten des vergangenen Winters, immer früher wurde. Was wäre auch noch zu erwarten? Die Zeiger laufen rastlos zurück.

Warum sollte es nicht erlaubt sein, *in* der Kirche zu beten um die ewige Ruhe? Sie verheißt sie doch. Aber Ruhe ist nicht Leben; denn Leben wendet sich immer gegen sich selbst. Es ist doch gar nicht möglich, in *einem* Atemzuge um die ewige Ruhe und das ewige Leben zu bitten. Gilt aber die zweite Bitte nicht, so gelangt die Brücke nicht ans andere Ufer – und alle Wagen stürzen ab.

Man muß die museale Leistung der gefährdeten Monarchie bewundern; was unter Franz Joseph, von Unglück zu Unglück, geleistet wurde, hat Größe. Aber man gehe nur einmal durch das Naturhistorische Museum – und Gott ist ebenso nahe wie fern. Es ist unmöglich, ihn vor dieser unübersehbaren Gestaltenwelt, dieser entsetzlichen Fülle der Erfindungen zu leugnen; ihn zu leugnen vor der absurden Architektur des Dinosauriers

– eine Kathedrale der Sinnlosigkeit, des Lebenswillens, der nicht leben kann; vor den bösen Gespenstern japanischer Krabben, eines hochbeinigen Liebespärchens aus dem Inferno; vor dem Octopus, dem achtfachen Kopffüßler, den man, wenn ich mich recht erinnere, im Hamburger Aquarium zur Erbauung der Besucher mit einer Riesenlanguste konfrontierte: der Verlauf der Begegnung war überraschend; der Octopus umschlang die Scheren des Gegners, zerbrach sie und saugte das Leben aus der Schale. Und der Seestern bricht die Muscheln auf, stößt den Magenschlauch hinein und trinkt sie leer wie ein Ei. Von den Haien, die sich über die Walrosse werfen – von der Seite her; von der Wehrlosigkeit der Seehunde und Delphine ist nichts zu sagen, und nichts vom Kampf der Riesenquallen mit den Walen; vom Frosch, der, aufrecht stehend wie ein Mensch, von dem ihn umschnürenden Egel ausgesaugt wird; nichts von der Verdammnis der Haie und dem geheimnisvollen, aber gewiß nicht schmerzlosen Untergang der Saurier und der Mammute. (Wenn aber des Menschen Fall Anfang dieses sich zerfleischenden Elends war, so müssen wir die noch ausstehende Entdeckung menschlicher Fossilien in paradiesischen Formationen abwarten.) Das Schaurige ist, daß menschliche Formen durch die Ungetüme spielen; das Knie des Dinosauriers erinnert an ein menschliches Knie, und die Fünfzahl der Finger und Zehen verbirgt sich noch in den Stützflossen der Elefantenrobbe. Der schönste Vogel hascht im Fluge den schönsten Schmetterling; er pflückt die Schwingen ab und läßt sie dahinwehen und verschlingt den zarten Leib, der sich für seine kurze Dauer mit ein wenig Nektar begnügte und schutzlos das Farbenspiel der Flügel, ein Blitz aus den

Händen des Vaters, an die Welt verschenkte. Auch ist zur Zerstörung der Rose, wie es scheint, eigens ein grüngoldschimmernder Käfer erschaffen worden. Ich sah ihn bei der Arbeit in Muzot. Er hat, unreiner Widerspruch, keine Rose verschont.

Und das Antlitz des Vaters? Das ist ganz unfaßbar. Ich möchte nicht länger leben als Maestoso Alea. Und vielleicht ist der schon tot. Ich habe ja nur sein Bild.

Deprimierende Erfahrungen raten mir zur Flucht: der „Bruderzwist" ist Trägern erster Namen eine Überraschung; nie hat „man" etwas davon gehört; auch ist der Inhalt fast unverständlich; junge Leute sind (wie natürlich in Westdeutschland auch) von unglaublicher Anmaßung ihrer Unwissenheit, ohne jegliche Achtung vor Leistung. Was alles wird nicht gewußt, ist schon über Bord! (Wir, in meiner Jugend, haben uns wenigstens noch unserer miserablen Erziehung geschämt.) Aus gesellschaftlichen Gründen wird über Restauration debattiert. Es wird mir einigermaßen klar, daß die von der Burg beabsichtigte Aufführung meines Stücks zur Fatalität werden muß; ich will sie auf jede Weise verhindern; ich bin zu alt, und mein Leben ist zu mühselig gewesen, als daß ich mich nun noch aufs Plateau schleppen und dem Kunstverstand der Achtzehnjährigen aussetzen sollte; auch habe ich keine Hoffnung mehr, die dramatischen Pläne, mit denen ich mich trug, „Hochkirch", das heißt Friedrich und Daun, und „Die Monde des Jupiter", die Tragödie Galileis, des Christen vor der Schöpfung, auszugestalten; es ist keine Kraft, kein Ehrgeiz mehr vorhanden. Und warum anfangen, wenn man nicht fortfahren kann?

Das ist übrigens ein schmerzloser Verzicht. Wenn auch die Konfrontierung Friedrichs mit Daun, die mich fast dreißig Jahre lang beschäftigte, vielleicht noch nicht Gesagtes hätte sagen können: das dämonische Genie wäre am Cunctator gescheitert – und dieser an seinem eigenen Sieg. „Nur was du wirklich gemeint hast, hast du nicht sagen können! Und nichts ist gesagt!"

Tröstlich war wieder ein Abend bei Heer; der Charme seiner Herzlichkeit, seiner Einfälle, seines Wissens, seiner hilflosen Hausväterlichkeit beglückt. Für ihn ist Wien schwingendes Lebenselement; über mir schließt sich ein bleierner Deckel der Kapuzinergruft. Das ist aber nicht eigentlich Wien; es ist die Zeit, die ich hier, am Rande der Lebensmöglichkeit, als Grenzsituation erlebe: unschätzbares Erbe, das am Abgrund hängt wie der Tropfen am Glas.

Die Meisen behaupten, es werde Frühling; die Möwen segeln schwärmend über dem Ring – und der Himmel belügt uns mit Versprechungen. Ach, wie dankbar wird man für solche Lügen! Nur das Höllenrad regt sich noch nicht über dem Prater. Die Teufelchen schlafen. Das Rad des Ixion steht still.

Der Herr hat den Weg des Menschen gelebt, den schmalen Pfad; wie Sokrates hat er allein den Menschen gesucht; seine Existenz im Sinne einer Möglichkeit beantwortet; die Rätsel des Kosmos und, im Vordergrund, der Geschichte, wiewohl er an Geschichtlichkeit nicht überboten werden kann, hat er übergangen. (Alles, was Weltordnung angeht, ist Zutat der Theologen.) Nur vom Ende hat der Herr in geheimnisvoller Deutlichkeit gesprochen. Das Göttliche der Botschaft ist eben die Begrenzung und Bescheidung, das Schweigen vor den unendlichen Räumen; sie bedeutet die Hervorhebung des Menschen aus den kosmischen Bezügen. Aber ich bin nicht imstande, diese Singularität im All zu leben: es zieht mich zum Untergange mit der Kreatur; ich ersehne den Frieden, den sie erwarten darf.

Wohin? Wohin? Doch wieder nach Oslo, in die Winterstarre, in den Herbstgarten der Toten oder lieber nach Lissabon: die Freude des Engraxador, des Moço, im kleinen Vorstadt-Café der Studenten, die immer noch wissen, was ich will, meiner stummen Freunde, und das zeitlose Schlaflied des Atlantik – und – fern, fern – die Grachten und der Schneeregen, in dem der Gesang erstirbt, und die Whispers of heavenly death! Hier, vor den Fenstern des Espresso, friert der Zahnwehherrgott in seiner verwundeten Nacktheit; niemand kommt; wer Zahnweh hat, bleibt zu Hause; längst ward Mozarts Kindersarg fortgetragen, nachdem er hier, über der schmalen Stiege zur Unterwelt, von kirchlicher Wohlmeinung mit Weihwasser, das seine Dämonien abwaschen sollte – alle Kunst zerstört –, noch einmal besprengt worden war. Dann entglitten die kargen Reste ins Unauffindbare. Morgen wird Schnee fallen – sofern Petrus sich nicht täuscht; und weder die Dienstbotenmadonna noch Kaiser Friedrichs III. weise, friedevolle Majestät, noch Conrad Celtes, poeta laureatus, dessen Kränzlein verwelkte, noch Neidhart von Reuenthal, der verhaßte Fuchs, der in Grinzing oder Sievering die Bauernweiber im Tanze umwirbelte, noch die vermauerten Toten unten im Laderaum des Schiffes Petri haben heute noch Aussicht auf Besuch. Und zum Ruhme Eugens werden wir kein Scherflein beitragen: er bedarf keiner Sammelbüchse für Manuskripte und Festreden an seiner Gruft. Maria weinte über die Türkennot, und Eugen, dämonischer Feldherr, hat bei Zenta in Blut und Feuer ihre Tränen getrocknet; das ist der Friede seiner Unsterblichkeit. Die Baumeister haben ihre Namen verschwiegen, aber Rudolf der Stifter und seine Gemahlin, drüben im Frauenchor, denen Barbaren die Beine zerschlugen, beharren auf ihrem Ruhm, ihren Namen. Das Dunkel der Zeiten füllt den Dom. Geschichte hat ihn ausgeworfen an die Grenze, in die Nähe der Schwermut des Neusiedler Sees, mit der Totenfracht, die vielleicht nicht richtig gelagert ist wie das Getreide in der „Pamir"; wir sind zu sehr belastet; wir verstehen nicht zu transportieren, überzusetzen. Wir sinken, und das kostet die Jugend. Aber der Wind schnaubt aus Pannonien; wir sind an Bord. Und das ungeheuerliche Knochengerüst des Dinosauriers erhebt sich aus der Flut und beugt sich, wackelnd mit dem winzigen scharf bezahnten Pferdekopf, über meinen Schlaf.

Die Aussicht der Menschheit auf Bestand, das heißt also ihre Chance, noch Geschichte zu haben, und die Chance der Erde stehen zueinander in absurdem Verhältnis. Einige Milliarden Jahre kann man der Erde noch versprechen; Milliarden Jahre Geschichte sind unvorstellbar; auch an den zehnten, den hundertsten Teil ist nicht zu denken. An dieser Stelle geht die Offenbarung aus der Paradoxie in höchste Wahrscheinlichkeit über. Daß letzte Zeit ist — Geschichte ist eben letzte Zeit —, daß Gott Geschichte und Erde aufheben wird, und zwar bald, ist die einzige faßbare Auskunft. Auf mehr als einige Hundert Jahre lassen sich auch die Theologen nicht gern ein (Mußner: Was lehrt Jesus über das Ende der Welt? 1958). Aber wo kommen wir hin, wenn der klar angekündigte Fall der Sterne nicht als „Katastrophe" gelten soll; wenn die eherne Ankündigung „Himmel und Erde werden vergehen" „wohl konditionalen Sinn" haben soll? Die Katastrophe, die einzige noch zugegebene, bleibt dann: Ansammlung aller Macht in der Tyrannis eines einzigen, der verneint. Der babylonische Turm also wird doch noch gelingen; denn seine Spitze erst ruft den Blitz herab. Der Turm ist das Letzte, was der Mensch vermag zur Vollendung der Geschichte: die Herausforderung „Komme bald!" Wer die Apokalypse in „konditionalem" Sinne auslegt, als Erziehungsvorschrift, pädagogisches Exempel, wird Zustimmung ernten; denn er ist auf der Flucht.

Es gibt Menschen, die als Lüge geboren werden, weil die Mutter den Ursprung verschweigen muß, lebende Lügen also: keine Silbe ist rein.

Stellen wir unserer abendländischen Perspektive Whitmans fanatisches Ja gegenüber, dann müssen wir fühlen, was wir sollen und was wir sind:

For I do not see one imperfection in the universe
And I do not see one cause or result
lamentable at last in the universe.

und:

The universe is duly in order, everything in its place.
Mit der Kraft dieser Weltharmonik starteten die Staaten

und mit der bezeichnenden Verheißung der Unsterblichkeit:

> I swear I think now that every thing
>   without exception has an eternal soul!
> The trees have, rooted in the ground! the
>   weeds of the sea have! the animals!
> I swear I think there is nothing but immortality.

Das ist von tragischer Größe der Weltliebe, des Weltverlangens. Aber Whitman ist auch unter Gewittern gestanden, und es scheint, daß das Pocket book dem Withman reader diese Erfahrungen ersparen wollte. Immerhin:
... form upright, death under the breast-bones, hell under the skull-bones ... keeping fair with the customs, speaking not a syllable of itself; wissend, daß jeglicher „success" den größeren „struggle" heraufruft; in der Welt, an die Whitman glaubte, hätte er ein unbesiegbares Geschlecht erziehen müssen. Aber diese seine Welt ist nur Bild eines bestimmten Weltverlangens von großer geschichtlicher Bedeutung; in seiner fortreißenden Einmaligkeit vielleicht auf dem Wege zur Selbstzerstörung. Es bleibt nur die in tragischem Sinne geheiligte Erde. Wir wissen nicht, ob sie sich ausstrahlt in den Raum, nicht in welche Bereiche. Vergeblich versuche ich, gerade hier, mir die transatlantische Gegebenheit zu vergegenwärtigen. Es ist paradox, von europäischer Universalität zu sprechen. Nur um diese handelt es sich aber hier. Was ist Universalität? Eine in der Widersprüchlichkeit der ihr zugeordneten Kräfte geschlossene Form. Sie ist heute noch da; die ihr zugeordneten Sprachen leben innerhalb ihrer Grenzen und damit auch die Völker und ihre Vergangenheiten; sie sind,

wenn auch ungleich repräsentiert, im Gesetz dieses Raumes verbunden.

Vögel, denen man den Stoff zum Nestbau entzieht, führen die Bewegungen des Bauens in der leeren Luft aus (K. v. Frisch). Ähnlich könnten sich Poeten verhalten, denen das Schicksal das Blut aus den Adern sog. Sie sehen das Nest, können die Handgriffe, aber die Umwandlung ins Konkrete ist ihnen verweigert.

Man nimmt an, daß die Gene in der Art der Wirkstoffe in wechselndem Einsatz am Aufbau des Körpers, am Fortgang des Lebens arbeiten, fluktuierend gewissermaßen (also nicht etwa als Träger abgekapselter Eigenschaften). Nun schätzt man ein Gen auf fünfzig Millikrom, auf fünfzig ein Tausendstel eines tausendstel Millimeters; die Wirkstoffe, wie etwa ein Sekret des Nebennierenmarks, Adrenalin, oder die Hormone der Nebennierenrinde, all die in sensibelstem Widerspiel „steuernden", regulierenden Kräfte, deren Bedeutung und Wirkweise wohl noch viele Fragen stellen, sind dem gesamten Organismus gegenüber eine kaum mehr feststellbare Geringfügigkeit. Aber ohne sie kann er nicht gesund bleiben, kann er nicht leben. Sollte es sich mit den Völkern anders verhalten? Kranken sie am Ausbleiben, am Versagen der Wirkstoffe, der Spurenelemente? Und was wäre zu tun? Zwei, drei Existenzen sind nichts in einem aus achtzig Millionen (oder dem Vielfachen) aufgebauten Volkskörper. Vielleicht aber können sie durch äußerste Intensivierung zu Wirkstoffen werden: zu jenen seltenen, kaum oder gar nicht bekannten personalen Leistungen, die in den Blutstrom eingehen, die inneren Prozesse ermöglichen, beschleunigen, hemmen, ohne sich selbst zu verändern. Existenzen also wie Metalle. Ein einziger, der die Wahrhaftigkeit bis zum Äußersten intensiviert, oder das Tragische an sich, die Kunst, den Glauben, die Liebe, kurz, extreme Existenzen tun not. Wer den Fehler macht, sie zu isolieren, sieht sie im Unrecht. Ein Wirkstoff, der ohne Gegenspieler bliebe, schädigt. Aber das Extrem findet immer seinen Gegner, wie der Ruhm seinen Feind, ein Werk die Jugend, die es verwirft und zerstört. Das Extrem kann in sich nicht vollkommen sein. Unsere wesentliche Armut ist die an Radikalität, an Menschen, die chemisch reine Elemente sind.

Ich weiß nicht, wie viele Jahrzehnte lang man mit Karbolsäure die Bakterien vermehrte in der Meinung, sie zu vernichten. (Die Säure zerstört von einem gewissen Grade der Anwendung an die weißen Blutkörperchen, die unentbehrliche Bekämpfer der Bakterien sind, aber auch den Tod in sich tragen.) Welcher Arzt wird glauben, daß man in fünfzig Jahren die Therapie anwenden wird, mit der er heute behandelt und heilt? Oder schon in zwanzig? Alle zehn Jahre sind die Ärzte genötigt, den vielzitierten Augiasstall der Therapie auszuräumen (Boerhaave, Swieten, Rokitansky, Semmelweis, Lister, Skoda, Pasteur, Virchow, Koch). „Die Geburt einer Pharmacotherapie mußte mit einem gänzlichen Hinauswerfen aller überhaupt vorhandenen Arzneimittel beginnen" (Sigerist).

Genug, es ist ein Gott, es ruft es die Natur,
Der ganze Bau der Welt zeigt seiner Hände Spur.
(Albrecht von Haller)

Wie schwer ist es geworden, diesen ehrwürdigen Naivitäten beizupflichten!

Dr. St., Sohn des bekannten Industriellen, im ersten Krieg Freiwilliger, dann Fliegeroffizier, unter Hitler Emigrant in England und Amerika, aus früher Neigung mit dem Kreise Gandhis verbunden. Ich bin immer dankbar für Berichte aus mir unzugänglichen Erfahrungsbereichen. Dr. St. rühmt die Unabhängigkeit amerikanischer Forscher, ihren personalen Mut, die starke Friedensliebe der Offiziere, die im Helfen sich vollziehende Religiosität. Ich glaube das nur zu gern. Er glaubt nicht an die Katastrophe. Und wie sollte ich widersprechen? Ich finde nur, daß allem Trost das Geschichtsbild fehlt, in dem allein unsere Erfahrung unterzubringen wäre. Es gehört zur Tragik der amerikanischen Philanthropie, daß sie Geschichte, wie sie die Alten konzipiert haben, wie sie bisher erlitten und ausgesprochen worden ist, nicht sieht, nicht sehen will. Oder sollte es möglich sein, Geschichte zu verbrennen im Feuer der radikalen philanthropischen Demokratie, die noch nie dagewesen ist, in Whitmans Appell?

Die innere, die äußere Nötigung zum Abschied meldet sich von verschiedenen Seiten an. Wer wird ihn mir wohl am schwersten machen? Die Lipizzaner und das Ballett, das den Kaiserwalzer tanzt: zwei schwerelose Huldigungen vor der unsichtbar gegenwärtigen Majestät, Vollkommenheit in spielendem Ernst. Wie sehr ist gerade sie von Geschichte bedingt! Aus den Katakomben kam der Reigen hervor. Was muß erlitten und vergessen worden sein, eh die Fiedel tanzt mit dem Arme!

Mit Mühe und eigenen Bedenken vor den katholischen Akademikern gesprochen über das Thema: Gestalt der Macht heute, Verkettung von Geschichte und Forschung, engster Zusammenhang der Physik, Chemie, Medizin mit dem Krieg und dem Wandel der Machtgestalt: sie stellen einander wechselseitig die weitertreibenden Aufgaben; dahinter, was ich mit klaren Worten nicht zu sagen wage: die düstre Überzeugung von der unveränderlichen Natur der Geschichte. Ich drücke diese Überzeugung indirekt aus durch die Hoffnung auf eine übernatürliche Lösung, suche aber doch den Schleier zu ziehen von der Einmündung aller Friedenswirtschaft in Kriegswirtschaft. Denn die Reaktoren werden uns reichlich mit Plutonium versorgen, unschuldigerweise: „es fällt an". Freundliche Aufnahme, was natürlich nicht Billigung bedeutet, eher Rücksicht auf meinen psychisch und physisch gequälten Zustand, der sich nicht verbergen läßt. Den andern Morgen kann man wieder ausführlich lesen von der Etablierung der Atomkonferenz in der Hofburg und den räumlichen Schwierigkeiten, die diese einstweilen noch macht; es ist klar, daß sie behoben werden; es gibt ja leere Paläste genug, und wie einst der hohe Adel um den Hof werden sich die einzelnen Abteilungen um den Board of Governors gruppieren; auch an Festen wird es nicht fehlen; in zwei Jahren wird Wien, wie zu lesen, internationale Uranbörse der Welt sein, ein Faktum, dessen wirtschaftliche, politische, kulturelle Bedeutung für Österreich man sich noch gar nicht abzuschätzen getraut. Es ist ein großes Symbol: Kaiser Atom; es zeigt deutlicher als fast jedes andere, was geschehen ist. Der Weltgeist ist von unverminderter dichterischer Kraft.

Von Vorwürfen kann keine Rede sein; von Voraussagen natürlich auch nicht. Der intelligible Charakter der Geschichte ist konstant. Unheimlich deutlich ist nur, daß die Macht proportional ihrer Steigerung aus dem Menschlichen in das Unpersonale, in das Unmenschliche fällt.

Man muß sich daran halten, daß Reliquiar und Evangelienbuch, daß Reichskreuz, Krone, Weihwasserspender und Kaisermantel auch „Bewohner" der Burg sind, höhere, in das Unsichtbare hinüberreichende Wesen. Die Reliquie ist Person, die Krone der Kaiser. Wer im Besitz der Stephanskrone ist, der ist König von Ungarn.

Nasser Schnee verschleiert das verödete Schönbrunn. Das Krankenhaus liegt weit dahinter, unter dem Wienerwald. Hier sind die schon ansteigenden Gärten dichter verschneit. Ein Zettel an der gesuchten Tür gestattet nur kurzen Besuch. Morgen oder übermorgen soll, nach offenbar vergeblichen Eingriffen, die schwere, wahrscheinlich problematische Operation gewagt werden — auf Leben und Tod. Aber welch ein Leben könnte das sein? Welch eine grausame Gestalt des Leidens! Der Patient antwortet mit jugendlicher Stimme auf mein Klopfen. Oh, es gehe gut; er ist heiter. Warum liegt er, mit seinen dreißig Jahren, eigentlich im Bett? Wien war nur als Passage gedacht. Er müßte längst in Graz sein und dort begonnen haben. (Er ist Jünger des Ignatius. Wir sind einander vor wenigen Wochen zum erstenmal begegnet.) Dann erzählt er von der grausigen Nacht unmittelbar vor der Heiligen Nacht; das Blut war nicht zu stillen; Stunde um Stunde nicht. Das Schreckliche wuchert fort, unheimlich schnell, genährt von der Jugendkraft des Leidenden, zur Erschütterung der Ärzte. Er schildert, mit wissenschaftlicher Präzision, was in der Operation gelingen müßte — wider die Wahrscheinlichkeit. (Aber ist der tierische Zerstörer nicht längst im Blut?) Morgen will er, in Begleitung der Ärzte, nach Heiligenkreuz, nicht verweilen, nur hineinsehen. Die Operation ist um zwei, drei Tage verschoben worden; eine kleine Entzündung ist dazwischen gekommen. Endlich stellt die Schwester Wein und Gläser auf den Betttisch, an dem er schon zweimal zelebriert hat. Sie bringt die Narzissen in der Vase. (Sie sollten Ostern vorwegnehmen.) Der Garten ist verschneit, und der Wein ist zwischen den Fenstern vielleicht zu kalt geworden. Wir stoßen an. Wenn er hindurch sein wird, wenn . . . dann wird er wissen, was Christentum ist. Die Schwester von der Pforte bringt ein Päckchen aus der Heimat. Sie sinkt auf die Knie, empfängt seinen Segen. Er ist seiner Sache ganz sicher; was jetzt mit ihm geschieht, ist Offenbarung; die Wahrheit macht sich kund. Oder es ist Abberufung — durch das Feuer hindurch. Er erzählt von unsäglichen Leiden kranker Kinder, das bis zur Absurdität sich steigerte, vom Glauben in dieser Tiefe. Die Lage wäre verzweifelt — w e n n es eine verzweifelte Lage gäbe. „Kommen Sie hierher. Arbeiten Sie hier an meinem Tisch. Sie können den ganzen Tag hier sein. An einer Flasche Wein wird's nicht fehlen. Und mehr brauchen Sie ja nicht. Kommen Sie wieder?"

Ich habe — ich hätte — nach fast aussichtsloser Wanderschaft den gemäßen Arbeitsplatz gefunden, unter dem brüderlichen Schutze eines Glaubens, der mich beschämt. Nie sah ich die ignatianische Form in solcher

Strahlkraft. Heute also, da ich dies schreibe, war er in Heiligenkreuz – nur den einen Blick, den Augenblick der Einstimmung in das todernste Gloria neben den Gräbern der Babenberger. Aber ob er dort war? Ob die Ärzte ihm nicht nur die Freude einer Erwartung machen wollten? Nein, er ist stark für die Wahrheit, einer der ganz wenigen, die es sind. Er liest noch aus der scheußlichen Wucherung, die über seine Jugend hergefallen ist, Gottes Schrift. Sicherlich war er heute in Heiligenkreuz. Er ließ es sich ja nicht nehmen, aufzustehen, als ich mich verabschiedete, und neben mir zu gehen, aufrecht und sieghaft; er begleitete mich noch im Lift, und erst als die böse nasse Kälte hereindrang, nahm er Abschied. Was ist inzwischen geschehen?

(Mir ist es, als zerrten Engel und Teufel an meiner Seele. Heute sah ich eine präparierte Ohrenfledermaus mit bewundernswerten Zähnchen und Krällchen. Bosch hat nicht um Haaresbreite übertrieben. Er blieb noch hinter der Natur zurück.)

Ein Offizier der amerikanischen Luftwaffe soll sich bereit erklärt haben, auf acht Tage auf der Erde die Bedingungen zu erproben, die der Raumfahrer bestehen muß; festgeschnallt, unbeweglich in den Seat-belts, wird er die „Lebensluft" atmen, zu der kosmische Nacht den in sie hinausgeschleuderten Menschen verdammt. Das Wasser, das er ausscheidet, wird in sein Trinkwasser umgesetzt. Auch dieses Symbol ist nicht zu überbieten. (Der Mensch, genährt von seiner Ausscheidung, der Triumphator in seiner tiefsten Erniedrigung. Nebukadnezar hat wenigstens, auf allen vieren kriechend, Gras gefressen; der heroische Raumfahrer trinkt seinen

„chemisch reinen Harn".) Aber ich bin auf Zeitungen angewiesen. Ich weiß nicht, was geschieht.

Der Tod im Zifferblatt: In einer englischen Uhrenfabrik hatten junge Mädchen die Aufgabe, die Leuchtsubstanz aufzutragen; das mußte mit Pinseln von feinster Spitze geschehen; die Arbeiterinnen spitzten die Pinsel mit den Lippen. Nach einigen Jahren sind vierzehn von zwanzig an Knochenkrebs gestorben. Ich empfinde solche Nachrichten wie Schnitte durch die Lebenszusammenhänge. Wie schön etwa stellt sich der Lebenszusammenhang Niederösterreichs in dem ihm gewidmeten Museum dar, getragen vom Gestein, eingebettet in Wald, Äcker, Weinland, genährt von den Schätzen der Erde, getränkt von den Strömen: eine belebte, in sich ruhende, sich verschenkende Ganzheit, wimmelnd von der Unerschöpflichkeit der Kreatur, erhoben vom Fleiße, der Kunst, der Freude des Menschen. Das kann nicht eindringlicher geboten werden; Liebe hat dies alles verstanden und erforscht – und Liebe wird es erwecken. Hier bietet sich die Heimatliebe in absichtsloser Natürlichkeit. Unwiderstehlich wird die Jugend in ihr Land geführt, in die Ruhe seiner Fülle. (Aber im oberen Geschoß, unter den staunenswerten Kostbarkeiten der Bronzezeit, liegt im Steinzeitgrab das Skelett der geopferten Frau neben dem des Mannes; der Schädel ist wie ein Gefäß zertrümmert worden, die Trinkschale nach dem Tode des Herrn. Und das Skelett eines Mannes von herrscherlichen Maßen, dessen Kiefer noch voll mit Zähnen besetzt sind, ist von verletzten, gleichsam hingeschleuderten Skeletten geringerer Größe umgeben: Opfer welchen Glaubens, welcher Herrschaft, welcher

Angst? Man fesselte die Toten: sie sollten nicht wiederkehren.)

Um die grüne Kuppel, auf der die Kaiserkrone hoch über dem Lande ruht, sollten sich acht Kuppeln scharen als Träger der habsburgischen Kronen. Der Palast, den Karl VI., als Letzter des Mannesstammes repräsentativ zusammenfassend, in Klosterneuburg errichten wollte, war eine phantastische Konzeption. Die Fundamente der Babenbergischen Residenz vom Anfang des 12. Jahrhunderts sollten ihn tragen, gestufte Wälle die kühn geschwungenen Fronten umgürten, die Donau sollte das Klosterschloß umspülen, während der Blick offen war auf die einander begegnenden Gebirge und Räume. Der Haupttrakt, den die Kaiserkrone schmückte, war gegen Wien gerichtet. Gewiß: eine der Variationen des Escorial, die von Monte Cassino über das katalonische Königskloster Pobled bis Mafra am portugiesischen Atlantik spielen: der Herrscher als Nachbar des Mönchs, Herrschaft eingebettet in Gottesdienst, in Liturgie. Aber die neun Kuppeln hätten wohl die Türme und den ernsten Stiftsbau erdrückt; die Weltlichkeit hätte gesiegt. Nun ist die Basilika, deren romanische Wucht strahlende barocke Draperien trägt, Siegerin; sie allein noch spricht in das Land hinaus, sie und Bruckners geliebte Orgel auf der Empore. Die Glorie, die Tugendkraft des Hauses Habsburg, die der Himmel der Eingangskuppel des Kaiserpalastes verkündet, sind stumm. Die Kaiserin reicht dem Gemahl ein Herz; eine Pflanze sprießt daraus hervor; Fruchtbarkeit umblüht das Paar, und die Tuba trägt den Ruhm zu den Sternen, hinab auf die Erde.

Aber das Weltliche ist in das Geistliche eingegangen.

Kehren wir in seinen Bereich zurück! Gewölbte, reichverzierte Gänge von spiegelnder Leichtigkeit führen an den Kaiserzimmern vorüber zum Stift – wie anders als die aus nackten grauen Quadern gefügten Fluchten, in denen sich Philipps II. Schatten verlor! Wenn die Pforte zwischen Palast und Stift sich öffnet und wieder schließt, reden ein früheres Jahrhundert, eine andre Bestimmung ihre Sprache; die Formen sind von düstrer, herrscherlicher Schwere. Der Gekreuzigte gebietet: ein Kruzifix von spanischem Realismus der Leidensbetrachtung, welcher Realismus in seiner Grausamkeit Anfang des Aufstiegs zum Berge Karmel ist. (Unter dem Gewicht des Körpers sind unterhalb des die Füße durchbohrenden Nagels Haut und Fleisch zurückgewichen; die Knochen sind entblößt.) Die Gotik hat sich in den ernsten Kreuzgang, den intimen, verwinkelten Hof zurückgezogen, wo der Schnee auf das dichte Wintergrün stäubt; einige der winzigen Fenster sind erleuchtet, und Gesang dringt durch.

Aber das eigentliche Heiligtum des Stiftes, vielleicht Österreichs selbst, ist der einstige Kapitelsaal, in dem der Schrein des Gründers, Leopolds III., des „Guten", des Heiligen, geborgen ist. Er krönt den „Verduner Altar", das im Jahre 1181 vollendete Werk eines wandernden Goldschmiedes aus Verdun, ursprünglich als Verkleidung einer Ambo gedacht, als Verkündigung. In drei waagerechten Zonen sind je siebzehn Emailtafeln übereinandergeordnet; mit dem Ziele tiefsinniger Entsprechung in der Vertikale; dem Ante Legem von oben erwidert das Sub Lege von unten; unter Sub Gratia erstrahlt in der Mitte die erhöhte, durchleuchtende Wahrheit. Es ist eine Summa kühnen Tiefsinns, in souveräner Freiheit der Gedankenführung wie der Gestaltung, der drei Epochen der Menschheit vereinenden Kombination. Wenn das Licht (das freilich nicht das gemäße Licht ist) das Tafelwerk aus dem kryptischen Dämmer hebt, so entfaltet sich ein Spielen und Fließen ineinander geschmolzener Flammen; golden-grün-blau, eine jede Farbe wirkt in ihrer eigenen verhaltenen Intensität in die andere hinüber; es ist der Eindruck bewegter Ruhe, eines Ausstrahlens, das keine Kraft einbüßt, wie von eines Engels Antlitz. Die Lichter stiller Kerzen allein sollten das Tafelwerk berühren — oder die dunklen Glutstrahlen der gotischen Scheiben, die dahinter die Fenster füllen.

Hier ist das Denkmal des Ursprungs, ausgezeichnet mit der vielleicht größten Kostbarkeit des Landes. Als der Habsburger Rudolf, der Stifter, die Heiligsprechung Leopolds III. erstrebte, wurde die Idee Österreich zugleich erhoben, bekannte sich Habsburg zu Babenberg. Noch ist es nicht das Plus ultra Karls V., das Karl VI., der Letzte, noch einmal aufzunehmen wagte, als er sein Eckzimmer oben im Palast mit den Säulen des Herkules schmückte. Es ist eine geschlossene, nicht eine offene Reichsgestalt, eins mit der Christenheit. Leopold empfing die Kreuzfahrer hier in Klosterneuburg und geleitete sie an Wien vorüber; ins Heilige Land zog er nicht. Seine Gemahlin war Agnes, die Tochter Heinrichs IV., der im Jahre der Gründung Klosterneuburgs im Banne starb (1106). Sollte das Stift Sühne leisten für den tragischen Kaiser? Leopold hatte ihm gegen den aufrührerischen Sohn gedient; dann aber war er zum Sohne übergegangen, seinem künftigen Schwager. Hier, im Kapitelsaal, sollte auch die Herzogin Gertrud, Gemahlin Heinrich Jasomirgotts, begraben werden: sie war die Tochter und einzige Erbin des frommen, weisen Kaisers Lothar von Supplinburg, Witwe Heinrichs des Stolzen, Mutter des Löwen, auf deren Erbschaft das Welfenhaus seinen tragischen Anspruch und Widerspruch begründet hatte. Hier kniete der Sohn an ihrem Grabe. – Die Lichter verlöschen, das großartige Gitter verschließt die Kapelle; glanzlos steht der Schrein; nur ein sachtes Flimmern geht von ihm aus, Reichsverheißung, Weltbeziehung, die, wieder- und wiederkehrend, über den Gräbern spielt. In tiefem Dunkel erhebt sich der Leuchterbaum, ein sechsfach verknoteter, durchbrochener Stamm, der sieben Arme trägt. Wer sollte nicht glauben, daß er an den Holunderbaum erinnern soll, der hier den Schleier der Babenbergerin aus salischem Kaiserhaus auffing: den Wunderbaum, in dessen Gezweig Mariens Bildnis strahlte? Und erscheint hinter ihm nicht eine noch ältere Baumgestalt, vor der sich die Väter beugten? Hier ist, hier war immer heiliger Ort.

Oben, das von Gold glänzende Chorgestühl beharrt auf dem Reiche Karls VI.: die Wappen auf den Lehnen der oberen Reihen zählen alle Herrschaften auf von Tirol bis Spanien; von Burgund über Mailand bis Sizilien, das ungeteilte Imperium. – Draußen, die zierliche, steinerne Totenleuchte friert im nassen Schnee über verschwundenen Gräbern; hoffnungslos wie jene, die an Gräbern nicht glauben können, starren die Kaiserkrone und der österreichische Herzogshut von ihren Kuppeln nach Wien, kaum mehr wirklicher als die Kuppeln, die nicht mehr gewölbt wurden, die Zeichen, die nicht mehr aufgerichtet werden.

Respekt vor der Jugend Wiens! Zwei junge Leute, geübte Bergsteiger, erklommen, als die Wache eben vorüber war, das den Stephansturm umgebende Gerüst und dann den Turm selbst; sie erreichten die Kreuzblume und bewunderten von dort drei Stunden lang die tiefe, ferne Stadt. Auch der Abstieg glückte; nur bereiteten die Ruhestörer und die Falken, Eulen und Tauben, die da oben nisten und schlafen wollen, einander nicht ungefährliche Überraschungen. Einer der jungen Leute, die ihre Tat zu verschweigen suchen, jedenfalls nichts daraus machen, will Baumeister werden; er wollte wissen, was ein Turm ist. Sollte es ihm nicht gelingen, Türme zu bauen, die Türme dieser unserer Zeit?

In den siebziger Jahren des vorigen Jahrhunderts wurden mit Zitronen- und Orangenpflanzen auch deren Schädlinge, Blattläuse einer besonderen Art, aus Australien nach Kalifornien gebracht. Sie waren im besten Zuge, die Kulturen zu vernichten – und damit sich selbst, als ein Forscher das Versäumnis entdeckte, ihre Feinde, die Marienkäferchen, nicht mitverpflanzt zu haben. Dies wurde nachgeholt; und die Marienkäferchen machten sich mit solchem Eifer an die Arbeit und gediehen zu solcher Überzahl, daß nun ihnen die Nahrung auszugehen drohte (nach K. v. Frisch). Das Zerstörende, das sich durchsetzt, hebt sich selbst auf; es kann nur bestehen, wenn es von einem Zerstörer aufgehalten wird: Zerstörung im Gleichgewicht bedeutet Bestand, eine biologische Gegebenheit, die sich kontinuierend durch alle Schwankungen des geschichtlichen Lebens geltend macht, eine essentiell auf Zerstörung gerichtete Erscheinung endet, indem sie sich übersättigt, durch vollkommenen Sieg; ein jeder ihrer Fortschritte ist gegen sie selbst gerichtet, bis sie sich erreicht und aufzehrt, bis der Schmarotzer den Körper getötet hat, der ihn wider Willen nährte, die Dogge im Heißhunger nach dem Gebären die Jungen verschlingt, die sie eben geworfen hat. Aber was wir, hier von außen, Zerstörung nennen, ist dort, von innen, Leben. Und endlich wird im ganzen auch der absurdeste Widerspruch nicht zu entbehren sein — so wie kein Atom aus dem Kosmos gelöst werden kann.

„Ein Ausgangstag" von Otto Leck Fischer; ich kenne das dänische Original nicht; es wurde für das Volkstheater in ein Wiener Volksstück umgewandelt, was natürlich ein problematisches Unternehmen ist. Jede Frau muß zweimal sterben: das erstemal, wenn sie für den Mann aufhört, Frau zu sein. Eine abgearbeitete Familienmutter verschafft sich den ersten und einzigen Ausgangstag, an dem die Minderwertigkeit ihrer Familie an ihr vorüberzieht; sie weiß, auch über ihrem Grabe wird es nicht anders sein, und kehrt zurück — für wenige Jahre noch. Ein ergreifendes Stück von schwerblütigem moralischem Ernst, das dem „lehrreichen" Exempel keineswegs ausweicht, die Aufführung ein Beweis, daß strenge Sittlichkeit durchaus das Publikum erreicht, wenn sie wie hier — durch Annie Rosar — in Meisterschaft dargestellt wird. (Es tut wohl, auf der modernen Bühne ein klares Wort über die Ehe zu hören. Wie einsichtig ist Strindbergs scharfe Kritik der „Nora" im Vorwort zu den „Giftas" [Ehegeschichten!], Aufdeckung widersprüchlicher Phrasen! Aber was Strindberg über die Ehe selbst hinzufügt, trifft nur zu auf der Ebene biologischer Psychologie, primitiver Naturwissenschaft; der Sinn der Stiftung ist verloren, zweitausend Jahre sind vergessen. Welchen Weg mußte er wieder zurückgehen!) Gegen solche Wirkungen, wie die des Ausgangstags kommt auch virtuoser Nihilsmus nicht auf, weil das Menschliche doch erst dann wahrhaft ergreift, wenn es im Sittlichen gründet.

Die Operation weiter verschoben, da die Entzündung offenbar nur langsam zurückgeht. Der Patient war in Heiligenkreuz, dann in Mayerling, ist davon erschüttert. Ich fuhr bisher vorüber, mit Absicht. Wie die Schüsse von Sarajevo, so gehen die von Mayerling – und die von der Praça do Comercio (1908) in Lissabon – auch dem nicht aus den Ohren, der sie nicht gehört hat.

Mit Felix Braun und seiner Schwester ein paar Stunden von mir sehr dankbar empfundenen Einvernehmens. Thema: Die Kunst zehrt das Leben auf, wenn es aber aufgezehrt wird, stirbt die Kunst. Dazu kommt die dritte Autorität: das christliche Gewissen, also eine heillose Situation, aus der sich wohl keiner, den sie eingefangen hat, befreien kann. (Goethe hat seine verschiedenen Seinsbezirke verschiedenen Göttern unterstellt.) Seit in mir alle Prätensionen (die sich ohnehin nicht prächtig entwickelt hatten) entschlafen sind, sehe ich diese Heillosigkeit mit Gelassenheit an – und mit herzlicher Sympathie für diejenigen, die sie wirklich erleiden. Ich erfahre zu meinem Schmerz, daß Karl Reinhardt schon vor drei Wochen gestorben ist. Ich habe ihn sehr verehrt. Er war später Vertreter jenes Gelehrtentums, dessen Tradition eine Auszeichnung Deutschlands war und bleiben sollte, zurückhaltend in stolzer Bescheidung, im Bewußtsein dessen, was er war, voll innern Feuers, reinen Blicks, als Erkennender von genialer Kindhaftigkeit noch im weißen Haar; in seinen klaren Augen lagen die Tiefen griechischen Geistes, einer tragischen Welt. „Aber Homer . . ."

Wie zu erwarten, war das politische Kabarett (im „Simpl") treffend; wer sich selbst belacht, hat das Recht, über andere zu lachen. Bei allen Gefahren hat die Lage der europäischen Völker etwas Komisches: man kann sie sehr wohl Schulkindern vergleichen, die von der Geschichtslehrerin abgehört werden, und zwar sind sie alt, dargestellt von Erwachsenen, aber was sie nun lernen sollen, die Primitivität der Nutzanwendung geht ihnen nicht in den Kopf; allenfalls lassen sie sich Phrasen einhämmern, mit denen sie nichts anzufangen wissen. Der in der roten Bluse wird wie die andern behandelt — und er lernt ebensoviel oder sowenig wie sie; gutmütiger Spott macht ihn zur populären Figur, fast, als sei er ins Volksleben eingegangen. (Es ist vielleicht österreichische Rache.)

Alle Fatalitäten der Frauen sind in solchen, die schreiben, in höhere Potenzen erhoben — Ausnahmen in unbeschränkter Zahl seien mit Handkuß eingeräumt. Zugleich verfällt der Mann, sobald er schreibt, diesen Fatalitäten.

Zum munter fortschreitenden Verfall der guten Sitten: man geht im Theater während der Pause zu einem Bekannten und entwickelt, ohne nach dessen Meinung zu fragen, eine souveräne Kritik des Stückes und der Leistung; man ist eingeladen und kritisiert mit den ersten Worten das Lokal, so daß der Einladende beschämt erkennt, unter welchem Kitsch er sich befindet; man kritisiert, vor der selbstgewählten Platte sitzend, die Platte, die der andre sich gewählt hat, oder gibt, während es den andern schmeckt, in souveräner Verachtung seinen Teller zurück. Das alles: Kennzeichen einer Gesellschaft im Tiefstand der Negation: Geist hat, wer Defekte aufspürt. (Anstand hätte, wer über sie hinwegzuhelfen sucht.) Es sind aber eben die dürftigen Geister und Existenzen, die auf diese Weise Scharfsinn dokumentieren.

Felix Braun hat das Drama von Orpheus und Eurydike neu gefaßt – als Tragödie des Sängers, vielleicht als Abschied; es ist auch die Tragik der Liebe: Umarmung im Lichte, Antlitz in Antlitz, ist Tod, etwas, das nicht geschehen sollte, Frevel vor dem Gotte, dem gegenwärtigen, im Christlichen vor den Engeln – die vor dem heiligen Dunkel Wache halten, mit geschlossenen Augen. (Es ist unerträglich, daß die geistliche Autorität dieses Dunkel betritt. Das Sakrale ist keiner Gesetzgebung unterworfen. Wer in das Mysterium dringt, hebt es bis in seine Möglichkeit auf.) Gehen wir den umgekehrten Weg, ohne Berührung und Blick, hinab; wir werden nicht verunglücken wie die Aufsteigenden. Orpheus und Eurydike, die versinkend den Klang fern-ferner erster Begegnung noch immer vernehmen, kommen ans Ziel.

Der in der Heuschrecke lebende Schmarotzer treibt, wenn er ausschlüpfen will, den sterbenden Wirt ins

Wasser, wohin der nicht will. Aber der Schmarotzer will dahin.

„Liebe Grüße": ist es sicher, daß sie dem Adressaten lieb sind?

Noch immer allwöchentlich soll hier eine Messe gelesen werden, die um Wind bittet, in Erinnerung daran, daß vor Jahrhunderten der Wind die Pest aus den Mauern trieb. Dies Gebet wurde diesen Winter erhört; man eilt von einer Erkältung zur andern. Es müßte an dieser Stelle des Gnadenreichs des Gegenspielers gedacht werden – wie eben jede Kraft, die kein Gegenspiel findet, die Ordnung stört. Aber heute, zum vorübergehenden Trost, ist es milde; die Meisen feiern schon Sieg, und die buntbemützten Kinderchen, die, zu drei und drei sich an den Händen haltend, eben am Fenster vorüber geführt werden, haben hoffentlich den letzten Schnupfen überstanden. Krokus, Tulpen, Flieder und Hyazinthen hinter den Fenstern der Blumenläden scheinen an Künstlichkeit ihres Daseins zu verlieren – und vielleicht regt sich schon Leben am Neusiedler See, wo das Schilf jetzt geerntet wird. (Immer zieht es mich dahin.) Wann kommen die Rohrdommeln, die Barkassen, die Löffler und Sichler, die Bekassinen, die Graugänse, die Störche? Wann hebt der Chor an im jungen Schilf?

Im Dämmer vorüber an dem ungefügen Gehäuse auf der Hohen Warte, wo Gustav Mahler und Werfel wohnten; wo auch Schuschnigg viel verkehrte. Dr. F. hatte die Güte, uns mit Prof. E. K. Winter einzuladen, der, nach langen Jahren der Emigration, wieder Geschichte liest an der Wiener Universität. Er war Vizebürgermeister, Träger der „Aktion Winter" zur Zeit des Bundeskanzlers Dollfuß, deren Ziel es war, auf breiter, von den Marxisten bis zu den christlichen Formationen reichender Basis in äußerster Not die Front äußersten Widerstandes aufzubauen. Die Stunde beispielloser Gefahr erschien ihm damals als Stunde Habsburgs. Von Hause aus Monarchist, hatte er sich nach dem ersten Krieg nach links hin bewegt, während Dollfuß, im Herbst 1914 Kamerad in einem Tiroler Regiment, den entgegengesetzten Weg suchte; nach dem ersten Kriege ist er als Student in Chur dem letzten Kaiser begegnet, kurz vor den verfehlten Restaurationsversuchen in Ungarn. Was er, auf der Höhe reicher Welterfahrung und universaler Kenntnisse, in seinem Buche „Christentum und Zivilisation" über Kaiser Karl sagt, ist wohl des Bedenkens wert: die Gestalt erhebt sich für ihn in sakralem Bereich zu einer völkervereinenden Mission, deren Stunde noch nicht gekommen ist. Er sieht ihn in einer tiefen Beziehung zu Pius X., einem Papst aus Österreich (dem zur Zeit seiner Jugend noch bestehenden lombardovenetischen Königreich), auf den direkt und indirekt österreichische Einflüsse wirkten; für E. K. Winter ist Pius X. eine beispiellose Erscheinung der Papstgeschichte, Erneuerer, Bahnbrecher, wissender Hirte der stürzenden Welt. (Es wäre Ende und Anfang, wenn neben den heiligen Papst der heilige Kaiser gerufen würde.)

Mich hat das Kapitel über Dollfuß sehr beschäftigt; es geht um Vorgänge, über die sich nur der Eingeweihte äußern kann, in jedem Falle aber um das Ringen nach Wahrheit, um den erschütternden Konflikt zwischen

Freunden, Kriegskameraden. In der letzten Nacht vor dem Attentat, 24./25. Juli 1934 – nach der verhängnisvollen Hinrichtung des ehemaligen Schutzbündlers Gerl, in dessen Besitz sich Sprengstoff gefunden hatte –, führte Winter im Bundeskanzleramt das ahnungsschwere letzte Gespräch mit dem Kanzler; auch dieser sprach von den „alten Wurzeln des Hauses Habsburg". (Und es ist wohl wahr: Würden diese Wurzeln ausgerissen, so würde sich die Gestalt Österreich auf nicht vorstellbare Weise verändern. Dies ist das Einzigartige: daß Sein Wirkung ist, Geschichte beeinflußt; daß es der Herrschaft im bisherigen Sinne dazu nicht bedarf.) E. K. Winters Abrechnung mit der Ära Dollfuß ist hart und wird wohl immer umstritten werden. Wesentlich ist, daß er in seine Konzeption des Staates, der von ständisch gegliederter Ordnung getragenen universal-versöhnenden Mission, das Wesentliche des Erbes unverkürzt einschließt; daß politisches Wirken im Tage religiöses Gebot ist (gewissermaßen Glaubensbekenntnis); das Bewußtsein der Vergangenheit aber ethische Verpflichtung. Dies ist in solcher Entschiedenheit vielleicht noch nicht gesagt worden: daß Geschichtsbewußtsein, die Übertragung des Geschehenen in die Stunde eine sittliche Forderung ist, daß Sittlichkeit also, die sich auf das Personale und Soziale einschränkt, nicht genügt. Wir kommen aus fernsten Zeiten, sind Söhne unzähliger Geschlechter, Erben dessen, was sie getan – und es ist Gebot, sie im Bewußtsein zu tragen. Da eben der Mensch der in der Geschichte Stehende ist – zwischen der Sünde und dem Heil –, so kann er nicht sein, was er sein soll, wenn der durchwanderte Weg und die auf ihm schritten, ihm nicht gegenwärtig sind.

Man kann den österreichischen Antisemitismus und seine lange Geschichte mit vielen Motiven erläutern; die Verbindung, die das Christentum mit ihm einging (Lueger, Dollfuß), ist doch nicht leicht zu begreifen. Und man wird wohl weit in die Geschichte zurückschreiten müssen, über die Aufklärung bis zur Gegenreformation; man wird zugleich das fluktuierende, undurchsichtige Gemenge der von der Monarchie umfaßten Völker sich vergegenwärtigen müssen, um dem Fazit standzuhalten, das der unerschrockene Verfasser im 13. Kapitel seines Buches zieht: in den drei großen Krisen des Staatsgebildes, 1918/19, 1933/34, 1937/38, haben nach seinem Urteil die österreichischen Katholiken unter irrender Führung dreimal versagt; sie sind der „Anschluß-Pathologie" in fast noch stärkerem Maße als ihre Rivalen verfallen; sie haben also im wichtigsten Augenblick Österreich nicht verstanden, nicht daran geglaubt (es sei denn, sie hätten gehofft, von Österreich aus das Reich zu gewinnen.) Ich notiere diese Anklage, die gewiß Widerspruch auslösen wird, als Zeugnis.

Nach all dem ist es nicht verwunderlich, daß E. K. Winter den Mut aufbringt, von der Bergpredigt geleitetes Christentum mit den modernen Waffen zu konfrontieren. (Gewisse Einschränkungen der Bergpredigt unter Berufung auf ihre Chronologie überzeugen mich sowenig wie die Folgerungen, die die Moraltheologie aus dem einzigen „Gewaltakt" Christi, der Austreibung aus dem Tempel, glaubt ziehen zu können: ein Gewaltakt, unter dem allenfalls ein paar Tauben frei wurden und ein paar Drachmen verlorengingen, aber kein Tropfen Blut geflossen ist. Im übrigen ist gerade hier die Bedeutung unendlich viel mehr als die Tat — was von alltäglichen Gewaltakten sicher nicht gilt.) Auf der Austreibung aus dem Tempel läßt sich keine Rechtfertigung des „gerechten" Krieges unserer Ära aufbauen; aber auch alles, was Generationen von Moraltheologen gefugt und gezimmert haben, wird zusammenbrechen, sobald die Gewichte, um die es sich unabänderlich handelt, darauf stürzen.

In zwei Punkten sind wir einig, und ich bin dankbar dafür: alles, was bisher in Geschichte und Kultur geleistet wurde, ist undenkbar ohne Rechtfertigung der Gewalt und deren Ausübung; personale Verteidigung der Seinen und seiner selbst steht einem jeden frei: Was aber den Verteidigungskrieg angeht, so wird er sich unabwendbar fortzünden in das nicht Verantwortbare; das Christentum ist in die Passion eingetreten, in ihr, nicht im Waffenkampf, ist fortan Heldentum.

Die Notwendigkeit des Radikalen, der nicht verklausulierten Entscheidung in Sachen der Waffen wie des Glaubens und der Sittlichkeit gehört zu den Merkmalen der geschehenen Wandlung; von allen bisherigen Verlautbarungen der höchsten geistlichen Autorität war eine Wirkung gar nicht zu erwarten; ein Nein um jeden Preis ist gegen die Institution. E. K. Winter hält nun die Ächtung der Waffe durch den Papst für möglich: wenn es noch nicht dazu gekommen ist, so sei das unsere Schuld; es fehle die Grundlage, das Ansuchen der Autoritäten, der Gläubigen. Ich habe immer die Meinung vertreten, daß ein entschiedenes Nein die moralische Weltautorität der Kirche auf eine seit dem Mittelalter nicht mehr innegehabte Höhe steigern könnte; zugleich aber würde es den Bruch mit dem ganzen Weltgefüge bedeuten, denn die Spitze, in der alle Kräfte zusammenstrahlen, ist die moderne Waffe, und wenn der erste Wagen steckenbleibt, schieben sich alle zertrümmernd übereinander. Weder zum Bruch mit der herrschenden Machtgestalt noch zum Opfer vielhundertjährigen moraltheologischen Erbes wird sich Rom in der gegenwärtigen Phase entschließen; vielleicht ist dieser Akt, in Erwägung aller Gegengründe, tatsächlich unmöglich. Vielleicht ist die Erkenntnis, daß etwas getan werden muß, was nicht getan werden kann, der wesentliche Gehalt unserer Zeit: Wir sind dort, wo Geschichte, wo die gläubige Existenz in der Geschichte ad absurdum geführt werden; wo eine seit Jahrtausenden bestehende und verschwiegene Problematik endlich durchbricht; wo der Kranke sich endlich seine Krankheit eingestehen muß. Wir müssen leidenschaftlich das erstreben, woran wir (wie Whitman) im geheimen verzweifelt sind. Darum ist es unsagbar schwer, vor die Jugend zu treten — obwohl sie, wie vielleicht noch keine Generation, dort beginnen könnte, wo bisher alle endeten: mit des großen Glaubens großer Enttäuschung. Und vielleicht, wenn hier unverbrauchte Existenz sich einsetzte, während bisher nur Verbrauchte ans Tor kamen, erschlösse sich ein Pfad. Ich gehe; ich muß gehen; ich lausche nicht zurück, denn ich weiß, es geht kein Schritt mehr hinter mir. Ein Freund, der sich in Feuer, Trauer, Haft bewährte, schrieb mir: Wir sind die Generation, die keines Trostes bedarf. Wir stellen uns der Zeit ohne Trost.

Auf dem Kanal treiben Eisschollen, die sich in den Windungen zusammenschieben. Mit leisen Freudenschreien flügeln ihnen die Möwen entgegen, dann biegen sie stadtwärts ab; sie ziehen ihre Kreise bis zum

Denkmal des Siegers von Custoza, unter dem noch immer die Kränze hinkümmern, die Bänder verbleichen. Noch immer unbeweglich steht das gespenstische Riesenrad im Nebel. Der Adler wartet auf die Nacht. Ein Winterabend löst sich in Frühjahrsverheißung auf; zwischen den Bäumen des Kahlenberges dämmert die Schlachtenebene in rötlichem Dunst; die Donau schlingt sich hindurch, reglos und bleich; der Nebel verdichtet sich, und der Leopoldsberg wird zur Insel. Im späten Schneelicht leuchten die gekrönten Kuppeln von Klosterneuburg herauf. Welche Schwermut des Fragments! Der Escorial ist und bleibt ein geschlossenes, unmißverständliches Wort, ein unwiderrufbares; hier ist nur der erste Klang, abgebrochenes Siegesgeläute. Von der Donau her weht es kalt um die gotische Totenleuchte, die ihres Dienstes enthoben ist; die Kirche ist schon vergittert; Dunkel beschützt ihre Kleinodien. Bei Freunden in einem der bescheidenen gelben Häuser, die sich gering machen gegen die Straße; es ist viele Hundert Jahre alt, um einen Hof geordnet, Stiegen und Stufen führen in die auf verschiedenen Ebenen liegenden, von Wärme und schönen Dingen erfüllten Räume; an dem schlanken weißgrünen Ofen hat sich vielleicht Prinz Eugen gewärmt; wenigstens stammt er aus Schloßhof, wo Eugen residierte. Die durchsichtigen Fische steigen und sinken im erleuchteten Wasser, oder sie bleiben eigensinnig stehn. „Das Buch mit sieben Siegeln" wird aufgeschlagen, Chorwerk des Burgenländers Franz Schmidt (gestorben in Perchtoldsdorf, am 11. Februar 1939, als das Wetter aufstieg). Es ist der Schritt der Heerscharen darin, der ins Jenseits übertragene Marsch; das Gloria, von dem Karl VI. träumte, das nicht gelang, wird zur

Verkündung des Richters. Der Tod eines Kindes soll den Komponisten zu diesem Werke bewegt haben. In solchem Falle ist kaum ein Unterschied, ob ein Kind stirbt oder ein Volk.

Ich habe vor mir ein Bild des jugendlichen Kaisers, der den Frieden als seinen Auftrag sah und bereit war, ein jedes Opfer zu bringen für ein Gemeinsames, ein seine Völker umschlingendes Band. Wie die Mächte der Waffen und des Geldes, Intrigen und Verleumdungen sich gegen ihn verbündeten; wie diejenigen sich gegen ihn verschworen, deren Stand sie zu seinem Schutze berufen hatte, Mitglieder seines Hauses nicht ausgenommen: dies gehört zum Kläglichsten, was die Geschichte berichtet. Der Westen diesseits und jenseits des Meeres tat alles, um der Flut die Bahn zu brechen, vor der er heute bangt. Der Kaiser, versichert einer seiner letzten Berater (Fürst Ludwig A. Windisch-Graetz), sei nicht einmal Monarchist gewesen; aber er war Habsburger; wie er persönliche Vaterschaft über das Herrscheramt stellte – das er wahrlich ernst genommen hat (es bleibt eine bedenkliche Wertung) –, so das Menschliche über die Macht. Mag man als Monarchist einer solchen Haltung zustimmen oder widersprechen: sie bezeichnet durch das Einzigartige, das hier möglich ist, eine nicht an Zeichen gebundene, wohl aber aus der Tradition erwachsene Universalität. Das Haus, die Haus-Familie bedeutet Einheit. Vielleicht hat der Kaiser in unvergleichlicher Stellung weiter gesehen als alle seine Feinde, ist er auch für wahrhaft Neues bereiter gewesen als sie, hatte er doch auch mehr zu opfern als irgendein andrer. Nicht die immer diskutierten, in gehässiger Weise falsch bewerteten Fähigkeiten entscheiden hier, sondern das

Beispiellose des geschichtlichen Orts, der geschichtlichen Stunde. Beider war sich der junge Kaiser in tiefem Ernste bewußt. Er soll eine kleine Gartenwirtschaft in Budapest, die der Mama Resi Nachschlaga, seiner Amme und seinem späteren Kindermädchen, gehörte, in Wien den „Grünen Anker" in der Grünangergasse, mitten in der alten Stadt, bevorzugt haben. Hier, vielleicht als unerkannter Gast oder begleitet von seinem treuen General, bei einem Glase herben Weins oder nur einem Glase Bier, ließ er, für eine Stunde, die Meute hinter sich, deren Opfer er werden mußte. Grillparzers echt österreichisches Wort, daß der Mensch im König das Beste im König sei, bewährte sich in ihm, und zwar auf das natürlichste; es konnte nicht anders sein; es ist aber kein besseres Fundament der Macht als Familienglück, gewissenhaftes Vatertum, Sorge für das Haus. Wie aber soll ein einziger einen Kranz flechten, wenn tausend Hände ihm das Gewinde zerpflücken? In seiner Person, in dem ihr geschenkten Verständnis wäre vielleicht die Möglichkeit gewesen, die Nationalismen, Ideologien, Programme, die lebensfeindlichen Dogmen zurückzudrängen, die uns zerrütten. „Ihr Kaiser Karl hatte recht", sagte Aristide Briand kurz vor seinem Tode zum Fürsten Windisch-Graetz, „er hatte tausendmal recht."

Die Chöre, die furchtbaren, singen fort. An der Wand lächelt die Totenmaske des ermordeten Bundeskanzlers Dollfuß (der kein Getreuer seines Kaisers war). Habt Ihr es ernst gemeint? Der Staat, das Vaterland sind nur Pforte; nun erst hat es begonnen; Geschichte bereitet vor den Eingang in die großen Fragen. Ist der Staat des Blutes wert, das Blut unserer Sorge? Eurer Trauer, eurer

Reue? In eiligen Takten bewegt sich der apokalyptische Chor kalten Fernen zu; er verliert sich, und Glocken antworten. Woher? Von welcher Kathedrale? Wahrheit, als essentieller Widerspruch zur Welt, ist Prophetie. Aber auch sie wird nicht bestehn vor dem, der Seine, nicht unsre Gedanken denkt. Opfer ist der Kaiser, Opfer der Kanzler, Opfer der Mörder, Opfer die Welt. (Und der dritte, vierte Wohnhof der Stadt in seiner Kasernenfinsternis, voll üblen Geruchs, wo die Müllkübel in langen Reihen Wache stehen, wo kein Kind zu spielen, kein Mädchen zu lachen vermag und die Scheiben vor hundert Jahren erblindeten; wo das Untier sich schattenhaft hinschleppt; wo es sich nährt von Müll und Gestank, als die unterste Gestalt der Macht – auch sie unterstehen dem Gesetz.)

Und wieder die Schauer, der unerbittliche Gesang und das stille Spiel der Fische, die ihn nicht verstehn, und die Ruhe alten Hausrats, an dem das Schicksal vorüberging. Der Hof ist eingeschlafen, die Ölbäume warten, erwärmt vom Ofen des Prinzen Eugen, in den Ecken des Zimmers den Winter ab; sie werden die Blätter ersetzen, die sie jetzt abwerfen; von der Straße ist kein Schritt zu vernehmen. Vielleicht – das kannst du jetzt nicht begreifen, und die Menschen, die gut zu dir waren, werden betrübt sein und meinen, du habest deine Traurigkeit in ihrer Stadt gefunden, während du sie doch in dir gefunden hast in ihrer Stadt – vielleicht ist in Wien das Los über deine arme Seele gefallen, und du bist nur hergekommen, um es entgegenzunehmen. Vielleicht betet ein Engel über deinem ewigen Grabe. Auf die Kronen draußen über den grünen Kuppeln, die Totenleuchte fällt Schnee. Die Chöre schreien auf: der Adler, vor dem die Adler der Feldherrn fliehen, stößt nach der Beute.

Seit wieviel Wochen schon haben die holländischen Zeitungen Tag für Tag zu berichten, von Joke Haanschoten, dem Mädchen in Putten, das, samt Haus und Garten durch ein Mißgeschick der Radiotherapie vergiftet wurde. (Man scheint die Strahlung anzuwenden, um Wucherungen, die sich durch eine Operation nicht entfernen lassen, zu zerstören.) Man hat die Familie in einem schönen Hause in Utrecht untergebracht, wo sie das Exil klaglos erträgt. Inzwischen reagiert der Geigerzähler noch immer stark bei der Untersuchung des Ofens, der Gartenerde; unter Leitung eines Seeoffiziers haben Matrosen in Schutzanzügen die gefährliche Erde in Eimer geschaufelt; auch der Fahrer, der sie in ein Laboratorium in Arnheim bringen sollte, mußte im Rücken durch einen Betonschirm geschützt werden; der Ofen wurde herausgenommen, mit Zement übergossen und in eine Kiste verpackt; was mit dem Schornstein geschehen soll, ist noch ungewiß. Inzwischen empfängt die Familie in Utrecht die ehrenden Besuche des Bürgermeisters, des Postmeisters und anderer Honoratioren; die Kinder werden mit Spielzeugen und Leckereien überschüttet. Jeden Tag werden alle untersucht. Wann dürfen sie heim? Aber die Ärzte, klagt Moeder Haanschoten, sagen nichts, auch nicht, was mit Joke nun eigentlich werden soll. (Sie sitzt ganz munter, mit zwei Schleifen geschmückt, auf den Knien des Herrn Bürgermeisters von Putten: heel gemoedelijk.) Geen Klachten, keine Klagen. Aber die Ärzte? „Ik denk", gesteht mevrouw Haanschoten, „dat zij het zelf ook nog niet weten." Sie leben im Märchenschloß, im „sprookjepalais, een merkwaardig leventje". Ein Utrechter Magazin schickt Joken Kleider, Schuhe, die schönsten Dinge, die man sich nur wünschen kann. Nächstens können die Eltern den zehnten Hochzeitstag feiern. „En de kleine Joke? (die de fatale radiumpunt zolang bij zich heeft gehad)."

Noch einmal im Hause Schaukals. Die in zwei hohe Räume zusammengedrängte Bibliothek großartiger Ausdruck eines souveränen Geistes, dessen Spannweite sich schon durch die gleichzeitige Bevorzugung E. T. A. Hoffmanns und Pascals anzeigt; Weltliteratur, Recht, Geschichte (Pertz: Freiherr vom Stein, Metternichs Nachlaß mit dem gekrönten Totenkopf auf dem Buchrücken). Metternich, Konkursverwalter des Heiligen Reiches, sucht in die Monarchie hinüberzuretten, was von der Konkursmasse noch zu retten war. Wer kann es ihm heute verdenken, daß er den Akzent auf das universale Erbe setzte, statt auf das unsichere Angebot der jungen Generation? Welch ein Gesicht am Ende, zwischen Magenta und Solferino! Die Trümmer liegen zu seinen Füßen. Er überdenkt, auf dem Fauteuil im Parkett, ohne noch aufzublicken, das Weltschauspiel, das erfahrene, in eisiger Resignation. Die neuen Herren treten an. Herren? Die Krone, die einzige, schmückt einen Totenschädel. „In wessen Händen", fragte er, „liegt das Schwert, welches den Knäuel zu durchhauen vermag?" Noch blieb er „Arzt im großen Weltspitale". Aber als Merkwürdigkeit, als Antiquität. Ernstlich wurde er nicht mehr konsultiert. Und jeder Arzt, der lange genug lebt, überlebt seine Methode. — Aber es ist kalt. Und es ist schaurig, wie verlassen, bei aller Pflege, solche Werkstätten des Geistes sind; die Bücher stehen nur dann miteinander in Beziehung, reden nur dann miteinander, wenn ein Mensch sie verbindet; ist er gegangen, so welken alle Bezüge, alle Zuordnungen ab; es ist ein immenser Unterschied zwischen einer lebendigen und einer erloschenen Bibliothek. Und diese ist zu groß, als daß ein zweiter ihr Leben einhauchen könnte. Übrigens ist sie mit radikaler Nichtachtung der Naturwissenschaften aufgebaut. Das wäre, auf dieser Höhe des Geistes, heute nicht mehr möglich. Der Einschnitt ist tief.

In dem Gespräch des „jungen ungedruckten Dichters mit dem Künstler" (man schenkt mir auf meine Bitte ein unaufgeschnittenes Exemplar vom Jahre 1907) ist mit epigrammatischer Präzision gesagt, was nie hätte vergessen werden dürfen:

Der junge Dichter:	Wie werten Sie ein Werk der Literatur?
Der Künstler:	Nach seiner Wahrheit.
D. j. D.:	Das heißt?
D. K.:	Nach seinem Gehalt an eigner Seele.
D. j. D.:	Und C?
D. K.:	Hat viele Seelen beherbergt, aber niemals eine eigne besessen.

(Wir wollen dem C. seine durchsichtige Verschwiegenheit lassen.)

D. K.:	Um jeden Preis neue Pfade zu suchen, ist kein Zeichen großer Kraft. *Innere Not ist alles.*

Und wieder:

D. K:	Ich meine immer nur eines: *Wahrheit.*

Wieder wird in Wien um das Königreich gewürfelt, das unverlorene, das einzige, um das es sich lohnt: das Direktorium des Burgtheaters. Ein jeder Österreicher kann König werden. Usurpatoren läßt man nicht mehr zu. (Verwunderlich ist diese Leidenschaft nicht: das große Theater der Jesuiten Am Hof, ein Universalkunstwerk, hat zur Zeit Leopolds I. dem Volk Geschichte dargestellt in einer bestimmten weltweiten Konzeption; es war, als Universalkunstwerk, das Bild, Tanz, Musik einbezog und gerade Am Hof auf dem Boden der Babenberger, Repräsentation der Universalität; es hat für Geschichte erzogen, ein Theater aller, der großen Herren, der Missionare und Ordensleute, des Volkes. Mit dem barocken Schwung des Helden-, Märtyrerdramas verband sich das Volksstück: Spectrum Austriae.)

In Västeras in Schweden hat man den Sarg Erichs XIV. gehoben, Sohnes und Nachfolgers Gustav Wasas, der von seinem Bruder Johann abgesetzt und in Gripsholm in entwürdigender Haft gehalten wurde. Nach der Überlieferung soll er an vergifteter Erbsensuppe gestorben sein. Jedenfalls hören wir noch seine Klage aus dem Gefängnis: man habe ihn überfallen und geschlagen, ihm den Bart abgerissen. (Ich weiß nicht mehr, in welcher schwedischen Galerie ich sein erschreckendes Bildnis sah; er war eine genialisch-maßlose, sich selbst zerrüttende Natur, fähig der Untat wie der Reue; von niemandem wohl besser verstanden als von Strindberg, der seine Tragödie faszinierend gestaltet, des Königs Porträt als Handlung entwickelt hat, wie das nur Strindberg vermochte.) Kurz, man will, unter Assistenz des Königs, mit modernen Mitteln den Prozeß gegen Johann III.

wiederaufnehmen. Im linken Oberarmknochen des Skeletts wurden Stahlsplitter gefunden, offenbar von einem Schwertschlag, der die Sehnen durchschnitten und den Arm gelähmt haben muß. Ob sich Gift nachweisen läßt, ist ungewiß. Man hat die arme Mumie in einem Kupfersarg unter schwarzem Sammet aufgebahrt; die für die Besichtigung festgelegte Zeit mußte verlängert werden. Mehr als 17000 Menschen, darunter auch Dänen und Norweger, drängten sich an dem Sarge vorüber. Was suchten sie? Einen König? Eine Sensation? Der Domprobst legte im Namen der Geistlichkeit eine rote Rose in den Sarg. Und nun wird er verschlossen und unter dem Gesang des Domkirchenchors, dem Pilgerpsalm, wallingpsalmen: Jordens oro viker, in Gegenwart Bischof Cullbergs, der ein Schriftwort lesen wird, beigesetzt werden. Und dann werden die Gelehrten sich vernehmen lassen über das Geheimnis König Erichs XIV. und Johanns III., seines Bruders. Ob sie mehr wissen als die Ärzte der Familie Haanschoten? Und während all dies Aufregende geschah und geschieht, ist endlich, zur Erleichterung der westlichen Welt und zur Wiederherstellung des Gleichgewichtes von Tod und Tod, von Wissenschaft und Wissenschaft der Explorer emporgerauscht, wie seine Vorgänger ein ebenso großer wie kläglicher Triumph: er hat sich wahrhaftig um 200 km, um 2–3 Autostunden, von der Erde in den Raum der Milliarden Lichtjahre entfernt. Auf dieser toten Bahn rasen nun die toten Gehirne aus Metall. – „En de kleine Joke?"

Immer schien mir Rittertum unabdingbar, gerade jetzt. In welcher Form? Es bleibt nur die marianische, die Kontinuität von Marienburg. Denn eben was nicht mehr ist, hat die Berufung zum Zeichen. Marianisch also ohne Naivität; der Ritter vor der Frau, die Mutter ist der Welt, vor dem Kinde, vor den Schwachen, in denen ein anderer mächtig ist. Das ist die historische Forderung. Könnte sie nicht wichtiger sein als das Seelengeschick — dieses allzu persönliche, als der Umstand, daß die Seele ihrem Schwergewicht erliegt? Wen geht das an? Aber das Rittertum, verpflichtete Genossenschaft, das bedeutet heute Bereitschaft, Spott und Schande anzunehmen, die Ehre im ritterlichen Kreise sind. Das, nicht der Prunk, könnte heute die Bestimmung des Deutschordens sein. Wer ahnt, welche inneren Finsternisse Kreuzesschild und Ordensgewand schon bedeckt haben? Und es könnte zum ritterlichen Opfer gehören, den Schild mit dem Zeichen zu weisen und den Schmerz darum zu verschweigen. (In dem Grade, in dem ich mich entferne, werde ich zurückgezogen.)

In der Albertina wurde ein Kulturfilm gezeigt, der Hans Fronius, seinem Werk, seiner Arbeitsweise gewidmet war. Das gewagte Unternehmen ist dank der Mitarbeit des Künstlers und seiner Frau gelungen; ich war ergriffen von dieser die Katakomben, die unheimlichsten Rüstkammern der Geschichte aufbrechenden Phantasie. Eine Ballade in Bildern, „Der Schloßherr", schloß sich an; sie ist von großer dichterischer, durchaus im Graphischen, im Schwarzweiß sich ausgebender Kraft; ein Mensch vereist und stürzt aus der Zeit, nachdem er versuchte, sich am Zeiger der Sonnenuhr festzuklammern. (Es ist die Tragik des Künstlers, dem immer das Eis ans Herz will.) Diese apokalyptische Weltsicht, diese Menschen, die im unbarmherzigen Schein des Jüngsten Tages stehen, haben ihren festen Ort in der Kunst, aber auch in der Geschichte. Wenn die Welt mit der Aussage eines bedeutenden Geistes nicht übereinstimmt, so ist sie auf dem Wege zu ihr. Aber statt daß die Menschen darüber erschrecken, wollen sie hellere Töne. Die Arbeit des Graphikers ist eingebettet in die einsame Natur um Fürstenfeld, vor der ungarischen Grenze, in das November- und Februardämmer, das um kahle Bäume, über leeren Flächen, armen Häusern, spiegelnden Wassern webt, sich lichtet und wieder zusammenzieht.

Später schöne Stunden an unserem Stammplatz im Beisel (den der Ober immer bereit hält für Maestoso und mich). Der Schloßherr ist abgestürzt; der Künstler ist gerettet worden in die Liebe, die reife Menschlichkeit. Und Herz und Kunst — wie unsagbar selten ist das! — schlagen denselben Schlag. (Aber sterben kann der Schloßherr nicht; er lauert und spannt. Und aus der Fülle der Liebe ersteht eine grausige Welt. Sie muß spiegeln, was als Zukunft schon da ist.)

Ohne über die primitivsten Kenntnise zu verfügen, bin ich durch das ethnographische Museum gegangen. Ein jeder Saal des Mezzanin ist die Folterkammer eines Volkes, eines Stammes. In welcher Hölle leben fast alle! Immer wollen die Toten über sie herfallen wie schwärmende Haie, wie die riesigen, rote Strahlenkronen tragenden Bandfische, die sich schimmernd durch die Heringsschwärme winden; und Götter und Priester weiden sie aus, wie die Rundmäuler, die sich an den Flanken wehrloser Fische festsaugen und sich in die Eingeweide hineinarbeiten und nicht vom Opfer lassen, bis es nur noch Hülle ist. Aber Götter und Priester, das bedeutet doch: Gesetz, Zwang – Sinn. Das Leben ist bereit, einen jeden seiner Werte der Sinnlosigkeit in den aufgesperrten Rachen zu werfen. Denn sie allein ist untragbar. Der Schrecken der Maske soll den Schrecken des Totenreichs, des Dämonensturms bannen; je mehr Schrecken der Mensch freiwillig annimmt, um so besser fühlt er sich beschützt, sei es in Nepal oder besser Neuguinea (wo der Alligator der bunten Maske in die Nase sticht); Liberia, Brasilien; der Kriegsgott von Hawai beißt mit Hunderten spitzer Raubtierzähne zu; unter den wie in Regalen sorgfältig aufgestellten Schädeln der Feinde lehnen die Ahnenschilde. Sind die Ahnen versöhnt? (Die Toten sind böse. Alles ist böse, das nicht die Angst des Lebens teilt.) Aber auch die Toten haben Angst. Man muß ihnen – wie den Schächern – die Beine zerbrechen, sonst schleichen sie sich ein. Aus den kunstreichen Bildnissen der Toten steigen geschwungene Stoßzähne wie Kerzen – und vorzüglich wurden vom selben afrikanischen Stamme (ich glaube in Kamerun) die europäischen Eroberer in ihrer rücksichtslosen Härte porträtiert. Das ist ein Kreisen ohne Ende unter dem dumpfen Klang der Pauken, Flöten, Rasseln, Doppelglocken und dem Taktschlag des ins Übernatürliche gesteigerten Priesters mit dem Federstab: Angst, Wahn, Not, dumpfe Ahnung vielleicht, Opfer, wilde zu jeder Buße für das Dasein bereite Flucht vor dem Gespenst der Sinnlosigkeit. (Wenn das Entsetzen das Haus bewohnt, hoch aufgerichtet vom Dach der Hütte starrt, ist es vielleicht zu verwinden.) Man muß aus diesen rotierenden Höllen aufblicken zum Vater der Liebe – und – Wer schlägt nicht die Hände vor's Gesicht?

Abends: die „Entführung“ im Redoutensaal, unter gedämpften Lüstern, in der hellen Festlichkeit des königlichen Raumes; Kultur der Seele, Genie und Empfindung in Harmonie, Sittlichkeit, Auflösung aller Schrecken, Geschenk eines guten Geistes. Man muß Wüsten durchschritten haben, wenn man lernen soll, was ein guter Geist in Wahrheit ist, Genius eines wissenden Kindes.

Überzeugt, daß „Verfall und Vernachlässigung aller Regierungszweige während dreißig Jahren“ (1818 bis 1848) die Revolution im lombardo-venetischen Königreich verursacht hatten, erklärte sich Radetzky im Februar 1848 zum Kriege bereit; Italien sollte behauptet werden, während Österreich wankte und bald Revolution auf Revolution durch die Hauptstadt stürmte. „Ich werde das Blut beweinen, welches fließen muß, aber ich werde es vergießen.“

Das ist die Haltung des Generals überhaupt. „Ich trauere um die Gefallenen, aber der Lohn ihrer Taten wird sie überleben“, sagte er nach dem Siege. Radetzky, der Initiator des Luftangriffs, der harte Richter der Hochverräter, war ein Mann des Maßes. „Ihre Mäßigung ehrt Ihren Charakter“, schrieb ihm sein Gegner Viktor Emanuel II. nach der Niederlage von Novara. Die Kriege, die er lebenslang geführt, „waren Kriege in menschlichen Grenzen“, wagte er rückblickend zu sagen, „wenn man dem Feind das Letzte nimmt, so bringt man ihn zur Verzweiflung, und diese verschafft ihm große Vorteile“; er wird die „noch nie erklärte Kraft der Verzweiflung“ einsetzen; Österreich ist, seiner Natur und Lage nach, darauf angewiesen, seine Absichten einzuschränken. Aber kein Staat ist frei in seinem Verhalten gegen die

Umgebung: Denn „die Bedürfnisse der Verteidigung werden durch den Feind bestimmt". Und – das ist die immer wieder in den Krieg begleitende Hoffnung –: „Drei Tage Blut schenken dreißig Jahre Frieden." Radetzky hatte die Revolution vor sich wie im Rücken. „Wien, nicht Mailand hat mich besiegt." Man mag den Namen des äußeren Gegners beliebig vertauschen, so könnte der Satz von fast allen österreichischen Feldherren gesprochen worden sein. „Ihre Siege machen Sie unsterblich", hatte der junge Franz Joseph dem Marschall geschrieben; der Marsch des Vaters Strauß übertönte die Marseillaise (Oskar Regele); für Grillparzers berühmte Huldigung dankte der Marschall mit ergreifenden Worten: „Ohne den geweihten Sänger ist der Krieger nichts. Wirken Sie im Vaterland, während ich in der Fremde kämpfe." Doch ist das Ende des Ruhmreichen oft bitterer als das des Geschlagenen; der Feldherr ist König auf dem Felde; das verzeiht ihm der König nicht; sein Tun und Lassen entscheidet in letzter Instanz über die Arbeit der Minister und Diplomaten; und auch sie verzeihen ihm nicht. Eugen ertrug die Ungnade Karls VI. gelassen, als Souverän. Dem greisen Sieger von Custoza und Novara wurde Ende 1856 auf Anordnung des Kaisers das Gesuch um Enthebung nahegelegt. Gut stand es zwischen ihnen beiden nicht. Kaiser Franz, sagte der Marschall, habe ihm in wenigen einfachen Worten erklärt, was er zu tun habe. „Mit dem jetzigen kann ich nicht reden." (Vielleicht hat der Selbstmörder von Mayerling dieselbe Erfahrung gemacht.) Als aber am 21. Januar 1858 nach dem Requiem in der Augustiner-Hofkirche Kaiser Franz Joseph die Schlüssel zum Gruftgewölbe des Marschalls auf dem Heldenberg entgegennahm, wurden die Mysterien der Krone und des Feldherrnstabs wieder eins.

Seit die Französische Revolution sich ausstrahlte und in beharrlicher Fortwirkung das Überkommene und die Gedanken der Menschen veränderte, waren die Feldherrn der Monarchie in einer tragischen Position: sie sollten ein Staatswesen behaupten, das weder von innen noch von außen hinreichend verstanden wurde. Die Konflikte, die in Radetzkys Laufbahn heraufstiegen, gipfelten im Wirken Conrads (über ihn Oskar Regele, Herold-Verlag), eines Mannes, der von der Tragik des Krieges wußte wie wenige. Vielleicht sind wenige so ernst mit sich zu Rate gegangen über das rechte Handeln und seine rechte Zeit wie der vielverleumdete Generalstabschef des ersten Weltkriegs und der diesem vorausgegangenen Jahre: er verurteilte den leichtfertig vom Zaune gebrochenen Krieg; aber er verurteilte auch diejenigen, die die Kriegsbereitschaft untergruben und damit die Chance, im rechten Augenblick zu handeln, verdarben: sie muß offen sein, wenn der Staat lebenskräftig bleiben soll. Eine jede Notwendigkeit hat ihre geschichtliche Möglichkeit im Sinne der Aussicht auf Durchsetzung; die Furcht, daß sie verpaßt werden könnte, peinigte Conrads Pflichtbewußtsein; an ewigen Frieden glaubte er nicht. Und welche Erfahrung hätte ihn zu solchem Glauben überreden, überzeugen sollen? Er durchschaute mit staatsmännischem Blick die Nachbarn: Serbiens offenes Streben nach den südslawischen Provinzen, Rußlands Meerengenprogramm, Frankreichs Revancheidee, Englands Welthandelsmonopol, Italiens Irredentawahn und Rumäniens Traum von Groß-Rumänien; Österreich aber hatte kein aktives Ziel, keinen die

Geschichte weitertreibenden Impuls. Seit dem Frühjahr 1909 hielt Conrad die Chance auf das Risiko verloren, das ihm noch weniger gefährlich erschien als das passive Zuwarten, zu dem nun die Monarchie verdammt war. Abrüstung? Das ist eine „fiskalische, eine Entspannungsmaßnahme, durchaus aber nicht ein Mittel, Kriege einzuschränken oder zu verhüten". So trat er, zur aufgezwungenen unglücklichen Stunde, den vernichtenden Waffengang an. Er sei, sagte Marschall Lyautey, die „markanteste militärische Persönlichkeit der Mittelmächte" gewesen; nach dem Urteil eines anderen französischen Generals (Gouraud) war der Feldmarschall der genialste Kopf des ersten Weltkrieges überhaupt.

Die militärische Kritik seines Kommandos kann nur der Fachmann wagen. „Wenn ich Sie jetzt von Ihrem Posten als Chef des Generalstabs meiner gesamten bewaffneten Macht enthebe ...", schrieb der bedrängte gnädige Kaiser nach dem Frühjahr 1917 (es war die zweite Enthebung nach der von 1911); nach dem Unglück der Junioffensive des Jahres 1918 in Italien, deren erste Takte noch den „Unpolitischen Betrachter" begeisterten, avancierte der zum drittenmal Enthobene unter dem Grafentitel zum Obersten aller Leibgarden. „Je suis battu, je prends l'offensive." Das war Fochs Siegesruf. Er war Conrad versagt. Mit dem „schwarz-gelben General" wurde in Innsbruck wohl der letzte aus der tragischen Reihe österreichischer Feldherrn zu Grabe getragen. Herr des Feldes war er wohl nicht mehr gewesen. Wer konnte es noch sein? Und wer wird es sein können? Aber in ihm war die königliche Möglichkeit, es zu sein.

Radetzky widerfuhr noch die Gnade der feierlichen Aufbahrung im Mailänder Dom, unter der eisernen

Krone; er starb ein Jahr vor dem Verlust des italienischen Königreichs, das er verteidigt und verwaltet hatte; Metternich starb während der Katastrophe, am 11. Juni 1859, zwischen Magenta (4. 6.) und Solferino (24. 6.). Auf den Altersbildern des Staatsmannes und des Marschalls stehen Erfahrungen, die wohl niemand nachzuerleben vermag; beide noch zur Zeit der gestrengen Völkermutter geboren (Radetzky 1766, Metternich 1773), hatten sie in der Bewältigung der Revolution ihre Bestimmung gefunden, einen Auftrag, der von der Stelle aus, wo er erfolgte, wo er ergriffen werden mußte, undurchführbar war. Krieg und Revolution waren miteinander verschmolzen. Nichts hätte die Welt noch aufbringen können, was den gestürzten Staatskanzler überraschen würde; der Marschall stützt sich auf den Degen, mühsam sich zur Haltung zwingend; die einst verwegenen Züge sind frauenhaft kindlich, wissend; die Schwachheit könnte Hoffnung sein. Das Blut? Die Nachwelt? „Wenn ich meinen Gegner nicht zum Äußersten drängte, so geschah es, weil ich wußte, daß Gott die Mäßigung mehr als den Übermut des Siegers schützt." Gott möge dem Feldherrn gnädig sein, der nur das Befohlene tat. Den jungen Kaiser, der ihr Erbe antrat, erwartete dieselbe Überlast der Geschichte, eine noch schwerere personaler Tragik. (Sicherlich, wie die immense Erfahrung des Geschichtlichen, im Antlitz als Prägung nicht durchgearbeitet: eben das spricht für den Kaiser; die repräsentativ-populäre Form ist mehr als das Schicksal; der Gekrönte ist über der Psychologie. Auch gibt er sich unter der Überforderung der Repräsentation notwendig einer Erscheinung gefangen, die nun von ihm erwartet wird und die er nicht mehr durchbrechen kann. Er hat nicht das Recht, sein Gesicht zum offenen Ausdruck seines Innern werden zu lassen.) Welch ein Adel der Resignation, welche Demut vor der Schickung auf den Zügen dieser drei Männer, die Ruhm, Fall, Umwandlung eines unvergleichlichen Vermächtnisses tragen und bestehen mußten! Sie sind dem Rätsel Geschichte begegnet; sie haben die österreichische Erfahrung gemacht, die einmalige der universalen Monarchie in einer ihr entgegengesetzten, sie zerarbeitenden Zeit. Aber das Menschliche wurde nicht gebrochen; es durchleuchtet die Erfahrung; es hat sie überwunden.

Zu den Verdiensten Radetzkys um Oberitalien gehören Anlage und Ausbau der Eisenbahnen. Der Grund ist einfach: sie mögen, bestimmte er, „dem Bedürfnis eines Krieges soviel wie möglich angepaßt werden". Der erleichterte Truppentransport kam der Strategie zu Hilfe. Technik und Krieg entwickelten sich in wechselseitiger Steigerung. Angetrieben von beiden und wieder treibend, greift die Revolution in ihr Zusammenspiel. Auch Metternich förderte eifrig den Bau der Eisenbahnen in der Hoffnung, durch Wohlfahrt die Monarchie zu festigen, aber ohne zu bedenken, daß er sie dadurch zugleich in Gefahr brachte. Denn wie die Truppen, beförderten die Bahnen Ideen und ihre Agenten; dem Staatskanzler drohte, wie Anastasius Grün erkannte (zitiert von Srbik), von den Bahnen „eine größere Gefahr als von allen Propaganden der Welt".

Man stelle sich Maria Theresia vor in Schönbrunn im Schachduell mit dem homme machine, dem künstlichen Türken des Barons Kempelen. Sie hat zu ihrer und des

Hofes Bestürzung die Partie verloren. So früh hat die Maschine das Heilige Reich besiegt. (Auch etliche andere Fürsten und endlich Napoleon soll der eiserne Türke besiegt haben! es war ein europäischer Triumph.)

Die Raubwespe springt zwischen die aus der Erde ragenden furchtbaren Kieferzangen der in ihrem Loche steckenden Raublarve, lähmt die Beute durch einen Stich in den Hals, ohne sie zu töten, und legt in der lebendigen Bruthöhle ihre Eier ab. Die Larven der Wespe nähren sich nur von frischem Fleisch (G. v. Natzmer). Das ist die epigrammatische Schrift unter dem Bilde „Natur", des Lebens selbst. (Könnten wir den Kampf der Bakterien in unserem Körper beobachten, ohne welchen Kampf wir nicht leben können: er böte dasselbe Bild.) Die Bewunderung der Zweckmäßigkeit, mit der ein Tier zur Vernichtung des anderen ausgestattet ist, der Bienenwolf zum Verderb der Bienen, die Wasserspinne zum Fischfang, der Ameisenbär für die Ameisen, grenzt an Verzweiflung.

Parasiten töten freilich nicht; sie haben ein Interesse am hinlänglichen Wohlbefinden des Geschöpfes, in dem sie hausen. Die aber Leben erzeugen, töten ohne Gnade.

Der Morgen grüßt mit krankem Licht. Die Drei Könige sind weitergezogen und haben die dürren Weihnachtsbäume mitgenommen. In den Kirchen ist es so streng wie zuvor. Lichtmeß, das geheimnisvolle Fest der Jungfrauschaft, der Kerzen und der Bienen, denen wir das Licht verdanken, ist vorüber. Ich bin froh. Wir gehen Ostern zu; mir kommt die Sehnsucht nach den römischen Gärten, den Straßen um Sant'Ignazio und den kleinen Kirchen um den Quirinal, nach meinem Arbeitsplatz vor der Säule Marc Aurels. Ich glaube, ich werde dort stärker gegen einen gewissen Trübsinn sein als hier. Rom gibt mehr, als es verlangt.

Übrigens: wie in Lissabon ist der mit sich selber sprechende, vereinsamte, vernachlässigte Mann, der fala-só, eine Straßengestalt. Keineswegs handelt es sich immer um Monologe im Rausch. – Er erscheint zur bestimmten Stunde vor demselben Fenster des Cafés, im abgescheuerten Mantel, verwaschenen umgekrempelten Hut, mit rot umrandeten Augen unter verschobener Brille, dem dicken, steifen, gebeugten Nacken; seinen billigen Stock hat er an den Arm gehängt. Er redet, ein paarmal im Kreise gehend; redend verschwindet er. Allenthalben auf den Straßen treffe ich seinesgleichen. Aber keiner spricht den andern an. – Ich bin längst in ihre Verwandtschaft aufgerückt; gerade hier hat meine Annäherung beträchtliche Fortschritte gemacht. Was tue ich eigentlich noch? Nichts. Ich rede nur vor mich hin über die Zeit.

Heute nachmittag soll die Operation gewagt werden. Die letzten Nachrichten waren nicht gut. Heute war natürlich nichts zu erfahren.

Eben hat der Selbstredner auf seine umständliche Weise wieder seine Szene gespielt.

Franz der Kaiser, in der Uniform eines preußischen Generals, gemalt von Ammerling (in der Galerie des Belvedere): vornehme Natürlichkeit, das Menschlich-Fürstliche über dem Militärischen, Schwermut, erfahrungsreiche Einsicht in die Grenzen des eigenen Ich wie der Macht, Klarheit des Blicks, leiser Humor der Resignation. Dagegen eine Photographie Wilhelms II. in der

Uniform eines österreichisch-ungarischen Feldmarschalls: nichts paßt, der Kopf nicht zur Kappe, der Körper nicht zum Rock; der Bart, das Gesicht, die Haltung sind so aufdringlich wie die Orden. Armer Mann zwischen Geschichte und Operette, in der Verkleidung, die ihm nicht steht, in der Geste, die er nicht redlich meint!

Die Stockholmer Dagens Nyheter bringen ein gespenstisch anmutendes Gruppenbild der vier leitenden Konstrukteure des „Explorer", Ernst Stühlinger, Hermann Oberth, Wernher von Braun, Robert Lusser, vier Zivilisten also, im Hintergrund, zwischen den Raketenmodellen, General Toftoy in Uniform, Repräsentant der auftraggebenden und beaufsichtigenden Macht. Alle fünf starren halb zweifelnd, halb triumphierend in die Linse, wie in fragwürdige Zukunft, die sie vielleicht nicht erleben werden. Der General hat sie – samt der Zukunft – fest in der Hand. Überschrift über dem Kommentar:

Från Hitler till Jupiter.

Das heißt zunächst von Peenemünde nach Cape Canaveral, aus einem eisernen Käfig in einen goldenen. (Es war eine ungleiche Teilung der Beute: an die Westmacht fiel der Geist, an die Ostmacht das Material.) Ein Forscher in Diensten der schwedischen Verteidigung bezeichnet in einem Interview den Satelliten als eine in psychologischer Hinsicht sehr unbehagliche Waffe (ett psykologiskt mycket obehagligt vapen); undenkbar sei es nicht, daß er sich für den Transport von Atombomben eigne. Jedenfalls sind die subtilsten Erfindungen und Entdeckungen, bewundernswerte Leistung des Geistes und der Arbeitskraft, im Satelliten in handlicher Form konzentriert, dem Staate überreicht worden, von dem niemand weiß, wer ihn morgen regieren wird. Die Erfindung wird, nach allem Ermessen, im Verlaufe der Entwicklung, die sie verspricht, ihrem Ursprung, dem Geist von Peenemünde, nicht untreu werden. Es paßt nicht schlecht zu dem Gruppenbild, daß dieselbe Nummer Erinnerungen eines schwedischen Journalisten an seinen Besuch in München am trüben Vorabend des Dritten Reiches veröffentlicht. Ein Freund führte ihn in ein kleinbürgerliches Bierlokal neben der Frauenkirche: er möge sich vorsichtig umsehen und einige Gäste betrachten; diese Leute werden Weltgeschichte machen. „Vårldshistoria?" Unmöglich. Der Freund steht auf und begrüßt mit Handschlag in schlechtem Deutsch Adolf Hitler, Hermann Göring, Ernst Röhm, vermutlich auch Herrn Goebbels. Wer konnte sich damals schon die Namen merken! Noch immer machen diese Gäste, nachdem sie rechtzeitig aus dem Bratwurstglöcklein aufgebrochen sind, „Vårldshistoria". Über Peenemünde und nun Cape Canaveral haben sie den Kosmos für „Vårldshistoria" gewonnen. – Der wortführende Konstrukteur ist mit den Entwürfen eines Raumschiffes beschäftigt, das „die Pforten des Himmels öffnen wird" („Skall öppna porterna till himlen"). Aber für die Wissenschaft gibt es längst keinen Himmel mehr, und der des Gläubigen hat nichts mit ihr zu tun. Himmel? In der durchbrochenen Kuppel der Eingangshalle des Schönbrunner Schloßtheaters ist Himmel zu sehen: zartes Gewölk, unter dem Adler und Bussard, die Kraniche und Wildgänse dahinflügeln. Himmel, Hülle des Lebens. (Innen das Theater ist zugleich kaiserlich und intim; es hat nur im Theater Gustavs III. in Drottningholm ein bezauberndes, noch intimeres Pendant, das es an Diskretion der Lichter, der Atmosphäre vielleicht übertrifft. Aber das ist königliche Liebhaberei eines verwegenen Spielers zwischen Bühne und Thron; und hier, auch im Privaten, ist kaiserliche Repräsentanz. Der gewaltige Kaiseradler über der Bühne, gegenüber der Loge Maria Theresias, wurde in die Trikolore gehüllt, als Antonie Adamberger vor des Usurpators Majestät die Phädra spielte.) Da wir das Theater verlassen, beginnt der Himmel in föhnigem Feuer hinter Schönbrunn zu entbrennen; die Streifenwolken wehen wie Fahnen in das metallische Blau der Höhe. Auch die Gloriette brennt. Und nun, über den kahlen Bäumen, den toten Gärten, hat sich die Luft in Feuer verwandelt.

Kein Zweifel: die Biergäste aus dem Bratwurstglöcklein werden dem Himmel weiterhin zu schaffen machen; „Vårldshistoria" hat den Nachlaß dieser Habenichtse keineswegs verbraucht. „Go for Braun!" — war auf einem Plakat zu lesen, das eine Frau unter zehntausend Begeisterten durch die Straßen Huntsvilles in Alabama trug. „On est souvent tristement gai", sagte Montesquieu.

Aus dem Feuer wurde Schnee. Die überschütteten Autos umschleichen mühsam den Aspernplatz. Die Hunde tragen Schneeballen in den Maulkörben, die das Gesetz ihnen befiehlt. Radetzky ist mit seinen Herrlichkeiten, den Kränzen zu seinen Füßen, dem Adler zu Häupten im Imaginären. (Er reckt die beschneite Feldherrnhand gegen die Postsparkasse aus: fortan das Ziel.) Das Licht der Verheißung, das fast allmorgendlich über dem Altar in der Dominikanerkirche in die Gewölbe flutete und das kaiserliche Emblem des Reiches verklärte, ist erloschen. Welche Einsamkeit der Priester an ihren Altären! Man versteht den Sinn der Ikonenwand, die den Priester einschließt mit Gott, Zacharias mit dem Engel.

(Seit auf der „verkehrsbedingten" Jagd nach dem Autobus ein zarter Fuß meinen Stock zertrat, war ich in einer lächerlichen Verfassung; es fand sich nur kindlicher Ersatz, angemessen etwa fertig gekauften Hemden. Endlich habe ich in einem hilfreichen Lädchen Am Hof eine zureichende und verläßliche, wenn auch etwas sportlich-derbe Altersstütze gefunden; ich fühle mich sicher und ganz munter zu Fuß und genieße im übrigen die Ausbildung zu verkehrsgerechtem Verhalten, die sich die Wiener Motoristas mittels eines reichen Vokabulars pädagogischer Verweise zur Aufgabe machen.)

Graf W. und seine Gattin ertragen mit Charme und Gelassenheit, unterstützt von dem gutmütigen struppigen Hundetier, die Melancholie des zweiten Hofs (der ich nicht standhalten könnte), und in Gesellschaft letzter Reminiszenzen. Wohin man kommt, findet man die Bilder verlorener Schlösser. Wenn man ein vierbeiniges Metallkästchen ans Auge hält, erblickt man Franz Joseph zu Pferde im Jägerhütchen mit der krummen Feder, in der gleichmäßigen freundlichen Güte, an der sich die Geistesarmut seiner Kritiker vergnügte.

Einer der Gäste wußte Leifhelms Gedichte auswendig, auch das Regenlied, das ich so liebe. Ich wollte ihm, als es erschien, darüber schreiben, versäumte das natürlich. Nun erreicht ihn längst kein Brief mehr, der späte Dank der einzelnen nicht und nicht der böse Undank aller andern.

Mit dem Krankenhaus keine Verbindung erreicht. Wer nicht den Wiener Tonfall hat, wird nicht verstanden. Aber wehe dem, der ihn sich zulegen möchte!

Eine gutgespielte Nichtigkeit im Theater in der Josefsstadt, wohl dem schönsten Theaterraum Wiens. Welche Wärme und Geborgenheit! Man sitzt in rotsamtener Schatulle, beschützt vor dem Winterwind, von dem Shakespeare immerhin sagte, daß er besser gesinnt sei als Menschen. Etwas Behaglich-Festliches gehört nun einmal zum Theater: die gepolsterte Loge, ein kleines Appartement, ein feierlicher Diener, Verwalter der Geheimnisse, flimmernde Lüster, ein schwerer, zögernd sich teilender Vorhang und der von unseren dramaturgischen Theoretikern geschmähte Guckkasten, in dem das Theater der Kindheit spielte – in dem das Leben spielt.

„La mode décide d'une nouvelle silhouette féminine. La poitrine se devine, la taille se creuse un peu au-dessus de sa place, c'est-à-dire au creux de l'estomac, et se suggère plutôt qu'elle ne s'affirme. Plongeante, elle est le plus souvent à peine indiquée" (Le Monde, als Vorfrühlingsbote). Wer die Mode ignoriert, versäumt die Zeit; sie hat keinen sensibleren Seismographen.

Der unermeßliche, hunderttausendfältige, durch viele Tausend Meter Tiefe reichende Lebenszusammenhang des Meeres ist befestigt an dem auf der Oberfläche schwimmenden Teppich mikroskopischer Einzeller, die unter der Einwirkung des Sonnenlichts anorganische Substanz in organische verwandeln. Sie sind Nahrung winziger Krebse, Quallen und Larven. Von da entwickelt sich der Prozeß des Fressens und Gefressenwerdens, der bis hinab in die mitternächtigen Regionen der Leuchtfische das „Leben" des Meeres ist. Welch ein Aufbau der Gestalten, welch ein Gleichgewicht der Gestaltung und Vernichtung!

Meine Zusage, im Reinhardt-Seminar, der Wiener Schauspielschule, zu sprechen, konnte ich nicht halten. Meine Ansichten in Sachen der Kunst, des Dramas, des Theaters, der Zeit, die im Grunde nur dunkle Antworten andeutende Fragen sind, können nur deprimierend wirken. Ich will junge Menschen nicht bedrücken, kann aber auch nicht anders reden, als mir ums Herz ist. Trotzdem hat uns der Leiter des Instituts mit Felix Braun freundlich empfangen: eine gute Stunde also im Palais Cumberland neben dem Schönbrunner Schloß, das sich der schmählich entthronte König von Hannover gebaut hat und das jetzt, mit dem Schloß-Theater, Heimat des Seminars ist. (Nestroys schmale Denkmalgestalt steht frierend im Sturm, der seit heute morgen tobt; die ältesten Stämme zittern.) Es ist schön, daß sich das Institut auf ein Wort Lessings beruft; ihm und Joseph II. ist es zu danken. Nach der Gründung der Bühne am Michaelerplatz (8. April 1776) suchte der Kaiser Stücke und Schauspieler; er sandte einen seiner Darsteller, J. H. F. Müller, in die deutschen Städte. Am 24. Oktober 1776 besuchte Müller Lessing in Wolfenbüttel: „Machen Sie Ihrem Kaiser Vorstellungen, eine Theater-Philanthropie zu gründen. – Jede Kunst muß eine Schule haben, in frühester Jugend durch gute Grundsätze vorbereitet und geleitet werden." Was für die Grundlegung des Charakters in frühen Jahren gelte, das gelte auch „in Rücksicht auf die Bildung eines jeden Künstlers". Auf des Kaisers Verlangen arbeitete Müller den Entwurf einer Theaterschule aus; er wurde im März 1777 eingereicht; als Ort der Schule war das Theater Maria Theresias in Schönbrunn vorgesehen. Die Übungsbühnen erfuhren unter wechselnden Protektoren wechselnde Geschicke, bis sich das Max-Reinhardt-Seminar aus den Schauspielklassen der Musikakademie entwickelte

Lessing war am 31. 3. 1775 nach Wien gekommen und dort mit der herzlichen Bereitwilligkeit aufgenommen worden, die die Kaiserstadt immer für die Leute von „draußen", auch für die unwirschen, unfügsamen und unverständlichen, aufgebracht hat. Schon im Jahre 1769 versprach er der deutschen Literatur mehr Glück in Wien als im „französisierten" Berlin. Die Berliner Freiheit erlaube, gegen die Religion so viel Sottisen auf den Markt zu tragen, wie man will. „Lassen Sie aber doch einmal in Berlin versuchen, über andere Dinge so frei zu schreiben, als Sonnenfels in Wien geschrieben hat." Ganz richtig war das nicht: was Sonnenfels (1733–1817), seit 1777 Theaterzensor, in Sachen der Bühne schrieb, trug ihm diktatorische Verbote der Kaiserin ein, doch siegte er unter ihrem Sohn und Nachfolger im Kampfe gegen die unmenschliche, hochnotpeinliche Hals- und Gerichtsordnung, die Maria Theresia, fast noch im Geiste Karls V., stabiliert hatte. Sie wirft einen schweren Schatten auf das Bild der Kaiserin, verrät aber auch, mit wem, mit welchem Volke sie zu tun hatte. Es kann nicht gut gehen, wenn die Säfte so vieler Völker ineinander gären.

Lessing war im „Goldenen Ochsen" abgestiegen; er war durch eine Audienz der Kaiserin und ihres Sohnes ausgezeichnet worden; seine bibliothekarische Leidenschaft fand die Zeit, die Schätze Klosterneuburgs zu inspizieren; seine Braut, Eva König, Besitzerin einer Seidenfabrik, bereitete ihre Übersiedlung nach Wolfenbüttel, die Gründung des Hausstandes vor. Die Hofbühne huldigte dem ersten Dramatiker der Zeit mit der Aufführung dreier Stücke, das Publikum mit der Akklamation: „Vivat Lessing!" Aber schon war er reisefertig; ausgestattet mit einem Empfehlungsbrief der Kaiserin an ihren lombardischen Statthalter, mußte er seinen Herzog auf einer Parforce-Reise durch Italien begleiten; Weihnachten 1775 kam er zurück; Kaunitz lud ihn zu Tisch, er wollte den Gefeierten für Vorlesungen, für die Reform der Schaubühne gewinnen. Aber Lessing war nicht zu halten; er vergalt Gnadenerweise mit Undank, ungeduldig geworden nach dem Glück, das sich in dem einen kurzen Glücksjahr seines immer rascher sich verzehrenden Lebens erschöpfen sollte. Die Braut, die so lange erharrte, hatte Wien schon verlassen.

Lessing in Wien! Was wäre darüber zu sagen! Der Hamburgische Dramaturg als Leiter des Burgtheaters, als die am Aufgang der Hofbühne verpflichtende Gestalt! Die Ära Josephs II. konnte ihm, von Übertreibungen abgesehen, nur günstig sein; noch fühlte er die Kraft, jährlich zwei Stücke zu schreiben; sein Vorrat an Stoffen, Entwürfen war unerschöpflich. Das Reich war noch da, und der deutsche Geist, die deutsche Kunst, deren stürmischer Vorbote Lessing war, hatten noch nicht in Weimar resigniert. Wie bald sollte das geschehen, wie unbegreiflich früh resignierten Goethe und Schiller! Aber sie waren dem Reichszusammenhang schon entfremdet. Das Reich war bereits transzendent, ehe es auseinanderbrach; im „Wallenstein" wie im „Tell" wurde es mit der Verklärung der Aufrührer beleidigt, im „Faust" ist es schon travestiert, Bühne gespenstischer Künste; Goethes nicht ganz willkommene Karlsbader und Teplitzer Huldigungen galten Maria Ludovica, der schönen Frau Franz' I., nicht der Kaiserin. Immerhin: als Lessing durch Wien eilte und Kaunitz unbedankt warten ließ, stand die Wahl zwischen Universalität und Kleinstaat (der durchaus sein Verdienst und seine Ehre behält). Grillparzer konnte nicht einbringen, was Lessing nicht ergriffen hat. Der Hamburgische Dramaturg wäre der Kaiserstadt nicht so fremd gewesen, wie es den Anschein hat. Kurz vor seinem Tode hat er noch, wohl als einer der ersten in Deutschland, Calderón entdeckt, dessen Bühne in ihrer sinnenhaften Transzendenz, als Zauberland und Gleichnis von Herrschaft und Macht, als Spiegel der Universalität, Stern der Wiener Bühne ist. „Wir sollten alle in Wien sein", schrieb Wieland; Klopstock huldigte dem Kaiser mit seinem ersten Bardiet, alles von ihm für Deutschland erwartend — das Gedicht galt Hermann dem Cherusker, dessen Lob Gluck mit ins Grab nahm. Aber weder Wieland noch Klopstock, noch Goethe wagten sich nach Wien.

Die Operation ist geschehen, aber die Schwester gibt keine Auskunft; ich soll mich an den Provinzial wenden. (Und dessen Namen habe ich wieder vergessen.) Die Post ist unerschöpfbar an unerfüllbaren Ansuchen: nasser Schnee, Mißverständnisse. Ich soll sein, was ich nie war und nicht sein will. Für ein paar Minuten im Sender: ein Gewirre von Signalen und abgerissenen Gesprächen, das Aquarium, in dem unsereins, bei entsprechendem Verhalten, durchgefüttert wird, vorausgesetzt, daß die Schnecken für Reinlichkeit sorgen.

Schnee, Schnee. Schon um 1/2 5, wenn mein Tag beginnt, klirren die Schaufeln der Schneeschipper vor dem Ministerium. Inzwischen lese ich, daß es mit Joke Haanschoten nun aufwärtsgehen muß; sorgfältige Untersuchung hat, nach einigen Mißhelligkeiten, die Unschuld der Ärzte wie der Behörden erwiesen: „Samenloop van omstandigheden." Die Tarantel, ich meine die abgebrochene und verschluckte radioaktive Nadelspitze, wurde im Garten gefunden und unschädlich gemacht. Welcher Aberglaube liefert die Mehrheit der Menschen als Kassenpatienten oder Versicherte vom Säugling bis zum Greis einer Therapie aus, von der doch ein jeder überzeugt ist, daß sie in wenigen Jahren nicht mehr gelten wird! „Le médecin est un malade", notiert Montherlant. Wir gehen — hoffen und glauben wir: guten Willens — von einer Phase unseres Irrens in die andre; wir haben keinen andern Weg. Denn alles Wissen ist auf einem fundamentalen Nichtwissen gegründet. Der Grundstein ist ständig im Streit mit dem Bau, empört sich und wirft ihn über den Haufen.

Inzwischen setzt sich das tragische Ringen der Mutterländer um ihre widerspenstigen Kinder fort: „Onze charmante en altijd opgewekte Kronprinses Beatrix" wird morgen, nach ihrem zwanzigsten Geburtstag, nach Surinam und den Niederländischen Antillen fliegen; die blauweißrote Fahne wird sie begrüßen, und der Wilhelmus wird ihr entgegenklingen. (Und inzwischen hat man es schwer genug, die aus Indonesien verjagten „rijksgenoten" zu trösten und unterzubringen. Die Frauen schweigen; denn die Männer sind noch nicht zurück. Der Abfall der Kolonien hat den politischen Grundstoff nur aktiviert; schon die verselbständigten Verwaltungen schwanken von Krise zu Krise; in Kamerun, Dahomey, Madagaskar – vom Nahen Osten zu schweigen. Weder Tolstoj noch Gandhi sind uns in dieser Sache zum Segen gewesen. Unser Glück ist: der Ausweg nach oben. Denn soeben haben wir begonnen, den „Kosmos als Schlachtfeld" zu erobern, wie soeben, im Explorer-Rausch, ein amerikanischer Generalmajor erklärte. Das nämlich ist unser wahres Verhältnis zum Kosmos. Wir werden entlastet, alles spielt sich fortan draußen ab; auf der Erde wird nichts geschehen. – Die glücklichen Mijnheeren, deren Sache noch eine charmante Kronprinzessin führt – während der Kommandant der in Tunesien stationierten Luftwaffe nur über Bombenflugzeuge verfügt!)

In der zur Universitätskirche führenden Gasse trägt der Brotausträger die schön geflochtenen braunen Laibe im Henkelkorbe vor mir her. Welch warmer Duft! Und die mit dem Doppelkreuz geschmückte Kapelle des Heiligenkreuzerhofs, die getönte, geschwungene Front, der breite Torbogen, die weiße, weite Stille dahinter sind in der Tat wie von Schwind erträumt.

Wie fern ist der Priester am Altare der Universitätskirche! Ich bleibe zwischen den gedrehten Säulen der Distanz nicht gewachsen. (Ein Geistlicher fragte mich vorgestern: was ich von der Wiener Frömmigkeit hielte. – Oh, ich habe kein Urteil. – Er war sehr bitter. – Ich kann mich nicht äußern, aber ich bin nicht unabhängig vom religiösen Klima der Umwelt wie die Zeit; aus dem, was in mir geschieht, ahne ich, was sich draußen begibt.) Zu beten nur noch aus Not um die Welt: das ist bereits die letzte Form der Frömmigkeit. Was mich selber angeht, rührt mich nicht an. Ich verlasse mich auf das mir angeborene Schwergewicht. Weltall und Schwerkraft sind in Harmonie.

Von Metternichs Altersbild komme ich nicht los: es ist Österreichs Gesicht. Man erkennt heute an, daß er unter den Staatsmännern der einzige gute Europäer war, nicht der erste oder der letzte, sondern der „einzige, den es je gab" (Golo Mann und Harry Pross). Skeptisch gegen die Zeit, prophetisch mit dem apokalyptischen Zug der Prophetie, von Menschen nicht mehr verführbar, die Insignien im Herzen. Das ist auch Grillparzers Gesicht, des „Dichters der Letzten Dinge".

Ihm scheint der Tag der Sage
Schon freudig durch die Nacht,
Die Nacht vorm jüngsten Tage
Wird schweigend zugebracht.

(Arnim)

Das Reich war das weltliche Gleichnis des Reiches Gottes, ging ihm voraus, zeigte es an. Wo vom Reich die Rede ist, da vom Ende. Unsere Zeit ist das Intervall zwischen dem Ende des Reiches und dem letzten Ruck des Zeigers. Das Erbe ist unerreichbar: es ist „nur" Prophetie. Metternich, der Rationalist, Kronenwächter in Pension, sitzt in aristokratischer Geduld in der ersten Parkettreihe; ein paar Possenspieler, dumm-dreiste Feuerwerker und Funkbastler, muß man noch ertragen. Don Pedro Calderón, Hofkaplan der spanischen Majestäten, ist fertig. Sogleich wird das Weltgericht gespielt werden.

Es friert und taut. Gegen Abend ermuntern sich die Amseln im Stadtpark. Der Schnee ist die einzige Geste der Natur, die den über mir im sechsten oder siebenten Stockwerk wohnenden Schäferhund – schnelle Kraft von prachtvoller Zeichnung – noch erreicht. Auf dem schmalen Platz vor der Postsparkasse wühlt er sich in das kalte Naß. Der verschneite Reiter gegenüber grüßt. Er kommandiert ins Leere. – Wenn man die in den Literaturbeilagen der resteuropäischen Blätter verflimmernden Namen zusammenzählen wollte, könnte man leicht auf tausend kommen. Kein Mensch wird ernstlich behaupten, daß heute tausend Dichter leben. (Auch ist die Aufnahme unter die in ihrem Elend Gekrönten eine allein der Nachwelt zustehende Auszeichnung – und die Nachwelt ist ohne Belang.) Wir haben nicht zu klassifizieren. Sollten wir uns nicht, ehe das Stück durchfällt, zwischen den Kulissen herauswinden? Man bewerbe sich um einen ehrlichen Namen: Schriftsteller, Schreiber, Stimme und sonst nichts. Die Schuhsohlen der Passanten haben die Grabplatten in der Augustiner Kirche abgeschliffen. Wo liegt Abraham a Santa Clara und wo der Sieger von Kolin? Und wem fällt es noch ein, nach dem Epitaph des von Maximilian gekrönten Conrad Celtes unter dem Turmstumpf von St. Stephan zu suchen? Machen wir uns keine Mühe. Das Schneewasser sickert durch die Sohlen. Es ist viel zu kalt. Und längst sind die Träger um die Ecke mit Mozarts leichtem Sarg.

Fronius schenkte mir zum Abschied, der mir ans Herz ging, den „Kaiser" der „Imaginären Portraits". (Das war mein mir abgefragter Wunsch.) Es ist der heilige Wahn, der über den Völkern loderte, tröstliches Irrlicht

DER KAISER

über den Sümpfen. In den Sümpfen verquälen wir uns ja doch. Und was wären wir ohne den Tanz verderblicher Lichter, die Danse macabre der Macht? Fronius legte zwei Fotografien der greisen apostolischen Majestät hinzu, des Kavaliers — und den Tanz der geliebten Pferdchen, vom Künstler, nicht vom Fotografen gesehen, und, als letzte Zugabe, Winterhalters repräsentatives Bild der Kaiserin Elisabeth in der Pracht der schweren Flechten, der Schultern, der rauschenden Seide. „Ich weiß ja, Sie mögen sie ja nicht." Es ist wahr: das ist eine angeborene Abneigung, mein Bekenntnis zur apostolischen Majestät.

Wieder ist kein Kopf seines Hutes sicher. Der Sturm wütet gegen die Fenster des Belvedere; über die nadelfeine Spitze des Turmes, die Höhenrücken dahinter, Kahlenberg, Leopoldsberg ergießt sich bleigraues Licht. In den Sälen des Prinzen Eugen, die noch fürstlich blieben nach ihrer Ausweidung, ist ein bedeutender Teil des Werkes versammelt, das van Gogh hinterließ; ein jedes Bild kann sich rühmen, daß es zu Lebzeiten des Meisters nicht verkauft worden ist. Die Sonne glüht über dem Weingarten; das Mandelbäumchen für Mauve macht ein Versprechen, das es nicht einlösen wird; die Sterne im nachtblauen Himmel sind viel zu nah; der Sämann schreitet vor dem braunen, todschweren Kornfeld (das ist das Vernichtende, die Gleichzeitigkeit von Saat und Ernte, Frühling und Frühherbst). Aber das elementarische Feuer hat den Narren von Arles geschlagen, wie den dionysischen Heimkehrer auf dem Wege von Bordeaux nach Straßburg; wie den halbblinden Propheten tragischer Wiederkehr in den Straßen Turins, der einem Droschkengaul um den Hals fiel, weil er Maestoso nicht fand. (Er hätte ihn geliebt wie ich.) Dieses Letzte geschah etwa um dieselbe Zeit, da die Öl- und Weingärten und Äcker, die Zypressen und Kiefern und Gestirne zu kreisen begannen vor den Augen des rothaarigen Narren in Arles. Was ist die Mitte des Wirbels? Keineswegs das Nichts. Die Welt verzehrt sich selbst. Und eben dadurch erweist sie sich als Welt, als der Überschwang, der sich ausstrahlt und aufhebt, als Erntelast im Vorfrühling, Gewitter im April; Apollo hat getroffen — und es ist gut. Die Ernte ist überreich. Aber der Leidensgang der Kohlenträgerinnen — vorüber am Baum, der das Marterl trägt, das nicht mehr erkennbare Kruzifix — entkräftet jeden Vorwurf. Unsere „Rechte" sind verspielt.

Van Gogh hoffte, die Welt zu verändern, von Gnaden der Kunst; Genie und Ethos haben sich nie in gefährlicheren Bezirken vermählt; hätte sich nicht die vegetative Traumfülle ausgeblüht im Garten des Irrenhauses von Saint Rémy: Wo hätte er leben sollen? Die Sonnenrosen haben sich erschöpft; der Postmeister verspricht Liebesbriefe — aber das ist Märchen; die Gäste des Cafés sind schon lange gegangen; der überfrachtete Erntewagen ist verschwunden; und den gebückten, hartknochigen Ährenleserinnen bleibt fast nichts.

Zugegeben: Van Gogh, Anwalt der Kohlenträgerinnen, der ausgestoßenen, am Wege verendenden Kinder des Reichs, ist ein ungemäßer Gast im Belvedere. Aber was erinnert noch an den Erbauer, wenn nicht der grandiose Blick über die Stadt, zu den Bergen hinüber, auf denen die Feldherrn der Türkenschlacht standen, von denen das Entsatzheer endlich herabstürmte — und etwa das Treppenhaus und der Kuppelsaal? Wo ist der Herr, und wo sind die Gäste? (Es ist absurd: in der österreichischen Galerie ist Reinhold Begas zu sehen, mit seiner italienischen Frau porträtiert von Cauer, edel wie Geibel. Meine Eltern schätzten ihn hoch; von ihm, dem Meister der Löwengrube, der Flügelhelme, der sicher ein Könner war, habe ich den Namen. Unter seinen Schülern war Leo von König, der sich freilich weit genug vom Meister entfernte – doch ohne den Dank zu vergessen. Immer wieder stößt man auf sich selbst.)

Aber Eugen? Giganten stemmen sich unter das Treppenhaus in der Himmelpfortgasse; und der Marschall schreitet herauf, während die Diener zurückweichen; die kleine, ein wenig verwachsene Gestalt hat keine Beziehung zu den architektonischen Maßen. Sie ist zu Hause in dieser übersteigerten Dimension, ohne es wahrzunehmen; alle Türen sind geöffnet; alle Räume sind leer; kaiserliche Ungnade ist beharrlich, und die Wölfe heulen an allen Grenzen des Reichs: Aber da liegt ein seltener Band von erlesener Prägung: und der holländische Gärtner avisiert eine Kostbarkeit; ja schürt das Kaminfeuer – für ein paar Minuten, ein paar Stunden. Was ist die Zeit? Es läutet vom Kloster. Die Himmelpförtnerinnen wachen. Man muß dafür sorgen, daß die Korrespondenz vernichtet wird: kein Ruhm! keine Klagen! Das Reich.

Man schätzt die „horizontale" Ausdehnung der Milchstraße auf 100 000 Lichtjahre, die „vertikale" auf 20 000. Wie alt müßte ein Mensch werden, wenn er mit Lichtgeschwindigkeit das System verlassen wollte? Und zu welcher der tausend Millionen Milchstraßen, deren jeder man 100 bis 200 Milliarden Sterne zumuten kann, will er dann steuern? Aber W. v. B. öffnet die Pforten des Himmels. Die biologische Situation des Menschen ist ebenso verzweifelt wie die kosmische. Das Ganze des Lebens in seinem Körper ist ein uferloser Zusammenhang; ein jeder Eingriff, auch der scheinbar hilfreiche und notwendige, ist falsch. Die Mischung, Temperierung der Wirkstoffe ist viel zu kompliziert.

Am Tage nach der Operation war mit dem Ende zu rechnen. Schon nach drei Stunden mußte eine Nachoperation vorgenommen werden; endlich gelang es, das Blut zu stillen, und heute spricht man von Hoffnung.

Tauwetter – Sonntagmorgen von bemerkenswerter Tristesse, im Februar eben, der den alten Kant, als die Vorhänge immer dichter fielen, zu Dankesversen bewegte. Schnee, Schnee; unter den hoffnungslosen Fronten der mißmutige, obligate Spaziergang behoster Hausfrauen mit den in Mänteln steckenden Lieblingen. So habe ich mir Petersburg gedacht. Ich bitte um Verzeihung; denn natürlich geht es gerade jetzt höchst vergnüglich zu; wer weiß, wann die Damen nach Hause gekommen sind; man kann die Bälle nicht auffangen; die Friseure haben Arbeit. Und die Selbstgespräche des äußern, des innern Elends gehen ungestört fort. Über dem Altar der Dominikanerkirche heute doch ein schwaches, hellgraues, fast silbernes Licht.

In der Nationalbibliothek ein Abend zu Ehren Käthe Prager-Brauns, aus Anlaß ihres siebzigsten Geburtstags (der Witwe des Dostojewskij- und Shakespeareforschers Prager und Schwester Felix Brauns) wurden ihre graphischen Visionen gezeigt, ihre Verse gelesen; es wurde mir wieder klar, daß die Stärke des Glaubens und des Lebenswillens einander entsprechen. Mit welcher Genialität hat das Judentum die Herabsetzung und Verfolgung beantwortet, überstrahlt! Simone Weil, Edith Stein, Gertrud Colmar; in dieser Reihe könnte Käthe Prager-Braun stehen; sie hat, was vielleicht selten ist, die vom Alten Testament empfangene Kraft auf dem Boden des Neuen zur Entfaltung gebracht, das „Ich aber sage euch" eingeschmolzen; Simone Weil hat das nicht vermocht.

Nur einem heftigen Willen zum Diesseits entkeimt (nach der Lebenskrise) der Glaube an das Jenseits; wer nicht will, der glaubt eben nicht. Je stärker der Stamm, um so üppiger die Mispel. „Ducunt volentem fata, nolentem trahunt." Das ewige Leben kann nur die Fortsetzung des erfahrenen sein, befreit von seinen erfahrenen Beschwerden. Leben ist nur vorstellbar als Verlängerung der Gegenwart (wenn auch unter gnadenhafter, unfaßbarer Aufhebung der zerstörenden Tendenz, die dem Leben wesenseigen ist: eine Wespe kriecht an einem Halm unter den Wasserspiegel, rudert mit den Flügeln und legt ihre Eier — eben das Leben — in Larven, an denen ihre Brut sich sättigen wird. Leben ist immer Tod des Lebens).

Hier liegt der Grund des Verfalls der Religion: jenes Verfalls, dem nicht beizukommen ist. Unter leidlichen Umständen leben die Menschen ganz gerne; aber in diesem „gerne" ist keine Kraft. Der Film läuft ab, der Fernsehschirm erlischt. Noch einmal? Oder weiter? Warum? Zeugung ist Lebensrecht, das allen Generationen zufiel. Warum soll es dieser verweigert werden? Weiter machen wir uns keine Gedanken; es ist auch schon überzahlt: das nette bißchen Glück. Das ist im Eintrittspreis eingeschlossen. Im übrigen: der Pilz der Glutwolke entbreitet sich in der Luft. Das Schwert sticht nieder. Wohl dem, mit dem es vorher zu Ende geht! Wollte man also missionieren, so müßte man den Willen zum Diesseits stärken; die Angst taugt zu nichts. Aber wo sind die Argumente?

Das Fräulein an der Garderobe der Schatzkammer will keine Gebühren annehmen. („Eine Ehre." Für wen? Für mich.) Denn es ist allerdings jedesmal eine Ehre, vor den geliebten Kleinodien zu stehen, in ihrem Strahlenfeld. Ich glaube, sie haben Heilkraft noch immer, wie die Geweihten, die sie trugen. Die Steine schließen Wunden; des Königs im Zepter über Völker und Zeiten ausgestreckte Hand erreicht noch mein Herz. Saphir, Hyazinth, Smaragd, Topas, die Emails: welche Versammlung sich ausgebender Macht! Aber die edle, mit ihrer Schale verwachsene Taufkanne wird kein Haupt mehr benetzen; die Atmosphäre des Mysteriums bauen wir nicht wieder auf. Und doch webt Leben von Stein zu Stein, von Kleinod zu Kleinod, von Namen zu Namen: Blätter und Blüten der goldenen Rose zittern; die Perlen am Deckelknauf des burgundischen Hofbechers beben; es ist, als wehe Atem hindurch — und das gewiß auch in der Nacht. Der Rock des Heroldes des lombardovenetischen Königreichs, dessentwegen die von Europa verratene Monarchie zweimal vergeblich bei Custoza siegte, ist abweisend, stumm, unveränderlich: Markus, der Evangelist, mit dem Buche im linken Feld, im rechten die geringelte blaue Schlange, die ein Kind verschlingt.

Der Genius krönte den Lorbeerkranz über der Wiege des Königs von Rom mit Sternen, und der Adler sah dem Kinde ins Antlitz; die Tragik dieser Erscheinung ist wohl nie überboten worden. Anton Graf Prokesch-Osten (1795–1876), Mathematiker, Soldat im Stabe des Fürsten Carl Schwarzenberg, Diplomat, Schriftsteller höchsten, man könnte sagen lateinischen Ranges, genoß seit 1830 das Vertrauen des Herzogs von Reichstatt; Prokeschs Schreiben an einen Ungenannten über den Herzog nach dessen Tod (Wien, 1. Oktober 1832), ein, was Geschichtsbewußtsein angeht, einzigartiges Dokument, deckt den vernichtenden Widerspruch dieses Daseins auf: es war unmöglich, in einer Person Enkel des Kaisers und Sohn des Usurpators zu sein. „Er verwest. Seine Leiden sind ausgelöscht ... Er starb ruhig wie der Vater auf jenem Felsen im Weltmeer ... Ob er gern starb? Können Sie zweifeln? ... Was sollte er hier auf Erden?—War sein größter Jammer nicht seine durchaus falsche Stellung ..." In Schönbrunn geboren und gestorben, auf die Bettstelle geworfen, „auf welcher vielleicht der Traum seines Entstehens begann ...", erfüllte er das Verhängnis, die Fatalität seiner Existenz, seiner Person, die eine Unmöglichkeit war, hervorgegangen aus der Vermählung Habsburgs mit der imperialen Diktatur der Revolution. Das Reich war die Ehe mit dem Gegenreich eingegangen; der Herzog war, erfüllt von heiligem Ernst, loderndem Ehrgeiz, stürmischer Sehnsucht nach Befehlsgewalt, Schlachtenruhm, der Vernichter seiner selbst: Bonaparte und Franz der Kaiser, das Gott erhalte! und die Marseillaise. „Tiefe und zunehmende Schwermut, eine oft fieberartige Ungeduld, ein rührendes Verzagen an sich selbst gehörten unter die Stimmungen, die für das Auge des Freundes häufig in dem Herzog zum Vorschein kamen." Wohl kämpfte der habsburgische Napoleonide für seine Unmöglichkeit; er suchte sich in körperlichen Übungen zu stärken; er schützte sich ab. „Er war mit allen Eigenschaften eines Feldherrn geboren" – und eben das zwang die Staatsklugheit, den Käfig fest zu verschließen; in der Enge seines Zimmers zu Wien oder Schönbrunn überblickte er Frankreich „wie ein Feld"; gehörten ihm nicht beide Machtbezirke von Rechts wegen: das Reich und das Gegenreich, beide Kronen, die alte geheiligte und der Reif, den Napoleon den Händen des Papstes entwand? War er nicht die Synthese der Räume, Zeiten, Erbschaften, Ideen? So wendete sich eine Existenz, die Summe der Hinterlassenschaften, die eben sein Gemüt und sein Schicksal war, gegen ihn selbst: er konnte nicht sein, nicht vollziehen, was er war. „Die Vorsehung", sagt Prokesch, „verweigerte ihm, außer sich zu werden, was er bereits in sich war."

Die blaue Schlange verschlang das Kind. Er war, was er nicht sein durfte: Dieses Unsägliche legte ihm der Genius in die Wiege.

Im dichten Nebel machen sich die Briefträger, beladen wie die Packesel, mißmutig in eine neue Woche auf. (Die Botschaften des Unglücks wiegen schwerer als die des Glücks.) Seit ich meine Liebe zu St. Barbara verraten habe, wagte ich mich nicht mehr dorthin; heute, schon in Abschiedsstimmung, wagte ich es doch. Der Küster stellte die Dreifaltigkeitsikone zwischen die schweren Silberleuchter auf das schwarze Tuch; dann entzündete er die Kerzen an der Ikonenwand. Man ist ganz allein.

Gestern abend bei Frau Professor P. in ihrem intimen Heim. Anruf aus dem Krankenhaus: seit Mittag steht es schlecht.

Am Abend die schon übliche Flucht in die Operette: Millöckers „Vizeadmiral“, mit allen Herrlichkeiten, Künsten, Talenten szenischer Zauberwelt und in bester Laune gespielt. Die Uraufführung war 1886 — und die Darsteller schließen sich, selbst in der Geste, den ersten Trägern ihrer Rollen an (was viel mehr ist als Pikanterie); 1886, das war zwanzig Jahre nach der Seeschlacht von Lissa, einem echt österreichischen, nämlich fruchtlosen Sieg. Man kann im Belvedere Tegetthoff auf der Kommandobrücke zwischen seinen Offizieren sehen, in einer Situation, der nicht so leicht wieder ein Admiral ausgesetzt sein wird: wirklich im Feuer, im Höllenlärm der Schlacht. Hier aber, unter Millöckers leichtem Stab, wird alles zum Spiel, Glorie, Befehl und Gefahr; die österreichische Seemacht entschwindet in der Szene, unter Walzertakten, in Liebesschmerzen und -freuden. Was nun auch kommen mag: es ist nicht mehr ganz ernst. Alle Flotten sind Traum.

Das Phänomen „Leben“. Die Gottesanbeterin hat den Kopf des Männchens verspeist und sättigt sich nun am Vorderleib, während der Hinterleib sie begattet. (Welche Versklavung aller Kreatur! Blutdurst der Tanzfliegen zur Begattungszeit.)

Eben schloß sich die Pforte der Ikonenwand; der Gesang verhallte dahinter. Es war niemand da — außer dem einen, der keine Hilfe fand. Und wer hilft dem Priester, der keine Gemeinde hat? Man könnte sich die

Augen ausweinen; aber „man" steht endlich auf; es fand sich kein Becher an der Quelle – draußen zerfließt der Schnee. An Föhntagen geht alles verkehrt: Man bekommt in den Geschäften nicht, was man möchte, wird nicht verstanden; ein jeder ist des andern gereizter Feind. Nur der Ober und Maestoso bewähren sich in solchen Krisen. Sie haben immer Dienst; es gibt keine Entschuldigung. Chancen auf Plätze in der Burg, der Staatsoper habe ich kaum; selbstverständlich hört man auf jede Bitte ein Ja. (In der Nuance liegt, wie in Portugal, die Verneinung; und das ist keine schlechte Konvention; machen wir es einander leicht! Leider bin ich so weit gekommen, daß mir ein nicht ernst zu nehmendes Ja lieber ist als ein ehrliches Nein. Wie viel besser ziehen sich beide Teile aus der Affäre!) In der „Tribüne", dem Kellertheaterchen neben der Burg, wurde (von Hermann Weiner, einem bisher unbekannten Autor) das Thema der Zeit aufgegriffen: die Unfreiheit der Wissenschaft im Staat; ihre einzige Freiheit ist der Selbstmord; aber der befreit die Welt von den Errungenschaften der Forschung nicht. Freilich kann die Szene auf eine gewisse Simplifizierung unentwirrbarer Verstrickungen, die eben unser Schicksal sind, nicht verzichten – und auf die Erotisierung auch nicht. Der Anteil der Damen ist, wie so oft, banal: das, was am wenigsten interessiert, im Mißverhältnis zu der faszinierenden schauspielerischen Leistung. – Die „Courage" brachte Sherwoods (gest. 1955) „Versteinerten Wald" (Petrified Forest). Ich konnte der Direktrice, die mich eben ansprach, nichts Erfreuliches sagen; mein überzeugtes Lob der Inszenierung und Darstellung genügte offenbar nicht. Es ist auch verwegen, sich auf Ibsen zu berufen – nach wie vor den Lehrmeister des europäischen und amerikanischen Theaters; zu Gangstern hat er sich nie herabgelassen; er blieb bei den Stiefkindern der Gesellschaft, der absinkenden Substanz, von der die Raubfische leben. Nichts ist langweiliger als die Romantik der Maschinenpistole. Doch bleibt Sherwoods Aussage erschreckend: Unsere Welt ist eine Tankstelle in der Sandwüste, Oase der Verbrecher; was galt, ist versteinert; es wird nie wieder lebendig werden. In dieser Trostlosigkeit ist das einzige Licht ein sentimentaler Blick auf die französische Kultur, die natürlich für den amerikanischen Bankerott nicht entschädigen kann, zumal sie ja in der Perspektive der Tankstelle unverständlich bleibt. Wir haben es also mit der absoluten Leere und den zugehörigen Sentimentalitäten und törichten Knallereien zu tun: Lausbuben in der Wüste. Das Furchtbare ist der Mangel jeglichen Zusammenhangs, jeglicher sozialer Verbindung; der sowjetische Nihilismus stellt in Verpflichtung; der amerikanische ist das Nichts für das Nichts; der Schlag ins Wasser. Sofort trägt solche Feststellung Verdächtigungen ein. Ach, wäre es doch anders! Wenn aber Macht in dieser Leere kulminiert: Was ist dann zu erwarten?

Und wie steht es um uns? Ich sehe Jugend, die sich nicht die geringste Mühe gibt, etwas beizutragen. Sie glaubt der Welt ein Geschenk zu machen durch ihr Vorhandensein. Daß eine jede Existenz sich keineswegs von selbst versteht, daß sie sich ausweisen muß, ehe sie fordert, wird nicht mehr zur Kenntnis genommen. Das Nichts wird mit dem Nichts zusammenschlagen über meinem Grabe; es hat nichts damit auf sich; schlösse das Grab bald!

Das Krankenhaus verweigert die Auskunft; keine Verbindung mit dem Herrn Provinzial. Spät, auf Umwegen, Nachricht: Man hofft die nächste Operation vorzubereiten. Wer verdient mehr Mitleid: der Patient oder der Arzt?

Ich suche in allen Taschen nach dem Garderobenschein. Ich kann ihn nicht finden. Wo ist der Ausgang?

Wie bekannt, wurde Vater Haydns Schädel von einem frenetischen Phrenologen aus der Schule Galls gestohlen; der Jünger der Wissenschaft wollte endlich den physiologischen Gesetzen der Genialität auf die Spur kommen. (Man muß das der unglaublichen Naivität der aufsprossenden Wissenschaft zugute halten.) Inzwischen hat man den mutmaßlich richtigen Schädel dem Skelett feierlich zurückerstattet. Wir sind also auf dem Wege nach Eisenstadt im Burgenlande, vorüber an den drei Toren der grandiosen Totenstadt, wo so viele große Namen auf den Grabsteinen leuchten und vergehn. Der Nebel wallt über die Ebene; die Straße wird glatt. Gerade der Schilfgürtel ist noch im Schnee zu erkennen; der See hat sich eingehüllt. In Oggau sind alle Fensterläden der einstöckigen Häuser geschlossen; die Straße ist ausgestorben. Aber in dem altertümlichen niedern Geniste des Hofes dampft die Suppe mit allen wünschenswerten Zutaten auf dem Tisch; die schwarz vermummte Bedienerin hat zu tun. Eben erst ist die Frau Wirtin aufgestanden; es ist nämlich Fasching und Montag; und die Frau Wirtin hat seit gestern abend bis in den Morgen getanzt. Jetzt kommt auch der Herr Gemahl, rasiert und gewaschen, im frischen Hemd; man versteht die zwei Phänomene erst, wenn man sie nebeneinander sieht: es ist, als werde der halbierte Vollmond wieder ganz; oder zwei Flundern schwanken vergnüglich auf weichen Schwanzflossen nebeneinander her; man sieht keinen Hals; das breite Gesicht sitzt auf der Brust. Der milde Feuerwein verdient jegliches Vertrauen; es ist sonderbar, welche Glut unter den verschilften Schneefeldern schläft. Und noch immer fallen Schnee und Regen und Nebel auf das von Efeu überwucherte Vordach. Der Großvater setzt sich zu uns, ein feiner, durchgearbeiteter Kopf; auf unsere Bitte spricht er ungarisch, was wir natürlich nicht verstehen; und inzwischen werden die ersehnten Flaschen in den Wagen gepackt. (Auf die Weine der Hauptstadt bin ich nämlich nicht mehr gut zu sprechen, womit die wesentliche Nährquelle versiegt ist; es bleiben nur dünnes Bier und ein Teller Suppe — und ein Glas Oggauer im Beisel.) Rust liegt im Schlaf: orientalisches Barock; der Wirt war auf Gäste nicht gefaßt; der kleine Ofen sprüht widerwillig; zögernd kommt ihm die Heizsonne zu Hilfe; draußen verschwimmt, verschweigt sich die Natur, deren Sprache ein einziger verstand: Nicolaus Lenau aus Csatád in Ungarn. Wo ist der See? Er ist, kommend und verschwindend, das Geheimnis der Landschaft; niemand kann darin ertrinken; (es sei denn, der Schlamm zöge den Unglücklichen hinab); der See ist flach wie eine Untertasse; aber drei oder vier Storchennester sind auf jedem Hause für die Wanderer aus dem Süden, für seine Gäste bereit. Und bald wird es schnarren und quaken, schnattern, klappern und flügeln im unzugänglichen Dickicht; die schwerfällige Trappe, der leichte Kranich, der Silberreiher werden Quartier nehmen, Wildenten und Graugänse niederstoßend die Fläche furchen, und der Wels wird sich aus dem Schlamm wühlen; das ungeheure Heer der Insekten schart sich sirrend in der Frühlingsschwüle zum Vernichtungskrieg, und die Blutegel schwänzeln dem geliebten Fleische zu. Die Wolke der Schnaken, der Eintagsfliegen, die jahrelang hungerten nach dem Hochzeitstanz, treibt über den See; und jegliches Leben wird seine Schuldigkeit entrichten, zeugen und den Tod bereiten und erdulden, der sein Dasein ist. Der See, das ist das verschleierte Auge der verlorenen Erde, Spiegel des Nichts. Guido Gezelle verstand sich, wie nur noch Lenau, auf das Rauschen des Rieds, die heillose Schwermut der Natur.

O! 't ruischen van het ranke riet
weêr galleme in mijn droevig lied,
en klagend kome't voor uw voet,
Gij, die ons beiden leven doet!
o Gij, die zelf de kranke taal
bemint van eenen rieten staal,
verwerp toch ook mijn klachte niet:
ik! arme, kranke, klagend riet!

Der hochwürdige Herr Bischof von Eisenstadt empfängt uns freundlich in der neuerbauten Residenz, die, neben der gotischen Wehrkirche, auf altem Gemäuer ruht. Exzellenz hat eine vielsprachige Herde zu weiden und versteht sich darauf: kroatische, ungarische, deutsche Gemeinden werden in ihren Sonderrechten respektiert. Eine Schwester aus Ungarn trägt den Wein auf: ein ernstes, von den Schicksalen des Landes beschattetes Gesicht. Der Wein des Burgenlandes schmeckt nur allzu gut; es dunkelt schon, da wir an dem gelben Esterházy-Schloß vorüberfahren; es ist zu spät, um nach Vater

Haydns Häuschen zu suchen. Aber über der Treppe ist die Bergkirche geöffnet; es leuchtet vom Altare der Gnadenkapelle, und nun erschließt sich ein Mysterium: Paul Esterházy ließ zu Anfang des 18. Jahrhunderts einen Berg aufschichten, um in ihm die Geheimnisse des Christentums zu vergegenwärtigen und zu verbergen. (Der Fürst soll, als unermüdlicher Wallfahrer, nicht weniger als achtundfünfzigmal nach Mariazell gepilgert sein.) Es war die schlimme Zeit der Kuruzźenkriege; aber im Mai des Jahres 1707 konnte der Bischof von Raab das künstlich-unterirdische Heiligtum weihen, zehn Kapellen und achtzehn Altäre, die durch Gänge und Treppen miteinander verbunden sind. Es ist eine von krassem Realismus ins Unheimliche transzendierende Gestaltenwelt, erfüllt von leidenschaftlicher Innigkeit, kühner Dramatik des Heilsgeschehens; in einer Nische ist Christus einsam niedergesunken am Säulenstumpf; in einer andern geschieht die roheste Mißhandlung königlichen Leibs; der Herr verantwortet sich, immer in der Majestät der Passion, vor dem Hohen Rat. Alles geschieht im Dämmer, aus dem Kerzenlicht die Gestalten hebt; das Zusammenwirken von Dunkel und künstlicher Helle vollendet erst das Gestalthafte, Tragisch-Religiöse; nur auf die Schaustellung vor Pilatus fällt Tageslicht. Tief und tiefer ins Innere führen die Felsengänge weltabgewandter Leidensmystik; welches Leben, welcher Glaube, die sich hier verloren! Es gab keine Rückkehr, keinen Ausweg ins Licht. Dies ist das Castillo Interior der großen Teresa, Wandel in heiliger Dunkelheit, Weltverzicht und unerschöpfliche Erfüllung. (Und draußen der See, die unendliche Ebene, Brand und Krieg, Vorüberflucht der Reitervölker, Nichtigkeiten der Welthistorie, Hufschlag der Magyarenpferdchen oder der Reiter Attilas? – hier aber ist Wahrheit, das Leidensgeheimnis, der selige Untergang in der Passion.) Das Christentum will ins Dunkel; denn das Dunkel ist Licht. Hüte dich, der du eingehst in den Berg der Geheimnisse, in die funkelnden Schächte: Du hast mit der Welt nichts mehr zu tun; deine Heimat ist unter der Erde; du findest zurück zu den Ersten in die frühe Zeit, da das Christentum nur Ärgernis war und Geheimnis, ein Werk der Maulwürfe, weltumgestaltende Verborgenheit.

Laß der Sonne Glanz verschwinden,
Wenn es in der Seele tagt,
Wir im eignen Herzen finden,
Was die ganze Welt versagt.
(Faust)

Später Zauberberg der Mystiker, schließe dich zu! Welche Verlockung, sich in die Beter hineinzuleben, die hier, im Bergwerk des Glaubens, zur Tiefe fuhren; die sich verloren an die Majestät des an den Säulenstumpf gefesselten Herrn, an Christus, den toten! Der Glaube, der zu Grabe fährt, mit Christus ins Grab, wird vielleicht auferstehn. Wir sind nicht allein an der Grenze des Abendlands, in Pannonien; wir sind an der Grenze überhaupt (denn oben geschieht nichts mehr als Untergang). Der Glaube hat nur noch diesen Weg: durch das Grab; sein Leben ist die geheimnisvolle, die unterirdische Agonie, sein Ort die Kapelle der Todesangst Christi. (Natürlich kann mich ein jeder Konviktschüler mit frohem Gruß widerlegen. Ich bitte nur um den letzen Platz, um einen bescheidenen Anteil am dunkelsten Aspekt der Offenbarung, an Tystnadensland.)

Ehre dem Fürst Paul Esterházy, der uns den unterirdischen Kalvarienberg als Zuflucht hinterließ! War es Voraussicht? Es war „nur“ Christentum, unwiderlegbare Prophetie. Sein etwas vermessener, der Glaubensglut aber verzeihlicher Wunsch, hier in Eisenstadt zu Ehren der Jungfrau eine Kirche zu bauen, „welche am (!) ganzen Erdkreis ihresgleichen nicht haben sollte“, ging nicht in Erfüllung. Oder doch? Haydn baute sie auf, als in der Kirche Mariä Heimsuchung die Orgel unter seinen Händen erklang. Und es ist wohl in der Ordnung, daß er hier begraben wurde neben der verschleierten Leier; daß sein Gebein wieder zu seinem Haupte kam und die Dissonanz seiner Grablegung, vielleicht die einzige, die sich an seinen Namen heftete, versöhnt worden ist. Ein Segensstrom, so heißt es, gehe vom Eisenstadter Heiligtum aus, ins Burgenland, das geheimnisvoll gerettete: ein Segensstrom aus Grabestiefen.

Die Tauben sonnen sich auf den Firsten der Postgasse. Es ist rätselhaft mild. Immer und immer der ernste Gesang des Priesters im schwarzen Ornat; vor der Dreifaltigkeitsikone unter dem Kreuze liegen Rosenblätter; sie strömen sich in das Heiligtum aus. Ich fühle mich grenzenlos frei. Aber ich weiß nicht mehr, was ich erlebe und was ich bin, immer glücklich und immer verloren, in seliger Übereinstimmung mit meinem Geschick. (Immer habe ich mir abgeraten von Wien. Und doch ist es gut, daß ich her kam.) Der Kehraus beginnt. Ich kann nur flüchtige Eindrücke verzeichnen. Früh, von einem Atelier in der Singerstraße (— warum muß ich denn fotografiert werden, und warum lasse ich es zu? Wenige Augen sehen so falsch wie die Linse —) einen Blick auf die steilen, mit tiefroten Ziegeln bedeckten Dächer; der Stephansturm im Dorngestrüpp des Gerüsts — wie konnte man nur daran denken, den zweiten Turm zu bauen! —, Herr der Stadt, ihr Übergang in die Transzendenz; über die Landschaft der Dächer antworten ihm die Türme der Universitätskirche; es ist ein unversehrtes Bild.

In einem der dreizehn Höfe des allgemeinen Krankenhauses, über die 33. Stiege erreichen wir O. M. Fontana; er hat, nach der Rückkehr aus Graz, einen schlimmen Herzanfall erlitten und fügt sich mit bewundernswerter Beherrschung in die Pflege und die seinem Temperament widerstrebende aufgezwungene Ruhe. Mich würde die Trübnis des Milieus zerstören. Aber Fontana lobt den Sonnenaufgang, den er vom Bett aus sieht; er freut sich auf den nächsten Morgen. Es fällt mir sehr, sehr schwer, von ihm Abschied zu nehmen. Vor weiteren Verpflichtungen, um nicht mit zu großem Durst anzukommen, kehren wir mit G. W. im „Grünen Jäger" ein, redlicher Wein; es ist eine Beleidigung, Ungewohntes zu verlangen; unsagbar, welche Traurigkeiten nisten in dieser Stadt. — Oder nur in mir?

Nachrichten von der wahrhaft schauerlichen Operation, die an dem armen Pater B. vorgenommen werden mußte; man kann nicht wünschen, daß er diese unbegreifliche physische Katastrophe überlebt; von einem gewissen Grade an ist es nicht mehr möglich, das Leiden zu verstehen. Die grausigen (fast würde ich sagen: tükkischen), die unergründlichen Möglichkeiten der Quälerei, die in unserer Physis angelegt sind, überfordern nachgerade meinen ärmlichen Glauben.

Föhn. Unwahrscheinliches Klima. Entsprechende körperliche Verfassung. Braunschwarzer Rauch weht von den Dächern, und über den pittoresken Säulen, die vor der Kuppel der Karlskirche salutieren, in Streifenwolken die Verheißung aller nur denkbaren Unwetter und Unglücksfälle, jeglicher aufregender Nuance zwischen Dezember und Mai. Nur die winzigen Vögelchen in den kahlen Bäumen am Stadtpark sind vergnügt; mein Ober – gottlob! – in dem leicht angeheiterten Zustand, der seine dienstfertige Freundlichkeit erhöht; ein überreiztes Liebespaar hat eine neutrale Basis des Rendezvous gefunden und löst das neueste Kreuzworträtsel des „Kuriers". Gabriel Marcel hielt einen Vortrag, für den ich leider nicht frei war. Er schickte mir ein paar Zeilen; wir trafen uns gestern in privatem Kreise. Auf seine eindrucksvolle, ganz unpathetische Weise, in sich selber vergraben, ein quijotesker Fala-Só, sprach er von der demokratischen Monarchie mir aus dem Herzen; er hat das Rezept in der Tasche, das Frankreich nach fast zweihundert Jahren Krankheit heilen könnte. Was hilft alle Einsicht, wenn der Patient nicht gesund werden will? Wenn er nicht einsieht, daß er krank ist? In Sachen des Kummers über die heilige Kirche, über ihr Verhalten heute, haben wir uns vielleicht in dem Gespräch verstanden, das dem leider ohne Antwort gebliebenen Referat folgte (doch will ich nicht den Namen des Verehrten zum Schilde nehmen; ich attackiere allein). Warum denn Frankreich *nach* dem Siebenjährigen Krieg noch immer seine Streitmacht gegen Österreich aufgeboten habe? Was denn Frankreich erwartet habe von Österreichs Untergang? Er schlug die Hände vors Gesicht. Wunderbarer Mann, der den Mut zur Narrheit hat, die Weisheit ist, heute! Und Robert d'Harcourt? Er hat mich noch nicht vergessen. Aber welche Beschwernisse wären für meine Fatalitäten zwei Tage in Paris!

(An verschiedenen Amtsstellen besinnt man sich darauf, daß man ein von mir verfaßtes Stück in Bregenz spielen will – oder „muß" – und dann in der Burg. Ich bin unfähig, die Sache zu betreiben. Der Preis liegt unberührt auf der Bregenzer Bank. Ich verzichte sofort. Wie gerne leiste ich meinen kleinen Verzicht!)

Zum Phänomen „Leben" ohne Kommentar: „Die Weibchen der Schildläuse saugen sich an Pflanzen fest und verlassen diese Stelle zeitlebens nicht mehr. Unter ihrem gewölbten Körperpanzer entwickeln sich dann die Eier. Die Insektenmutter geht jedoch bald zugrunde, und ihr Körper vertrocknet. Nur sein harter Panzer bleibt erhalten, in dessen Schutz ihre Nachkommenschaft heranwächst. Die Larven der Ibisfliege ernähren sich sogar regelmäßig von den toten Körpern ihrer Mütter" (G. v. Natzmer). Des weiteren: die Larve des Fächerflüglers bohrt sich mit solcher Vorsicht in die Bienenlarve, daß diese sich weiter entwickeln kann; der unfreiwillige Wirt und die Larve verpuppen sich zugleich. Die Weibchen gewisser Meereskrebse entwickeln „rankenartige Ausläufer", mit denen sie die Lebenssäfte der von ihnen befallenen Krabben austrinken; das Krebsweibchen wird zum saugenden Geschlechtsorgan, das sich im Eierlegen erschöpft. Schmarotzerpflanzen lösen sich in Fadengeflechte auf, die organische Stoffe durchwuchern: der Hunger, die Gier, der Zerstörungstrieb modifizieren die Formen. Die winzigen Männchen der Fächerflügler spüren mit der Genialität des Begattungstriebes die Weibchen auf, deren Leib zwischen den Hinterleibsringen der von ihnen heimgesuchten Bienen hervorragt. Aber wieder zerstört „Leben" sich selbst, denn die befallenen Bienen sind nicht mehr imstande, Zellen zu bauen und Eier zu legen, so wie die von Krebsen bewohnten Krabben unfruchtbar werden. Das ist die Verdammnis zum Dasein, eine rotierende Hölle, das Nichts in der Erscheinungsform der Qual. Bruegels später Seesturm (meine innere Landschaft); van Goghs immer wilder umwirbelnde, verbrennende Natur.

Und doch: hatte der Meister der „Schöpfung", der „Jahreszeiten" nicht recht? Den unsterblichen Lobpreis im Herzen, nahm er in der Morgenfrische unbeschwert seine Flinte, um Enten oder Wildgänse zu schießen am Neusiedler See; alles war zur Freude erschaffen und bereitete sterbend noch Freude.

In Foggia stürzte über Nacht ein Schloß aus dem 13. Jahrhundert zusammen, in dem Obdachlose sich zusammengedrängt hatten: es war eines der lugubren Staatsgefängnisse Kaiser Friedrichs II. (Schwerlich wird er seine Gefangenen milder behandelt haben als seine Feinde seine Söhne und Enkel.) Ein junger Mann, Gennaro Borello, hatte im obersten Stockwerk eine Mauer angelegt, um einen Raum abzutrennen, der für ihn und die fünfzehnjährige Rita la Quaglia nach ihrer Hochzeit zum Heim werden sollte; die Leichen der beiden waren die ersten, die ausgegraben wurden („Politiken" vom 11. Febr.). Die Schlösser stürzen ein; sie kosten der Jugend das Leben. (Es ist erstaunlich, wie die Zeit sich aussagt, ihr adäquates Bild erdichtet, wie Geschichte und Natur sich verraten. Geschichte ist Bildersprache, unerhörtes Gedicht; aber das Herz ist ihm nicht gewachsen.)

Die zu erwartenden meteorologischen Umstände kündigten sich heute nacht mit physischen Dissonanzen unmißverständlich an; blaugrauer Föhnhimmel, krankes Licht; immer schwerer fällt es mir, aufzustehen. (Immerhin! Ich bin nicht lebensmüde; aber es reicht; ich stelle keine Ansprüche mehr; ich habe genug gesehen für mein Billett. Ich bekomme ein schlechtes Gewissen: so viel habe ich ja gar nicht bezahlt. Auch braucht man das Stück nicht abzusitzen; ich gehe gerne in der Pause.) Zum Unglück kam die Abrechnung des Verlags; ich schleppe solche Mitteilungen lange uneröffnet mit mir herum. Später, gestärkt von einem Sliwowitz, faßte ich Mut. Es war nicht ganz so schlimm, wie ich dachte. Ich suchte Am Hof nach den Adlern, die das Prätorium in der Gegend der Tuchlauben und der Camesinagasse bekrönt haben sollen. (Die Adler sind die Voreltern meines zweiköpfigen Gegenüber. Es ist ein rein genealogisches Interesse.) Aber die freundlichen Feuerwehrleute, die jetzt im bürgerlichen Zeughaus stationiert sind, konnten mir nur die hartgemauerten Reste einer römischen Kanalanlage im Untergeschoß zeigen; dort ist ein Plan des Castrums zu sehen: ein Konglomerat von Kasernen, radikal militant, die Urzelle der Kaiserstadt, im Kriege und für den Krieg gebaut, von lebensfeindlicher Klarheit und Disziplin, Lager der ruhmreichen 13. Legion. Das Mittelalter hat diesen geometrischen Grundriß aus Vierecken überwuchert, mit seinen rührenden Rosenguirlanden bedeckt; aber der Anfang war die behelmte Maske des römischen Legionärs; und fast alles, was Wien der Welt gegeben hat und noch gibt, hatte Raum im scharfen Umriß der imperialen Garnison.

Die apostolische Majestät erst hat diese Schranken

aufgehoben, und zwar mit einem an den Innenminister Alexander Bach gerichteten Handschreiben vom 23. Dezember 1857, das die Beseitigung der bisherigen Festungsanlagen befahl. Militärische Erwägungen spielten, der Tradition gemäß, eine Rolle; nach den Mißgeschicken der Jahre 1848 und 1849 war die Sicherung der Zufahrtsstraßen zu wünschen (Ludwig Jedlicka). Außerhalb des alten Festungsgürtels, am Zusammenfluß der Wien und des Donaukanals, hinter dem Belvedere, erstanden, gewissermaßen aus römischem Geiste, „die größten fortifikatorischen Anlagen auf europäischem Boden seit der Römerzeit" (Jedlicka). Militante Bestimmung ist Wiens Ursprung; defensive Berufung formte die Stadt; die graue Monotonie römischer Kasernen ist gegenwärtig auf Schritt und Tritt; Wien ist keineswegs sentimental: noch die riesigen Krankenhäuser, von denen im vorigen Jahrhundert umwälzende Einsichten ausgingen, sind von monumentaler Unbarmherzigkeit, sind Kloster-Kasernen.

Aber die Adler des Prätoriums? Man hat sie sicherlich aufbewahrt; meine Unwissenheit findet sich nur nicht zurecht. Und als immer bedrückender empfinde ich die Gegenwart des einstigen Kriegsministeriums, mit dem, knapp vor dem ersten Weltkrieg, das alte Österreich seine militärische Repräsentanz beschloß; Grillparzers Feldherr (das von Ferdinand von Saar feierlich harangierte Denkmal) hatte einen etwas beschwerlichen Ritt von Am Hof durch die Stadt, bis er hier seinen Ehrenplatz einnahm. Dieses letzte Kriegsministerium der Monarchie ist ein grandioses Finale, nicht unwürdig Marc Aurels und der unsterblichen 13. Legion.

In der unwahrscheinlichen Milde vor dem Wettersturz singt ein Amselchor im Stadtpark, die Schwäne halten sich feierlich, gelassen rudernd, neben den verfließenden Eisschollen; alle Bänke sind besetzt, von Zeitungslesern oder verkümmerten Damen unter handgearbeiteten Hüten und Mützen; sie haben vergessen, warum sie da sind, und stellen darum erhebliche Ansprüche an die unhöfliche Mitwelt; die Pfauen schießen blaue Blitze ins Dämmer, während sie über die Wiese schreiten, und schon weht um die Weiden ein lichtgrüner Schleier. Täuschen wir uns nicht. In Kopenhagen tobte sich der Schneesturm aus. Der Frühling ist weit. Man erregt heftigen Zorn lebensdurstiger Damen der ehrwürdigen Generation – die leider zum Vergleiche mit ausgehungerten Schnaken reizen –, wenn man im Café am Schwarzenbergplatz im Vorübergehn die Andacht vor dem Fernsehschirm stört. Auf diesem spielt sich nämlich der Opernball ab, dessen prominentester Gast der mit zwanzig Sternen besteckte Herr Professor Hallstein war. „Man tanzte, lachte, flirtete, man unterhielt sich wieder einmal blendend. Man zahlte, ohne mit der Wimper zu zucken, horrende Preise – nämlich 960 Schilling für eine Flasche Sekt" (Die Presse). Man konnte sich sicher fühlen: ein Heer von Kriminalbeamten unter dem Befehl eines diskreten Oberinspektors im Frack überwachte das Treiben – in seiner naiven „Unauffälligkeit" kenntlich einem jeden, der ein klein wenig herumgekommen ist. Kurz: man war Mensch; „hier – endlich, endlich – durfte man's sein".

Zugleich nämlich hat im Auftrag der amerikanischen „Atomenergiekommission" eine Gruppe von Forschern festgestellt, daß in den Knochen der Kinder der Gehalt an Strontium 90 um 50 % zugenommen hat. Das ist „nach Meinung der Mehrheit der Wissenschafter immer noch ungefährlich“ (Österr. Neue Tageszeitung vom 15. 2.). Erst mit einer Zunahme von 100 % wäre die „Gefährlichkeitsgrenze“ erreicht. Und also tanzen wir mit Spitzglas und Stern über die Gefährlichkeitsgrenze hinweg. – Über die Herkunft des Strontium 90 hat das Blatt nichts zu berichten. – Jedenfalls werden die wichtigsten Untersuchungen heute „im Auftrage“ der Majestät Atom gemacht; Erwachsene haben heutzutage bessere Chancen als Kinder; wer sich aber Nachwuchs wünscht, muß mit einem variablen Gehalt an Strontium 90 in dessen Knochen rechnen. An gelehrten Staatsdienern, die ihn darüber hinwegtrösten, wird es niemals fehlen – eine Minderheit scheint doch nicht ganz derselben Meinung zu sein. Wie aber sollen wir, die wir nicht vom Fache sind, wissen, was es mit Strontium 90 auf sich hat? Geschichte ist zur Farce geworden, zum Selbstmord der Welt.

Am 14. Februar früh fünf Uhr ist Rouault im Alter von 87 Jahren in seiner Pariser Wohnung gestorben, einer der wenigen, die das spezifische Gewicht dieser Zeit darstellten. 1948 erkämpfte er in einem Prozeß mehr als dreihundert seiner Tafeln zurück – um sie zu verbrennen, weil sie seiner Selbstkritik nicht genügten.

Die Nachrichten aus dem Krankenhaus lauten etwas freundlicher – sofern Aussichtsloses sich freundlich gebärden kann. Dagegen ist von Joke Haanschoten nichts mehr zu erfahren: am besten ist es, dieses Mißgeschick unserer Therapie zu begraben; es könnte das Vertrauen schädigen, das nun einmal unsere Spes unica ist.

Es soll in Wien wärmer sein als in Kairo; Heizung ist unerträglich; die freundlichen armen Bedienerinnen im Café öffnen mildherzig die Türen. Mein mühebeladenes Mißbehagen versteht sich von selbst.

Unsere Aufgabe wäre: dem Unglauben der Macht den Glauben der Machtlosigkeit entgegenzusetzen. Ob das nicht die Bestimmung Österreichs wäre? Und wenn nicht: wer sonst sollte das versuchen? (Wir, in Restdeutschland, sind nicht machtlos in ehrlichem Sinne, weil wir glauben, eine Macht zu sein: oh, daß ihr wenigstens blind wäret. Nun aber sprechet ihr: Wir sehen, also bleibt eure Sünde bestehen. Und der Lüge von der Macht ist die vom Glauben proportional. Wenn es eine tragische Operette gäbe, so wäre das unser Fall. Gottlob, daß es sie nicht gibt!)

An der südlichen Außenwand der Kirche Maria am Gestade – diesem bezaubernden schlanken gotischen Fährschiff, das nicht mehr vom Ufer kam – erinnert ein Medaillon an Heinrich Suso Waldeck; seine Verehrer luden mich zu einem Abend ein; ihm konnte ich also nicht mehr danken, aber doch der Witwe Josef Weinhebers konnte ich zu später Stunde sagen, was ich für den Dichter und Meister von „Adel und Untergang" immer empfunden habe. Ich glaube nicht, daß wir „draußen" Heinrich Suso Waldeck und sein „weltscheues Lied" hinreichend gewürdigt haben; er starb am 4. September 1943 im Waldwinkel St. Veit im Mühlkreis, priesterlicher Dichter, der Seuses Namen, dieses Mystikers religiöser Tragik, nicht vergeblich führte und – wie der vielverkannte Meister vom Bodensee – eine herbe männliche Gestalt. „Rast im Dunkel" heißen die nachgelassenen Gedichte; man lese „Der Beter um Tod", diese bittere Zwiesprache zwischen dem gepeinigten Knecht und Gott; wir empfangen nicht, um was wir bitten, wenn wir begehren, was wir nicht sollen:

„Entbinde mich endlich der Mühe zu leben",

und Gottes Antwort:

Nein. Es vergehe ins ewig Zögernde
Zögernd das ewig Vergängliche.

„Erlöse mich, Herr, vom Geschlecht!"
Ja. Denn so betest du recht.

Also: ein österreichischer Fall, Verdienst ohne Glanz:

Da droben werfen sie mein hochverirrtes Herz
Von Ziel zu Ziel
In unendlicher Nacht.

Man kann das gesamte österreichische Schrifttum seit 1900, vielleicht schon seit 1848 bis heute, mit Grillparzer, Stifter, dem hochverehrten, immer geliebten Saar beginnend, um die Katastrophe von 1918 gruppieren; wir können die Wucht dieses Ereignisses kaum mehr noch empfinden. Um so mehr sollte es uns begreiflich werden, wie groß das Phänomen war, das damals erlosch. Demgegenüber ist das von 1918 erfüllte Schrifttum Deutschlands von geringerer Bedeutung, Gerhart Hauptmanns „Till Eulenspiegel" natürlich ausgenommen. In Österreich aber ist es, als habe der Sturm ein Saatfeld geschüttelt und ausgeschüttet. Das Ende der Monarchie war glorios.

Die Krone zerbrochen, das Zepter zersplittert. Aber unverbittert lächelt der Ahn Suso Waldecks.

Herüber das grüne Getreide.

Und Österreich habe keinen Philosophen gehabt? Was war dann Ferdinand Ebner? Ich war glücklich, gestern einem seiner Freunde in dem so herzlich aufnahmebereiten Kreis der Verehrer Suso Waldecks die Hand geben zu dürfen. Und nun stürmt der Jammer auf mich ein, daß ich von Grab zu Grab pilgere – daß ich die Gefährlichkeitsgrenze überschritten habe, als ich in Zürich ins Flugzeug stieg.

Wien? Suso Waldeck hat es gekannt:

Es fault ein Bach die Vorstadtzeile vorbei,
öde Höfe, mit lumpiger Wäsche verhangen,
karge, schmutzige Gärten, zerrüttete Zäune.
Es haucht ein Abendwind im kränklichen Holunder,
Behutsam über Haufen Schutt und Asche.

Die Walzermelodie war Verzweiflung, Wiegenlied in den Schlaf des Königs von Rom, der nicht sein konnte, was er war, hinreißende Ouverture unseres Untergangs. Die „Andrea Doria", die die „Stockholm" vor zwei Jahren rammte, wird man heben; das Wrack liegt in nur 70 Meter Tiefe vor der amerikanischen Küste. Aber die apostolische Krone?

Wie sind wir allen Schmucks und aller Waffen müd!

Ach, wie gerne wäre ich „zu Hause", im Rebland! Welches Glück im vergangenen Jahr, wenn es taute im

Wald und die Weidenstrünke den ersten Versuch machten, sich zu begrünen; wenn der Straßburger Turm über den Rhein grüßte, alle Gräber erreichbar waren, die ich liebe; wenn die Weinhügel und der Waldrand unter der Yburg sich ins Violette verfärbten, die Katze mit über die Augen geschlagener Pfote einschlief neben dem Ofen im „Lamm" – und das Feuer auch; denn das war nicht mehr nötig.

Weiße Sturmwolken stoßen vor bleigrauen Himmel vor, und dahinter dunkeln undurchforschliche Finsternisse kommender Schneefälle und Unwetter; mein Tisch im Café wird leerstehen, beschützt vom angelehnten Stuhl und dem bunten Schildchen mit der Aufschrift „Reserviert"; „Le Monde" liegt an meinem Platz. Ich kann nicht aufstehen. „Diem perdidi", wie Grillparzer notierte.

Allenthalben ist das Leben auf dem Weg zu seinem Tode. In England sind, wie die „Times" berichten, die „Wood Pigeons" zur Pest der Landwirtschaft geworden; „Time for Action against Wood Pigeons" ist also gekommen; ihrer zehn bis zwanzig kann man am Tage abschießen, mit entsprechender weidmännischer Umsicht und List; weitere Brutalitäten der Jagd mag ich nicht nachschreiben. Als Zugabe zu Pasteten sollen die Pigeons gar nicht so übel sein, vorausgesetzt, daß man sie sofort nach dem Abschuß ausnimmt. Und doch ist eine jede – ich betrachte ihre Verwandten so gerne im Stadtpark – schimmernde Vollkommenheit, einmalig eine jede. – In Lincolnshire haben die Mutterschafe so viele Drillinge geworfen, daß ein Farmer die Tiere nicht mehr absetzen kann. – Eine Ameise der Mittelmeerländer dringt nach dem Hochzeitsflug in die Brutkammer einer andern Art ein, erklettert den Rücken der legitimen Königin, sägt ihr langsam mit den Kiefern den Kopf ab und tritt nun ihre Herrschaft an (nach Natzmer). „Ote-toi de là que je m'y mette . . ." Die winzigen, augenlosen Diebsameisen beißen sich in ungeheuren Mengen in den Körpern des Wirtsvolkes fest; feindliche Völker treten zu „offenen Feldschlachten" an, die tagelang unentschieden toben und allenfalls durch Regenfälle oder Gewitter beendet werden. Jeglicher Lebenswille hat das Gefälle zu seinem totalen Widerspruch; der Triumph des Parasiten, die Aussaugung des Opfers, ist der eigene Tod, Selbstmord also des Lebensdranges. Das Leben an seinem Ziel kann nicht „leben". Ein geteilter, nicht durchschnittener Süßwasserpolyp entwickelt zwei Köpfe, die sich um die Nahrung streiten – für denselben Magen. Diese Dinge – man entschuldige, wenn möglich, diese unerträglichen Wiederholungen – lassen mich nicht los. Die Natur, auch die unterm Sündenfall, müßte doch vom Bilde Gottes beantwortet werden. Aber Offenbarung und Theologie sind uns dieses Bild schuldig geblieben. (Cusanus vielleicht nicht. Aber die Heiligen wohl alle. Jeremia stellte sich immerhin dem Rätsel.)

Objektiv gibt es keine Größenordnung in der Natur; die blinde ein oder zwei Millimeter messende Diebsameise ist entsetzlicher als der Löwe. Sicherlich gibt es auch Lebensgemeinschaften, die förderlich sind, die des Nesseltiers mit dem Einsiedlerkrebs, des Madenhackers mit dem Zebra oder der Antilope. Doch dann übernimmt der Mitbewohner gewissermaßen die Rolle eines Organs in dem ihn tragenden Lebenswillen.

Anläßlich eines sensationellen Kriminalfalles erinnert das Rotterdamer „Algemeen“ (vom 7. 2. 58) daran, daß Emmy Göring mit dem Abschiedskuß die unter ihrer Zunge versteckte Giftkapsel ihrem Manne in den Mund spielte. Verbrechen, Chemie, letzte Liebestat, vereint, welches Symbol!

Ist es wahr, so wollen wir Größe anerkennen ohne Sympathie.

Vater Haanschoten konnte nun doch sein ausgeseiftes Häuschen besuchen (gesopt Huis); er war einigermaßen verwundert über gewisse Veränderungen; mit eigenen Augen durfte er feststellen, daß der Geigerzähler, wohin man ihn auch brachte, sich ruhig verhielt (dat de geigerteller niet meer ratelde). Joke, wird versichert, befindet sich vortrefflich; nur das Schlucken machte ihr anfangs Beschwerden. „Maar dat is nu gelukkig over.“

Ich habe hier keine Begegnungen gesucht, wie wichtig mir auch so manche noch gewesen wäre, sondern mich der Strömung überlassen. (Ein jedes Dasein hat seine eigene, und man sollte sie nicht willentlich verlassen.) Meine einzige Absicht war, das Phänomen Österreich zu erkunden und zu verstehn, womit natürlich nur ein Anfang gemeint sein kann. Auch versuchte ich mir durch das Medium der Stadt und ihres geschichtlichen Klimas innerhalb der engen, mir gezogenen Grenzen die Welt zu verdeutlichen in ihrer gegenwärtigen Phase; darüber sind neue Werte aufgetreten, viele der mitgebrachten haben sich verschoben. Angesichts neuer Aufgaben, die der Tag stellt, verändert sich der Mensch; der Wechsel der Phasen arbeitet an ihm; er ist in wesentlichem Grade

Produkt der Geschichte und wird es jeden Tag aufs neue. Nichts ist törichter als der Vorwurf, daß er nicht mehr sei, der er war. Das ist ein Mißverständnis der geschichtlichen Gegebenheit seiner Existenz und Bestimmung. Gewiß werden diese von einem ursprünglichen Kontinuierenden getragen, aber dieses erscheint mit einigermaßen klaren Konturen erst in der Totenmaske, und diese ist wenigstens in gleichem Grade seine Arbeit wie der durchlittenen und durchstrittenen Zeit.

Ich habe versucht, mir ein wenig Klarheit zu verschaffen über die Situation des Lebens im All. Leben kann nur in der Beziehung zur Geschichte verstanden werden; es ist oftmals vorwegnehmende oder kommentierende Aussage. Das Resultat meiner natürlich subjektiven Bemühungen ist fatal.

Im Burgtheater können nur die Autoren einer Premiere oder Gastschauspieler vor den Vorhang treten, die Burgschauspieler nicht: Stolz, Würde, Einmaligkeit der Institution, die ursprünglich von der kaiserlichen Familie umgeben, mit ihren Räumen verbunden war. Daher ist für den Österreicher die Stellung des Direktors der Traum ein Leben.

Wer sollte ernstlich versuchen, die Regenerationsfähigkeit winzigster Gewebeteile, die sogar ganze Organismen aufbauen können, ausschließlich mit chemischen oder physikalischen Gesetzen zu erklären?

Auch ein historisches Datum (natürlich ist das ein jedes): der Airman Donald G. Farrell hat sieben Tage lang die Bedingungen einer Weltraumfahrt in 18 000 Fuß Höhe ausgehalten; in bester Verfassung ist er dem Gehäuse entstiegen. „Throughout the seven days he breathed the same repurified air over and over." Die Illusion der Raumfahrt war vollkommen, obwohl er ja wußte, daß er auf der Erde war. Mit dem Ausfüllen der Rapportformulare war er so beschäftigt, daß er nicht zum Lesen kam. „I might as well have left the books outside." Er hat nun einen beträchtlichen Vorsprung „and is willing to make the first actual trip to the moon" (New York Herald Tribune, 17 Febr. 58).

Die Finsternisse, die lange über dem Gespensterrad und der öden Kuppel der Urania dunkelten, haben sich endlich in Sturm und Regen entladen, der in Schnee überging; das war die Erlösung vom Föhn. An der Tür im Krankenhaus hängt ein Schild „Betreten ausnahmslos verboten". Die Schwester, die eben mit einer Tasse warmer Milch und Zwieback vorüberkam, sagt, es sei der erste Tag schwacher Hoffnung. Schon nach 24 Stunden mußte nachoperiert werden. Auch für ihre Erfahrung scheint dieses Leiden beispiellos zu sein.

Dann in Max Mells Haus zwei schöne Stunden. Behagliches Mobiliar hat – wenigstens zu einem Teil – die Stürme überdauert. An den Gangfenstern blühen die wohlgepflegten Alpenveilchen, Hyazinthen, Azaleen. Ich habe diese Einkehr in dem von den vier Geschwistern bewohnten Hause sehr dankbar empfunden. Das Menschliche hat sich gegen die Raubgier der Kunst behauptet und in dieser Behauptung sich vollendet, und damit auch die Kunst. Das kann nur im Glauben gelingen und in ungestörtem Einklang mit Volkstum und

Natur, in überzeugter und überzeugender Sittlichkeit. Ich weiß nicht, wie und warum das Gespräch auf den Selbstmord kam, vermutlich über Ferdinand von Saar, in dessen Verehrung wir uns zu meiner Freude begegneten; der Selbstmord Stifters sei nicht erwiesen; aber wir waren uns darin einig, daß es sich um eine Fatalität der Geburt handelt, die den nicht losläßt, dem sie eingeboren ist, auch wenn Krankheit ihn zu erzwingen scheint. (Denn die Krankheit als Form des Schicksals ist eben auch eingeboren und ein Element der physischen und psychischen Struktur.) Ungern ging ich hinaus in den Schneeregen aus dem alten Hause. Verehren zu dürfen ist für mich die schönste Gabe des Lebens.

In Csokors „3. November" in der Burg die Abrechnung mit einem Todfeinde Österreichs: dem Nationalismus. Der unpathetische Abschied des Obersten, des alten Österreich, hat mich ergriffen: „Habe die Ehre." (Und dann der Schluß.) Das erinnerte an einen hochverehrten Freund: an Adolf Pereira. Aber ruhig wurde ich nicht: Pereira konnte sich nicht erschießen; hier geht es – eindrucksvoll und in heißem Schmerz – um die Karte, die politische Fläche; um des rein Politischen willen wurde auf die dritte, die vierte Dimension verzichtet, die im „Bruderzwist" leuchtet und dunkelt, auf die Gewalt der Kleinodien, die mystische Dimension Österreichs. Ohne die Atmosphäre, in der sich das Völkerreich entfaltete, können wir kaum verstehen, was es war und was mit ihm unterging. Aber die politischen Prognosen des 1937 uraufgeführten Stückes sind seither von einem jeden Jahre bestätigt worden. Um die harte politische Tatsache, den Nachruf auf Österreich, geht es dem Dichter. Europa kann nicht Europa sein, kann nie Europa werden, wenn es Österreich nicht versteht. Das Programmheft zitiert Sätze Churchills; „Jahrehundertelang hatte dieser überlebende Körper des Heiligen Römischen Reiches einer ganzen Anzahl von Völkern ein gemeinsames Leben mit Vorteilen und Sicherheit gewährleistet ... Allen diesen Völkern oder Provinzen, die das Habsburgerreich bildeten, hat der Gewinn ihrer Unabhängigkeit Qualen eingebracht, die die alten Dichter und Theologen den Verdammten vorbehielten."

Mit Friedrich Heer und Herrn und Frau D. in Wiener Neustadt, das dem eisigen Wind so erbarmungslos ausgeliefert ist, wie es den Bombenmassen der Amerikaner ausgesetzt war; in den letzten Jahren des Krieges wurde in unaufhörlichen Großangriffen mit den Flugzeug- und Autowerken die Stadt und ihre Denkmäler zum größten Teil zerstört. Der Chronist verzeichnet den Einflug von 2300 Bombern, die 9000 Bomben abwarfen. Während der Rückzugskämpfe um Ostern 1945 zog sich die Front durch den Trümmerhaufen. Die glänzende Residenz Kaiser Friedrichs III., einst von vier mächtigen Ecktürmen gehalten, von denen nur einer noch steht, geordnet um die Kapelle, deren Chor weit hervorspringt aus der Front, wird mit bewundernswertem Mut dem Verfall entrissen; das großartige, unter der Kapelle in den Hof führende Gewölbe dröhnt von Baulärm; über dem Ausgang umgeben 107 in rechteckige Felder geordnete Wappen das Westfenster der Burgkirche und die darunter stehende schlanke Gestalt des Kaisers. Die edle Marienstatue wurde in die wiederaufgebaute Kirche gerettet und durch eine Kopie ersetzt. Daß diese Glorie der Ritterzeit des Hauses Österreich nicht in der Hölle versank, ist merkwürdig genug. Man hat in der dem heiligen Georg geweihten Kirche getan, was man konnte, die schlanken Säulentrommeln wieder errichtet und die hohen weiten Gewölbe gespannt, das reiche gotische Steinwerk der Logen für Kaiser und Kaiserin nachgebildet. Es ist eine erstaunliche Leistung der Pietät, des Willens zur Kontinuität; die von Maria Theresia 1751 gegründete berühmte Militärakademie, vielleicht die bedeutendste des Ostens, soll hier, in modernisierten Räumen unter der alten Devise AEIOU, die der First verkündet, wieder eingerichtet werden. Hier hinter dem Wappenfenster, liegt der Sohn des Erbauers, Kaiser Maximilian I., unter roter Marmorplatte begraben. Die Innsbrucker, denen er verschuldet war, nahmen ihn auf der letzten schweren Reise nicht auf; er starb in Wels (Januar 1519). Bei der Umbettung während des Krieges soll man gefunden haben, daß die Vorschriften seines Testamentes genau befolgt worden waren; die Zähne waren eingeschlagen, die Haare geschnitten, der Leichnam mit Kalk übergossen worden. Eine Münze des Wiener Münzkabinetts zeigt das harte kühne Profil des Renaissancefürsten, die scharfe Linie der Nase, den fest und selbstbewußt geschlossenen Mund, den Adlerblick. Er war gewiß einer der ehrgeizigsten Fürsten des Hauses und mag seinem Enkel die Neigung, das Äußerste zu erstreben, vererbt haben: die tragische Wende vom statischen AEIOU zum erobernden Plus-Ultra, und die ihr entsprechende von Wien, Speyer, Toledo nach Yuste. Er war es vielleicht gerade, weil er zahlreiche Demütigungen überwinden mußte: die Bürger zu Brügge hielten ihn auf erniedrigende Weise gefangen, die stolzen, stets zum Löcken wider den Stachel geneigten Wiener zwangen ihm Gesetze ab. Die Verlegung der Residenz nach der Neustadt, einer Gründung und Stiftung der Babenberger, Leopolds V. und Leopolds VI., war Protest und Ausweg. Aber auch die Ungarn unter Matthias Corvinus hatten Friedrich III. aus Wien vertrieben; nach fünf Jahren führte der Sohn den Vater zurück, erfolgreich wohl eher durch Diplomatie als durch Waffengewalt. Maximilian regierte in einer berstenden Welt; sie vergeudete die Werte, die sie getragen hatten: er allein, das sah er wohl, mußte eine neue Ordnung gründen. Vom Papste war das sowenig zu erwarten wie von den Fürsten und Städten. Um der Kirche willen hätte er Alexander VI. absetzen müssen. Es ist nicht verwunderlich, daß er sich über den Papst stellte, daß er von der Lösung des schwersten Problems europäischer Geschichte träumte und im Vertrauen auf einzigartige Erwählung auf seinem Haupte die Kronen vereinen wollte, deren Träger in tausendjährigem Streite ihre Macht und das Abendland erschüttert hatten.

Es ist kalt. Ehre dem letzten Ritter, der am Äußersten gescheitert ist und in der äußersten sturmgepeitschten Ferne sein Grab fand unter den Füßen des Priesters! Es ist der seiner würdige Ort. Hier ist Erdbebengrund: wieder und wieder empörte sich die Erde gegen Stadt und Burg. Hier wurde der letzte Babenberger geboren, Friedrich der Streitbare, der gegen die Ungarn fiel. Hier, in dem gewaltigen Turm, dem letzten der vier Riesen, die das Schloß bewachten, lag Rákóczy, der Rebell, gefangen. Hier, auf dem Theresienplatz, wurde bis zum Zusammenbruch in funkelnagelneuer Paradeuniform der Eid geschworen noch in der Fassung des Erzherzogs

Karl: „Seiner Majestät, unserem Allerdurchlauchtigsten Fürsten und Herrn Franz Joseph dem Ersten von Gottes Gnaden Kaiser von Österreich, König zu Hungarn, Böhmen, Galizien, Lodomerien, Kroatien, Slavonien und Dalmatien ...": Folge zu leisten gegen jeden Feind bei Tag und Nacht. „Ich lernte, daß ein guter Offizier in erster Linie ein Ritter sein müsse." „Dann durchqueren wir säbelklirrend den Hof und ziehen durch den endlosen, spitzbogigen, altehrwürdigen Einfahrtstunnel hinaus in die Welt" (Torresani). Es wird sich wieder Macht bilden über Maximilians Grab, in einer noch nicht erkennbaren Gestalt; denn Macht sucht sich durch Trümmerwerk nach ihren Quellen zurück. Und schwerlich zum letztenmal ergoß sich das Feuer des Himmels über des Kaisers Grab. Er, wie alle, die ihm vorausgingen und folgten, wurde geführt, wohin er nicht wollte. Ich denke an das festlich behagliche Haus, das er sich in Freiburg als Alterssitz erbaute. Wie gerne wäre er, verzichtend und endlich auch genießend, Gast unter Bürgern gewesen, Jäger, Liebender, Dichter. Aber die rote Marmorplatte unter dem Wappenfenster in Wiener Neustadt bezeugt das Große, das in ihm war.

Ich bin in der schlechtesten Verfassung und zu meiner Beschämung meinem Zustand immer weniger gewachsen. Es bleibt im Dom von Wiener Neustadt nur der Eindruck gotischen Raums von unerhörter Kühnheit und Kraft, von wahrhaft heiliger Dämmernis. Von Säule zu Säule, herüber, hinüber, durch das Schiff geht das leidenschaftliche Reden, Fragen, Bekennen der vom Wort wie vom Sturme Ergriffenen, Aufgewühlten, bis der streng das Zepter tragende Engel, im Mantel seiner Schwingengewalt – wie im Augenblicke herabgerauscht

– die Jungfrau schmerzlich grüßt und sie abwehrend-zustimmend, in einer Art herber Lieblichkeit, ihre Stunde erfüllt, die Stunde der Welt, der die Propheten entgegeneilten. (Das ist alles paradox, ist es nicht der Glaube, ist es nicht der Name „Alt-Neustadt"?) Die drei Marien knien leidenschaftlich klagend unter den durchbohrten Füßen. Welche Gewalt der Schmerzensgestalt! Welche Göttlichkeit und Macht in den mißhandelten Gliedern! Welch beklemmendes Leben in der Agonie! Des Gestorbenen, des Klagenden ewiges Leben ist der Schmerz ohnegleichen.

Und wieder Wind und Verlassenheit, fern das gewaltige, fast trapezförmige Massiv des Schneebergs und in verhülltem Zuge Gipfelwände und Schluchten, von denen Schnee im letzten Lichte flimmert. An der Straße flache Teiche im Kranze dünnen braunen Schilfs. Dann ziehen, unter schwarzblauen Höhen, die Weinstöcke auf flachem violettbraunem Hügelgewelle heran. In der alten, mit Holz ausgekleideten Stube zu Thallern – noch immer auf kirchlichem Grund, Besitz des Stiftes Heiligenkreuz –, vor dem Glase, lösen sich Fragen, Ahnungen, Schmerzen. Ein Wort der Freundschaft, ein Händedruck über dem eben gesprochenen Wort, Zusammenklang der Augenblicke sind unverdientes Glück.

(Diese Hefte sind unter so mißlichen Schmerzen bekritzelt worden, daß ich nicht mehr weiß, was ich tat; es geht mir nur um Erfahrung, nicht mehr um Ausdruck. Ich bin nicht mehr imstande, die Reflexe der gegenwärtigen Welt anders aufzufangen als auf Notizzetteln. Die vorhandene Gestalt ist die der Explosion; alles, was zusammenhing, fliegt auseinander, aber das ist doch Entfaltung, Daseinskundmachung. Ist die versprühende, das Land überleuchtende Rakete weniger als der mehrtausendjährige Baum, unter dessen Ästen alles Platz hat, was wir „Geschichte“ nennen? Es ist ja tiefe Nacht: die gewaltigen Bäume sieht man nicht, aber die sterbenden Raketen. Ein Ah! ein Oh! der Zaungäste. Gab es jemals mehr?)

Nasser Schnee. Die Zeitungen melden, daß die Burg den „Verzicht“ für September von Bregenz übernehmen will, in Gielens Regie, mit Balser als Cölestin. Es wird also wohl so sein. Mir ist bange vor dem Tumult, der nicht ausbleiben kann. Solange man nicht gespielt ist, aber gespielt werden soll, ist man am besten daran, der Seefahrer zwischen den Küsten, der nicht weiß, ob er landen oder scheitern wird. Heute kam ich gerade noch zum Auslöschen der edlen Kerzen vor der Ikonenwand; das ist immer eine feierliche Handlung.

Gestern abend gab der Pen-Club in der „Linde“ ein Essen, sehr herzliche Begrüßung durch Csokor, der uns auch abgeholt hat, dann eine mich ergreifende Ansprache von Rudolf Henz. Es war eine herzliche Atmosphäre, wie sie sich höchst selten unter Gleichstrebenden herstellt; von den Spannungen der Rivalität war nichts zu spüren. Es bewegt mich, daß man mir eine Art Heimatrecht des Gastes gewähren will; in Wahrheit ist hier meine Heimat gewesen – und es kann ja nur eine geben. Meine Wege waren Kreise um die Stadt, engere oder weitere; es war unvermeidlich, daß die Mitte endlich mich einfing. Ich habe mein Leben nicht gemacht, soviel ich auch verfehlt habe, soviel mir mißglückt ist. Man muß auch in den Schickungen eine „Steuerung" anerkennen wie in der Biologie. Ich kann gar nicht begreifen, daß die Fügung mich trotz allen Versagens und Abfalls nicht verlassen hat; ich wurde immer dann in eine Stadt, ein Land gerufen, wenn die innere Stunde da war – so, aus innerer Verödung, nach Helsinki und Stockholm, Oslo, Kopenhagen, wo eine neue, wenn auch gefährliche Phase anbrach, und dann wieder nach Lissabon und Madrid. Die gänzlich überraschende Verleihung des Bregenzer Preises rief mich nach Österreich; früher hätte ich den gebotenen Überblick nicht gehabt; von hier erst erscheinen die Traditionen im Relief, ist wenigstens eine existentielle Zusammenfassung möglich. Ich bilde mir also ein, daß mir hier ein Gastzimmer offensteht: in dem einzigen Lebensraum, den ich mir ersehnte, dem einzigen, der mir der Lebensmühe noch wert erschiene. Abschiedsstimmung, gewiß; es sind eben die Abschiede, die vereinen. Vielleicht hätte ich in Wien beginnen sollen; aber es ist doch Fügung, daß hier die Fäden zusammenlaufen. – Ein schmerzliches Vorzeichen: der Ober, der stets meinen Platz hielt und mich väterlich betreute, immer in freundlicher Schweigsamkeit, verabschiedet sich: er geht auf Urlaub, der ihm freilich zu gönnen ist, denn er ist sehr abgearbeitet; wenn er in vierzehn Tagen zurückkommt, werde ich nicht mehr da sein. Es tut mir weh. Ich fühle mich unter seiner taktvollen Obhut beschützt. Seine kleinen Vergeßlichkeiten haben unser stummes Einvernehmen eher bestärkt als gestört. Ich habe einmal ähnliches in Paris empfunden, als ich mich von dem treuen Diener R. verabschiedete. Es half nichts, wir weinten beide. Wie die Abschiede, so sind es die Einsamkeiten, die verbinden.

Eine alte Dame, Gattin eines sehr bekannten Schriftstellers, Wienerin, kann nicht verstehen, daß ich nach Wiener Neustadt fuhr: Was ist denn da zu sehen?

Der junge Graf X, von bester Erziehung: In Wien gibt es keine Tragik; das paßt nicht zu Wien – paßt auch nicht in die Zeit.

Eine junge reizende Gräfin, auf Besuch aus den USA: „Maß für Maß"? Wie ist der englische Titel? – Prinzessin X hat nie etwas davon gehört, daß Kaiser Maximilian in Wiener Neustadt begraben ist. – Eine junge Schönheit, auf deren dunkelviolettes Kleid silberweißes Haar fällt, wird im Café in der reizendsten Positur fotografiert. Ein anonymer Mannequin oder eine Berühmtheit? Das erste natürlich; die Augenbrauen sind effektvoll herausgearbeitet; ich könnte die Mode studieren; es wird Frühling. (Die Morgenzeitungen melden auf den Straßen begangene Verbrechen von unsäglicher Roheit.)

Verspätet in der Dominikanerkirche und einmal ganz allein in dem grandiosen, leise mattgolden durchstrahlten Raum. Das Tafelbild des Altars ist mit einem violetten Tuche bedeckt, auf dem das Kreuz steht. Kein Bild! Trauer, Friede, das Endgültige.

Die Nationalbibliothek, wie das Theater Josephs II., das Universum der Bühne, in die Burg eingebaut als Bauwerk universalen Geistes, dessen Wesen die vier Globen machtvoll verkünden. Hier wird das Buch selbst zum Element der Architektur; es baut mit, ist Träger und Inhalt der prachtvoll gegliederten, ins Hohe und Weite schwingenden, unter der Kuppel zusammengefaßten Räume. Das Welttheater und das Weltgebäude des Geistes, die Architektur der Gedanken, Erkenntnisse, der vereinten Sprachen in der Mitte der familiären Macht des Kaiserhauses, inmitten der Festlichkeit der Burg, benachbart dem Kloster und der Gruft: wo hat sich geschichtliche Bestimmung in solcher Fülle der Totalität manifestiert?

Ein schwedischer Militärexperte: C. H. Juhlin-Dannfelt, veranschlagt die Volkszahl Chinas für 1970 auf 800 Millionen, die der Sowjetunion auf 250—260; wer sollte glauben, daß der Stoß aus der Mongolei zum letzten Male geschah? Das Heuschreckenheer macht sich zum Abflug bereit. Plötzlich wird es elementares Ereignis.

Die wenigen tausend Jahre „Geschichte", gegenüber der Geschichte der Erde und des Kosmos, bedeuten einen Ablauf von rasender Schnelle, eine Bewegung, deren Heftigkeit kaum in ein Verhältnis gebracht werden kann zu Prozessen natürlicher Gestaltung. Es ist ein in das Dunkel der Natur geworfener Blitz: Was für ihn „Zeit" ist, das ist nicht Zeit der Natur, sowenig wie die Flugzeit der Eintagsfliege Zeit ist des Baumes, des Felsens, der Meere. Mit Geschichte bricht das eigentlich Unheimliche ein. Völker, Kulturen werden in einer Nacht wie Scheite verzehrt; Geschichte ist die in den Kosmos projizierte Schrift aus dem Palaste zu Babylon, ein der gesamten Umwelt wesensfremder Prozeß; *nur* der Glaube, und zwar ein übermenschlicher Glaube, kann als Ziel der Geschichte die Entscheidung über das Weltall stabilisieren (wie Friedrich Wilhelm seine Souveränität). Wer das nicht vermag, sieht nur den Feuerzack über Bruegels aufgewühlter See, die apokalyptische Hieroglyphe über ertrinkenden Seglern, Größe in der Erscheinungsform der Flucht, nach deren Verlöschen es sein wird, wie es vorher war.

An der dänischen Westküste besuchten die sich dem Tode nahe Fühlenden ihre Verwandten und Freunde, um sie zu ihrem Begräbnis einzuladen; sie rasteten eine Weile; man setzte ihnen eine kleine Mahlzeit vor und ein paar Schnäpse; eine Träne mag gefallen sein. Dann gingen sie „heim". Sie gaben keine Nachricht mehr.

Der Wind schüttelte die Stämme der Kiefern an der Straße nach Heiligenkreuz; sie schlugen um sich mit den Ästen; es war, als rüttle erbittert an jedem Stamme eine unsichtbare Hand. Wir hatten eine gute Rast in dem Schlößchen des Hochw. Herrn von H. – zwei Stunden am Kamin, draußen rauschte der Bach; in dem bescheidenen Renaissancehöfchen schlief das Kindchen der Schwester unseres Gastgebers im Wagen; von den Bücherwänden ging wohltuende Stille aus. Man empfindet am reinsten das Vergangene. Nun hielt der Wagen; der Herr Pfarrer klappte den Kofferraum auf, und der prachtvoll gezeichnete Wolfshund sprang heraus; ich wußte nicht, daß er unser Fahrtgenosse war.

Heiligenkreuz, das Zisterzienserkloster des Babenbergers Leopolds III. (1133) unter dem Wienerwald, das Grabkloster seines Geschlechts, von Wäldern umschlossen, von Mauern, Türmen beschützt, unversehrt; die Völkerfluten haben es nicht überwunden. Vor dem Arbeitsfenster des Herrn Abtes liegt der weitgebreitete, von zweigeschössigen Lauben umzogene Hof, den die phantastische Dreifaltigkeitssäule, der Josephsbrunnen im Geviert dickstämmiger, wetterharter Platanen schmücken: von dem Elend der Flüchtlinge, das vor kaum einem Dutzend Jahren sich hier in schauriger Verwirrung zusammendrängte, den Kellerorgien der „Verteidiger“ und Sieger blieb keine Spur. Das zarte Gespinst des Vorhangs im Arbeitszimmer ist kunstvoll gefaltet; auf dem Schreibtisch aus edlem Holz sind Papiere und Utensilien wohlgeordnet; der Rokokoofen, die Bilder sind unverletzt. Der hochwürdige Herr im weißen Habit mit dem schwarzen Skapulier ist wie eine unzerstörbare Gestalt, schmal, geprägt, mit dem Lächeln derer, die durch das Feuer geschritten sind, der ungewollten, unbetonten Überlegenheit über die Kinder der Welt. Das Persönliche ist vergangen: es ist *der* Abt des Ordens von Cîteaux und Clairvaux, wie um 1133, als Leopold der Heilige die Söhne Bernhards rief, so heute; es ist *der* Abt von Heiligenkreuz, der schon über achthundert Jahre regiert.

Die gotischen Teile sind von ruhiger Größe und Kraft; wir durchschreiten das dreischiffige Dormitorium; es ist für Herren gebaut, für Kreuzesritter, wie auch die breiten Wandelgänge des Kreuzgangs, das versonnene Brunnenhaus. Ein Gitter öffnet sich in das Kapitelhaus; auf kurzen kraftvollen Säulen lasten weitgespannte Gewölbe; es ist die Familiengruft der Babenberger, der Gründer Österreichs. Wir suchen das Grab der Gertrudis, der Tochter Kaiser Lothars von Supplinburg (1125–1137), des Kaisers, der mir immer besonders teuer war, weil er, von der Krone verwandelt, nach einem langen Leben aufrührerischen Streits zum maßvollen Ordner wurde, einer der wenigen, die den Vorzug der Altersweisheit dem Reiche zutrugen. Seine Staatsidee, die universale Macht des Welfenhauses, hat im Dome zu Königslutter unter dem Elmwalde, Lothars Grabkirche, sein Denkmal gefunden; sie scheiterte am frühen Tode Heinrichs des Stolzen, dem der Kaiser seine einzige Erbin Gertrudis vermählt hatte. Die Hohenstaufen errangen die Krone; Heinrich der Löwe, des Kaisers Enkel, Sohn Gertruds, sollte den Anspruch wieder erheben. Eine rote Platte, die letzte der obersten Reihe der Grabsteine, nennt Gertruds Namen; die Mutter des Löwen hatte sich in zweiter Ehe mit Herzog Heinrich Jasomirgott als dessen erste Frau vermählt; sie mag den Babenbergern mit kaiserlichem Erbe kaiserlichen Sinn zugetragen haben. Der gewaltige Gegner Barbarossas kniete an ihrem Stein. Ein großes Schicksal möchte sich kundmachen über den zwei Reihen ausgetretener einfacher Grabsteine, deren einige nicht einmal beschriftet sind. Die Tragik des Geschlechtes, aber auch der Glanz, mit dem es den Vollzug seiner Bestimmung umgab – die Zusammenfassung der in seinen Ländern sich kreuzenden Völkerströme und Traditionen –, wurde von Friedrich dem Streitbaren großartig und rücksichtslos zu Ende gelebt. Er allein hat, in der Mitte des Raumes, ein bildliches Epitaph gefunden, trotzig-finstern Ausdrucks; vielfach verwundet von den Säbeln der Türken, die 1519 über das Land fluteten. Das ist nur des Herzogs Namen gemäß: mit Ungarn und Böhmen hat er gestritten, mit den Rittern, den Bischöfen, mit Kaiser Friedrich II. auf seiten des aufrührerischen Sohnes, der mit der Schwester des Babenbergers vermählt war, und dann wieder, das Steuer herumwerfend, auf des Kaisers Seite. Er entpreßte den Wiener Bürgern Geld und brachte sie, wie es scheint, auch als gewalttätiger Liebhaber gegen sich auf. Sicher nur im Besitze Wiener Neustadts, gewann er die Hauptstadt nach schlimmer Belagerung zurück. Dem über Ungarn hereingebrochenen Mongolensturm warf er sich als Grenzwächter entgegen; er schlug die Böhmen in einer vielgepriesenen Schlacht zwischen Laa und Staatz; nun wollten ihm die Ungarn die im Mongolensturm verpfändeten Komitate nicht lassen, gegen sie ist er an der Leitha siegreich kämpfend gefallen (1246). Er hat die Reichsacht und den Bann getragen; schon streifte seinen Finger der Königsring. Die Minnesänger huldigten ihm an seinem Hofe zwischen Streit und Streit: helle Melodien über der dunklen Wucht des Nibelungenliedes, das am Babenberger Hof erklang. Das schmale hohe Langhaus des Domes, ganz im Ernste der Stifter und Gründer, die gedrängten Seitenschiffe empfingen ursprünglich nur geringes sorgfältig verteiltes Licht; ihr Zusammenstoß mit dem weiten gotischen Chorraum, den die bunte Flut der Strahlen erfüllt, ist von unerhörter Gewalt.

Unter der strengen Fassade, die drei hochgelegene Fenster für das Mittelschiff setzte und je eines für die Seitenschiffe, verabschieden wir uns von dem Herrn Abt. Er allein, wie sehr empfinde ich das, hat ein Recht, hier zu sein; er ist eins mit dieser steinernen Größe, die Brunnenhaus durch Jahrhunderte strömenden Segens ist. Er entschwindet in ihr, wie seine Vorgänger in ihr entschwanden, Person geworden in überpersönlichem Dienst.

Nur wenige Minuten sind es hinauf in das Waldtal von Mayerling, alten Heiligenkreuzer Besitz, aber diese wenigen Minuten bedeuten die ganze Strecke vom Ursprung zum Ende, von Herrschaft zum Zerfall. Das Überpersönliche scheitert am persönlichen Anspruch. Die Schüsse von Mayerling trafen ins Herz. Es ist feucht und dämmrig; die über dem Unglücksort erbaute Kirche ist geschlossen, und ich gebe mir keine Mühe, sie zu betreten. Es ist alles gesagt und Gestalt geworden; es bleibt allein das Gebet, das Opfer, der Eingang in das unterirdische Heiligtum, in den Kalvarienberg von Eisenstadt — um einer Welt zu dienen, von der Menschen schwerlich wissen, wie ihr zu helfen ist.

Sonntagmorgen, einer der letzten. Unter kaltblauem Himmel, in voller Sonne, im Nordwind brennen die Lampen in den sonntäglich ausgestorbenen Straßen zwischen der Postsparkasse und der Dominikanerkirche, als sollte die Mitternacht plötzlich hereinbrechen. Erheben wir die Verheißung des Kreuzes wider unser Herz!

Präsident Eisenhower, im Wagen zur Wachteljagd, hält die Mündungen der Doppelflinte unter das Kinn. Er wird wegen dieses ungemäßen Verhaltens öffentlich getadelt: Mündung der Doppelflinte am Kinn der Weltmacht, welche Angst vor dem Zufall, dem überraschenden Schuß, welcher Leichtsinn des Staatsmanns und Soldaten, der sich nicht so ernst nimmt, wie die Welt ihn nimmt. (Inzwischen hat Churchill, nach überstandener Lungenentzündung, die erste Zigarre geraucht — und wer um ihn bekümmert war, atmet auf. Die Fäden zittern, die uns halten.)

In Gesellschaft, der Morgenstimmung entsprechend, ein gewagtes theologisches Gespräch an der Grenze; ich verfalle nur allzu leicht auf an das Häretische streifende Fragen, was — ohne daß ich das beweisen kann — mit der inneren religiösen Verfassung der Stadt zusammenhängen mag. Die meine mündet in diese ein. Natürlich

FRANZ GRILLPARZER

war der Partner an Wissen, Zitaten, Belegen, Taktik mir weit überlegen. Ich kann nur staunen über diese Kunst, über alle Gefährlichkeiten hinweg und ohne diese zu leugnen, den Gott der Liebe zu demonstrieren. Für mich ist die Offenbarung der Liebe ein personales Wort an den, der glaubt, der zu glauben vermag, kein Wort an die Kreatur, die Räume, die Gestirne, auch nicht an die Geschichte (so paradox das zu sein scheint). Aus einer unbegrenzbaren kosmischen Dunkelwolke schimmert schwach ein einziger Stern; das muß uns genug sein; mehr ist nicht geoffenbart. Natürlich kann das kein Theologe akzeptieren; aber immer wieder treffe ich auf Priester, die der inneren Situation, der solche Vorstellungen entkeimen, nicht fern sind. Ihr Verständnis reicht um Dimensionen über ihre Repräsentanz; das ist ein Trost; im Laderaum führt das Schifflein Petri seltsame Fracht, Pulverfässer; gerade dieser Ballast mag beitragen zu einigermaßen sicherer Fahrt. Es wird ankommen; und dann ist von der Ladung nichts mehr zu befürchten. Denn wir werden sein wie die Träumenden; ich aber wünsche mich unter die Schläfer von Ephesus; wenn der Sand unter dem Kiele knirscht, drehen sie sich um im Schlaf; sie verschlafen Gericht und Seligkeit, denn allzu müde ist ihre schwache Kraft im Weltlauf geworden, kein Posaunenschall kann sie ermuntern. Ganz betroffen war ich von der Kühnheit einzelner Definitionen. Aber die sind wie Lurche: sie schlüpfen durch die Finger. Und es ist alles gesagt — und nichts ist gesagt. Und nie werde ich mir den Schlaf meines Kummers und das Leid meiner Schuld aus den Augen reiben.

Meine eigene religiöse Verfassung: der Orchidee ist es zu dunkel auf dem Boden des Urwalds; sie erklettert die Stämme und erreicht die Kronen; hier lebt sie aus dünnen Humusschichten in Gemeinschaft mit einem Pilz, der die erreichbaren Nährstoffe assimiliert und überträgt und die Besamung ermöglicht; er ernährt die Orchidee und saugt sie aus und wird endlich von ihr verdaut. Der Zweifel ernährt den Glauben; der Glaube den Zweifel.

„Tant que l'homme a vécu dans le cadre des lois naturelles, il a tué pour son Dieu et pour son roi – ce qui paraît assez rationnel. Du jour à peu près où le galop d'un cheval n'a plus été le criterium de la vitesse, il a commencé à tuer pour son pays – c'était déjà plus difficile à admettre et à expliquer. Aujourd'hui il semble qu'il ne doive plus tuer que pour ses idées: ‚Celui qui n'est pas avec moi est contre moi' – et cela alors c'est proprement inexplicable pour qui n'a pas la foi" (Le Colonel de Virin, cité par Vincent Monteil: „Les Officiers").

Das sind die Schwierigkeiten des Offiziers; aber er sowenig wie der Soldat hat „Ideen"; auch der Staat nicht; der hat im besten Falle ein Programm. Je abstrakter das Ziel, um so unmenschlicher der Krieg.

Damit komme ich zu den letzten Blättchen meiner Notizhefte und zur stärksten Erfahrung dieses Winters. Aber um der Chronologie die Ehre zu geben, will ich noch nachtragen, daß ich Abschied vom Burgtheater nahm. „Maß für Maß", Shakespeares Wiener Stück, war nur das Vorspiel; einzelnes war bewundernswert. Aber das grandiose Wort der Einsicht in das Selbst:

Ich fühl' die Neigung, allen zu verzeihn,

strahlte sich nicht aus; das Nebenwerk war zu reich. Das

tiefsinnige Spiel von Macht und Herrschaft, vom Wirrsal der Liebe, Shakespeares „Leben ein Traum“ kann der Transzendenz nicht entraten, wie auch sein Schauplatz, das echte Wien, transzendiert – bis in den Walzer hinüber. Der wahre Herr kommt, vielmehr er ist unter geistlicher Verhüllung da; aber auch der Herr ist schuldig; und selbst die Unschuld ist schuldig der Lüge. Der Regent des Welttheaters, der uns für eine kurze Weile das Spiel überließ, hat uns allen ins Herz geblickt – das ist ja der Sinn des Spiels, daß das Herz sich verriet –, aber der Regent erkannte beschämt auch sich selbst. Und darüber verstummt die Anklage. Allein das Märchen von der Gnade löst das Wirrsal: Nur das Märchen ist Antwort an Leben und Zeit; es ist der Lobgesang der Tragiker.

Der folgende Abend brachte die österreichische Erwiderung: „Der Traum ein Leben“. (Grillparzer wie Raimund und Nestroy kann man nur in Wien sehen; wir „verstehen“ sie als Lokalpoeten oder Epigonen der Weimarer Klassiker sowenig wie Hofmannsthal in ihrer geschichtlich-menschlichen Universalität.) Es ist das Seelendrama Grillparzers, rückhaltloses Selbstbekenntnis, Verabschiedung des Dämons, der seine Muse war; Läuterung aus der Kraft zur Wahrheit – in genialer theatralischer Gestaltung aus der Glut der Phantasie. Mit fast übermenschlicher Kraft sammelt, behauptet sich eine höchst gefährdete Existenz: Verzicht ist die Devise der nun noch möglichen Daseinsform, der Sendung. AEIOU und Plus-Ultra schwangen aus: das Sittliche, das Ertragen, Weisheit gelten mehr; draußen, der wilde Traum, der die Projektion des Innen ist, tobt weiter. Wer sich selbst gesehen hat in Wahrheit und in der

Tiefe des Ichs die Welt, die Geschichte, wird still. Er bedarf aller weiteren Belehrungen, des zweiten Custoza, der Schüsse von Mayerling und Sarajevo nicht mehr. Das Glück der Bescheidung steht offen. Geschichte ist Spiegel, Schauplatz, der den Besucher reflektiert, Bühne also, vor der wir erwachen, wenn der Vorhang fällt. – Ich gehe noch einmal durch die geliebte Galerie, an den Bildern derer vorüber, deren Leben ihr Traum war, Verhüllung der Wahrheit, Vorspiel der Enthüllung. Draußen, die Straßen spiegeln, und der Wind treibt den schrägen Fall dicker Flocken in das Naß: Die Wagen eilen fort, und die Lampen gehen aus. Das erleuchtete Zifferblatt der Rathausuhr hängt im Flockenwirbel: Zeit, Zeit, endlich ablaufende Zeit. Für Maestoso Alea gibt es keinen Traum; alles ist Ernst, Zucht, Wachsein, Aufmerksamkeit auf den Taktschlag, den innern Takt. Karl V. sprach spanisch mit Gott, italienisch mit Frauen, französisch mit Männern, deutsch mit seinem Pferd: vielleicht die erste Auszeichnung unserer Sprache.

Gegen einen Erzherzog hilft keine Waffe. Die vollkommene Rache für Undank und schlechte Manieren ist vollkommene Höflichkeit, ist dankbare Bereitschaft zum Verzicht. Wir hatten in Verwaltung, was niemand mehr haben wird. Habe die Ehre. Wir treten zurück. –

Einer der Vorzüge der Monarchie war und ist es noch heute, daß, mit den Sprachen, die Intelligenzen mehrerer Völker in einem einzelnen sich versammeln; daß der echte Österreicher in mehreren Traditionen lebt, fähig, verschiedene Standorte gleichzeitig einzunehmen, das Für und Wider durch reine Menschlichkeit zu versöhnen, ohne Für und Wider aufzuheben.

Und nun das letzte Blättchen: Geschichte und Liebe; ich meine die Liebe Gottes und die Tragödie der Völker. Ich weiß nicht, warum das Heeresgeschichtliche Museum im Arsenal die letzte Sehenswürdigkeit ist, die ich besuche, da ich doch gleich am Anfang dahin eingeladen wurde. Die repräsentative architektonische Leistung der Ära Franz Josephs I., eines der größten Bauherrn überhaupt, ist ebenso bewundernswert wie der aufopferungsvolle Wiederaufbau nach der Zerstörung: das Arsenal war eine imponierende Selbstdarstellung des monarchischen Staatenverbandes nach den Erschütterungen der Revolution, in den Formen, die eben von der Epoche geboten wurden, epigonisch gewiß, aber würdig. Herr Prof. S. und Herr Oberst B., die mit jedem Gegenstand und seiner Geschichte, mit einer jeden Gestalt innig vertraut sind, führen uns ein. – Mich erschüttern die umkämpften Fahnen der Preußen, Türken, Franzosen, die Standarten der Monarchie; es ist eine Ehre, unter diesen Zeichen zu stehen. Um Sieg geht es nicht (wenigstens nicht für mich) in dem grandiosen Panorama, das sich von Epoche zu Epoche entfaltet vom Dreißigjährigen Krieg, den Türkenschlachten, der Ära Eugens, der Theresianischen Zeit, den Manen Schwarzenbergs, Erzherzog Karls, Radetzkys, Tegetthoffs; es geht um die Dokumentation des Unabwendbaren in der Geschichte; um den Ruhm der Niederlage wie des Sieges, die Glorie der Feinde; um einander vernichtende, in der Vernichtung aufstrahlende Lebensgesetze, um gegnerische Notwendigkeiten. Gewiß haben Willkür, Schuld, Mißverständnisse, Ehrgeiz ihren gewaltigen Anteil an dem hier dokumentierten Geschehen; der Ursprung aber, der Feuerherd, erscheint mir unbeherrschbar. Der Krieg zeugt und zerstört und zeugt wieder; welche militärische Kultur etwa entfaltete die türkische Macht in Zelten und Waffen, welcher Kunst Meister waren die Waffenschmiede, Geschützgießer; zu welcher Form gelangte der Mensch in der Schlacht, über ihr! Welcher Scharfsinn errechnete die Bahn der Geschosse! Schon im vorigen Jahrhundert stehen Krieg und Wissenschaft in Wechselwirkung. Auch die Sprache wird durchgebildet von gebotener Präzision: Befehl prägt den Stil. Zwei Dokumente: das großzügige Handschreiben Maria Theresias an den Sieger von Kolin; das in schwerfällig schräg aufwärtsstrebenden Zügen niedergelegte Entlassungsgesuch Radetzkys; kaiserliche Huld neigt sich herab, kaiserliche Huld erzwingt den Verzicht. Wohl um einen jeden, der über das Feld gebot, dunkeln Schatten, Verzichte, Undank, Versäumnisse, Vorwürfe und Selbstvorwürfe; kein Sieg ist vollkommen; keiner gewährt, was er könnte. Das Ende ist niemals gut, und eben das ist es, was den Soldaten zum großen Menschen macht: Welche Melancholie auf den Zügen des Siegers von Aspern, welche stolze Distanzierung im Antlitz Eugens! Er zieht sich zurück, ins Dunkel, in sich selbst; das gewaltige Bahrtuch, auf dem sich sein Wappenschild viermal wiederholt, der Totenmarsch werden verkünden, was er war. Im Rollstuhl, der in den Wagen geschoben wurde, empfing Radetzky in Mailand die letzte Huldigung seines Regiments. Aus dem Streitkolben wurde der Feldherrnstab; die mit böser Spitze und Zackenkränzen ausgestattete Waffe wurde dem Feinde in den Leib gestoßen und im Gedärme umgewirbelt wie ein Quirl. Das Zepter also müßte seine eigene Geschichte haben: es endet nicht mit dem mörderischen Stachel, sondern mit der Hand, dem Edelstein. Aber der Stab später österreichischer Feldherrn war ein einfacher Stock mit elfenbeinernem Griff, auf den sie sich stützen konnten: auch sie, die Mächtigen, bedurften der Stütze. Und was war ihre Macht? Der Blitz des Befehls, des nie wiederkehrenden Augenblicks, der niemals hielt, was er versprach. Denn kein einzelner Wille setzt sich durch; der Kranz streift die Stirn; er haftet nicht – und wieder schleppt der Krieg, der nie endende, sich hin, im Warten, Ausweichen, durch die Lager, auf die der Regen fällt, über die aufgeweichten Straßen. Der Rückzug wird nicht erlassen; der Dank des Monarchen verwelkt über Nacht, Neider vergiften den Ruhm. Auf Aspern folgt Wagram, die lange Nacht des entmachteten Siegers von gestern am Klavier. Ehre den Geschlagenen und Verratenen, Ehre Benedek und Conrad! (Ferdinand von Saar hat in „Vae victis" den General gezeichnet, den mit dem Ruhm auch das Glück verläßt; es ist die Logik der verlorenen Berufung, daß der Soldat die Waffe gegen sich selber richtet.)

Wer sollte die Reliquien erhabener Schicksale, Starhembergs verwundeten Panzer, Colloredos schwarzen Dreispitz, den durchschossenen Husarenhut eines Unbekannten, Laudons rotweißes Ordensband, Schwarzenbergs dunkles Ehrenkreuz nicht verehren, nicht dankbar dafür sein, daß sie in großartiger, beziehungsreicher Darbietung die Nachwelt anrufen, ihr sagen, was Geschichte war? Dies ist die ethische Schönheit und Tragik des Soldatentums, seine unbestreitbare innere und repräsentative Kultur. Ihr entgegengesetzt ist das Grauen, unabtrennbar; das Schreckliche und die Glorie bilden das Doppelantlitz desselben Phänomens: der Streitkolben wühlt in den Eingeweiden, die Hellebarde spaltet ein Haupt, in die Igel der Piqueure stürzen sich unter dem eisernen Zwang besessener Reiter edle Pferde; in die weichen Nüstern bohren sich die messerscharfen Spitzen, Gestürzte schlitzen die Bäuche der Rosse auf, durchhauen die Sehnen; der Bosniake springt mit langem Messer die Kehle des Feindes an; von dem Gestöhne, dem Dunst, Stank und Kot der Lazarette verlautet nichts. Wo ist der Feldscher, der gewiß der Tapfersten einer war, was die Konfrontation mit dem Nachspiel der Schlacht betrifft; wo sind seine groben Messer und Scheren, wo die beschmutzten Strohsäcke, die Verbände, die Bahren, die Schaufeln der Totengräber? All die ruhmreichen Fahnen verkünden die Greuel des Verendens und der Verwesung. Schlacht, wie sie hier sich bekundet von Montecuccoli und Wallenstein bis Radetzky, von der Raab über Leipzig und Solferino bis zum zweiten Custoza, ist und war ein Rausch: ein Außersichsein, Blutfest des Hasses, Hochzeit der Männer in Todeslust, unter dem dumpfen Rhythmus der Kesselpauken, dem aufreizenden Schmettern der Trompeten: es ist die „blutige Trunkenheit" des Freiherrn Torresani, der bei Cimego mit acht Mann Attacke ritt gegen ein Bataillon. Nüchtern ist der Feldherr, ist der General bis zu dem einen, einmaligen Augenblick, da Erzherzog Karl die Fahne ergreift und stürmt. Genialität ist das Warten auf den Blitz, die Bereitschaft für ihn; Genialität ist: Wipfel sein, hoch genug sein, um den Blitz herabzulocken. Aber der kommt oder bleibt aus, von wannen er will. Und jeder Triumph ruft den Neid auf den Plan, der ihn befleckt. Dieses Gesetz allein versöhnt mit der Schuld, die über den Schlachtfeldern dunkelt, mit dem entsetzlichen, dem unvermeidlichen Befehl. „Es ist alles zu spät", sagte der verabschiedete Freiherr Torresani, Dichter der „schwarzgelben Reitergeschichten" und der „schönen wilden Lieutenantszeit", als ihm, vierzig Jahre nach 66, die Eiserne Krone 3. Klasse durch die Post zugestellt wurde (J. H. Blumenthal: Carl Freiherr Torresani).

Und der nächste Saal? Die Ruhmeshalle dieser unserer Zeit? Wie würde sie aussehen? Der Mantel eines russischen Generals aus den Freiheitskriegen könnte schon in sie passen; er ist in hellem Grau gehalten ohne Litze und Stern. Keine Fahnen, keine Bänder, keine Farben! Und gäbe es doch noch Feldherrn, Piqueure, Husaren, all den malerischen Aufreiz zum Mord? Alles, was hier dargestellt ist, endete; in dem hellgrauen Mantel steckt ein Namenloser, ein Werkzeug; es sind keine Gesichter mehr zu erkennen. Etwas Bestürzendes geht von diesen Hallen aus. Was soll die Jugend, die hindurchgeführt wird, von ihnen empfangen? Liebe zum Erbe, Ehrfurcht gewiß, Bilder der Zucht. Aber es gibt keinen Fortgang des hier Gebotenen mehr; von all diesen Schlachtfeldern führt keine Brücke in die Vernichtungszone, vor der wir zittern. Hier ist der Krieg noch Bild, ist es noch möglich, von Feldzug zu reden, liegt noch ein Kranz für Radetzkys Haupt, wurde verantwortliche Tapferkeit nach Maria Theresias Willen belohnt; aber alles Bildhafte wird verzehrt werden — und wenn dieses Grauenvolle nicht geschehen soll, so muß Geschichte aufhören zu sein, was sie jemals gewesen; sie muß sich in einen Vorgang verwandeln, den wir noch nicht bezeichnen können. Am Ausgang des letzten Saales stehen wir vor einer notwendigen Unmöglichkeit. Von

Schritt zu Schritt, auf dem Wege durch diese Räume, verhüllt sich dichter und dichter Gottes Bild. Nun, am Ausgang, ist es verschwunden. Vielleicht, das ist die einzige Hoffnung dieser Jahre, würde es sich wieder erzeigen, wenn die Menschen sich in Ehrfurcht frei machen würden von allem, was bisher Geschichte war; wenn sie sich, unter den Fahnen vollendeten, verhallenden Ruhms ein Herz faßten zu einer geschichtlichen Existenz, die noch nie gelebt worden ist. Sie schlummert in uns als heilige Notwendigkeit: sie fordert denselben Mut, die Selbstbezwingung, die hier ihr Denkmal gefunden haben; aber dieser Mut würde noch einsamer sein als das Kommando Eugens und Dauns, als der Sieger von Aspern nach Wagram, als Radetzky an seinem Schreibtisch in der Stunde seines Verzichts.

CONFUSIONEN

Admirale und Distelfalter, zarteste der Geschöpfe, fliegen, wenn es herbstet, über die Alpen, und der Zitronenfalter überwintert auf der harten Erde unter einem dürren Blatt. Die Polarseeschwalbe fliegt von den Brutplätzen des Nordens über den Äquator in den Polarsommer des Südens, zweimal im Jahr von Sommer zu Sommer, von Pol zu Pol. Denn nur an den Polen ist ihre Heimat, und immer der Sommer ist ihre Zeit.

Solchen Trost verdanke ich Adolf Portmann, der eine neue umwälzende Ansicht gewisser Phänomene des Lebens entworfen und begründet hat: die Beschreibung der Tiergestalt jenseits des Nurverständlichen, aus Liebe zu ihrem Geheimnis, zu — nach menschlichem Ermessen — zweckloser Schönheit, die dennoch auf rätselvolle Weise übereinstimmt mit unseren Sinnesorganen. Die Erkenntnis der Selbstdarstellung des Tieres im Licht ist ein neues erregendes Element der Lebensbeschreibung, dem Empfänglichen von wohl ebenso großer Bedeutung und Genialität wie die Entdeckungen der Physik seit 1900; wer diese Ansicht des Lebens sich zu eigen macht, wird wieder mit der Welt verwachsen und immer inniger wünschen, an seiner Stelle, in den Grenzen seiner Existenz, Beschützer zu sein. Es ist wahrscheinlich nicht ein Widerspruch, sondern eine Entsprechung, daß K. v. Frisch und Adolf Portmann Zeitgenossen der Kernphysiker sind, so wie Vesal Zeitgenosse des Kopernikus war und in Basel, im selben Jahre, da in Nürnberg das die bisherige Welt sprengende Werk von den Bewegungen der Himmelskörper erschien (1543), die sieben Bücher vom Bau des menschlichen Körpers drucken ließ – beide Autoren hatten berechtigte Sorgen vor der Anteilnahme der Inquisition. (Ich weiß nicht, ob Swedenborg auf die Koinzidenzien des Jahres 1543 aufmerksam geworden ist; wahrscheinlich; sie mußten ihm Freude machen; Menschengestalt, Weltgestalt, Jenseitsgestalt, Gottesgestalt waren für ihn die immer großartigere Projektion des Seinsprinzips; Menschengestalt ist Seinsgestalt überhaupt. Wer könnte sich zu dieser Vermessenheit wieder erheben! Aber ohne Gnade versetzte der schwedische Seher nach Seherart Freunde und Verwandte in die Hölle. Wer mit Gott auf Du und Du steht, maßt sich Gottes Richteramt an.)

Genialität der Kinder: Descartes sah in der Zirbeldrüse den Sitz der Seele; vom siebten Jahre an beginnt sie zu versanden; ihre Aufgabe war, die Geschlechtsreife aufzuhalten.

Die begrabene Verzweiflung: Der Gemeinderat von Amersfort ließ die von ihm in Auftrag gegebene Statue „Verzweiflung" (Wanhop) des Bildhauers Maarten Mooij kurzerhand auf einen Bulldozer laden und begraben. Sie war für einen Friedhof bestimmt, aber noch nicht fertig und erregte in der Nähe des ersten Verkehrstunnels der Stadt das Ärgernis offizieller Persönlichkeiten. Man berief sich auf den lange schon andauernden unfertigen Zustand. („Algemeen Dagblad", 1. März 58). Die vollendete Verzweiflung also hätte man nicht begraben.

Ein mir unbekannt gewesenes Bildnis Emersons aus seinen Mannesjahren, großzügig und herb, fast düstern Ausdrucks, an Lincoln erinnernd, mit der Unterschrift: „I am only an experimenter ... I unsettle all things." Nichts von dem „milden Wirken". Dies ist der Kern Amerikas. Zugleich die Unsicherheit, der Mangel an Hintergrund: „I am always insincere as always knowing there are other moods." Und die fast verzweifelte Whitmansche Entscheidung für den Menschen: „Let us treat men and women as if they were real: perhaps they are."

Man konfrontiere Fotografien vom 29. Oktober 1917 in Petersburg („Times", 9. 3. 58) mit solchen vom 30. Januar 1933 in Berlin („Dagens Nyheter", 2. 3. 58): fanatisch-proletarische Dämonie und dumpf-pseudomilitärische, hier in Berlin, als Spezialität, aufgepeitschte trunkne, tränenvergießende Frauen, bereit, den Erwählten aus Liebe zu zerfleischen wie die Hunde der Penthesilea den Achill: in jedem Falle die obszöne Hochzeit des Dämons mit der Masse, eingesegnet von Hegels Weltgeist, von den „politischen Fatalitäten"; man konfrontiere; man wäge schweigend ab, die Vergleichspunkte sind klar. Aber die Unterschiede?

Sir Winston, nach einem Lunch in Sevennoaks, allein mit der Zigarre, zwei leere Stühle zur Rechten, drei zur Linken – und wohin setzt sich die Reihe fort? Die Gäste sind alle gegangen, das Theater wird abgeräumt. Auf wen wartet er? Auf den Pudel vielleicht? (Und vielleicht hat er für ihn einen Tennisball in der Tasche.) Nun wartet Sir Winston. So endet alles. Es hat nie anders geendet. Sir Winston hatte recht und wird recht behalten. Aber der Weltgeist hat ein neues Recht ersonnen – Sevenoaks, Friedrichsruh, Johannisberg, Cappenberg, Klein-Oels, Pombal, das Belvedere und ...

„Gerettet, um zu retten", die Devise der Heilsarmee: ich wüßte kein besseres Wort für den, der glaubt, jetzt und hier; man kann die christliche Erfahrung nicht eindringlicher verkünden und leben. Aber wir schämen uns vor den Schoutenhüten, Bändern, Sammelbüchsen, den brüchigen Stimmen, dem propagandistischen Paukenschlag, den Schutzmasken der Wahrheit, die sich der Welt nicht mitteilen kann, ohne ihrer Narrheit redlich zu zollen.

Linné ließ über die Tür seines Schlafzimmers in Hammarby Ovids Worte malen: „Innocue vivito, numen adest." Diese Mahnung war auch sein Vermächtnis an seinen einzigen Sohn, den seine Weltkenntnis nicht im unklaren ließ: „Du siehst alles verkehrt gehn, wie es noch niemand gesagt und gehört hat. Die schönste Lilie wird von Unkraut erstickt." So genau wie die Welt beobachtete er sich selbst; mit versagender Hand trug er in die Selbstbiographie noch die Nachricht ein: „Linné hinkt, kann kaum gehen, redet verwirrt, kann kaum schreiben." Seine Überzeugung war, daß durch die größte Verwirrung die größte Ordnung im Reiche der Natur sich herstelle – und ebenso durch Gottes Gerechtigkeit im moralischen Bereich (Tigerstedt: Ny illustrerad svensk Literatur Historia 2, Stockholm 1956, S. 241). – Nur wer sich die totale Verwirrung im Reich der Natur wie der Sitte eingesteht, hat die Möglichkeit – und das

Recht –, Weltharmonie zu vertreten. Aber es bedarf dazu heute einer unvergleichlich größeren Kraft als zur Zeit Linnés und Keplers.

Im Gemeindehospital in Kopenhagen starben sechs Patienten nach Blutübertragung; in den Blutflaschen hatten Bakterien, die sonst nicht für gefährlich galten, tödliches Gift entwickelt. Sieben Patienten haben den „Transfusionsschock" überstanden; bisher nicht geklärte Todesfälle der letzten Zeit finden im Zusammenhang mit diesem Unglück vielleicht eine Erklärung. – Arzt und Schwester wissen nicht, was sie tun, der Patient weiß nicht, was mit ihm geschieht. Schuld? Unsere unveränderliche Situation. Es wird immer dunkel bleiben im Operationssaal und Krankenzimmer, im Laboratorium unter überhellem Licht. Sonderbar sind die Schicksale der drei amerikanischen Ärzte, die um die Mitte des vorigen Jahrhunderts die Narkose einführten: Prioritätsstreit, Verbitterung; Jackson wurde wahnsinnig; Norton starb im Elend; Wells beging Selbstmord (E. Schlevogt), als habe der Schmerz das Recht, das ihm genommen werden sollte, wieder an sich gerissen.

Kein Autor könnte dem Leser zumuten, was die größten Komponisten – Bach, Mozart und Schubert nicht ausgenommen – dem Hörer bieten: unter dem leichtesten Schleier der Variation die seelentötende, pathologische Wiederholung eines einzigen Motivs. An einer jeden Wende könnte man, selbst wenn man so unmusikalisch ist wie ich, eine lange Reihe Takte voraussagen, die nun folgen muß. Mit welchem Wohlgefallen des Komponisten an sich selbst, des Vortragenden an seiner

Herrschaft durch Piano und Dirigentenstab wird das Publikum dieser Qual unterworfen; mit welchem Behagen läßt es sich quälen!

Jedes Schreiberohr hat sich der tapferen Fehde gegen Elisabeth Förster-Nietzsche angeschlossen. Die kalte Mamsell hatte gewiß ihre Geheimnisse und Schliche. Die Absicht indessen war harmlos: ein bißchen Naumburger Familienpolitik und die Errichtung einer monumentalen Grabfigur auf dem Familienfriedhof. Wir rücken, um den Zertrümmerer aus politischen Mißhelligkeiten zu befreien, von der Monumentalisierung ab. Doch war sie Nietzsches Ehrgeiz, in seinem Geiste. Elisabeth wie ihr Bruder können nur aus dem mitteldeutschen pastoralen Milieu zwischen Röcken und Naumburg mit seinen so respektablen wie fatalen Traditionen verstanden werden. Zu welcher Sprengkraft verdichteten sich in engen Bürgerstuben Theologie, Humanismus, Philosophie, Klassik und Romantik, die aufbrechende Naturwissenschaft, der – vielleicht letzte – Taumel der Kunst und der brennende Ehrgeiz an seiner Servilität leidenden Bürgertums! R. Förster-Nietzsche hat nach dem Scheitern seines kolonialen Unternehmens Selbstmord begangen. Sowenig Nietzsche mit ihm (und der Schwester) einig war, so gehört doch auch dieses Motiv in den Problemkreis. Elisabeth ist nicht unschuldig, aber entlastet. – Nietzsche war nie in Wien. Vielleicht hätte es ihm geholfen, wahrscheinlich aber nicht. Denn das Wien seiner Zeit war noch gefährlicher als das von heute. Es ist ein Paradox: Nietzsche in Wien. Denn allem Eigentlichen der Stadt und ihrer Gesellschaft war er hoffnungslos unterlegen, dem Untergründigen aber verwandt.

Von dem irischen Bruder Maestosos, Mr. What, Sieger im bestdotierten Hindernisrennen, berichten die „Times": „He eats like a gentleman", nämlich oats und raw eggs, „beaten up in Irish stout". Nur nach der letzten Hürde kam Mr. What beinahe zu Fall. Aber, erklärt der Jockey, es ist „the Queen-Mothers jockey" – das war seine, des Reiters, Schuld, nicht die Mr. Whats, der sich auch in Gefahr eines Mißgeschicks vorbildlich hielt. Was könnte man Besseres sagen zum Lobe einer Nation, als daß sie ein Pferd als Gentleman einschätzt und sich ihm gegenüber gentlemanlike benimmt?

Wie der Züchter angewiesen bleibt auf die den Pflanzen und Tieren innewohnende Kraft zur Veränderung und also nur „auswählen" kann (Portmann), so der Pädagoge auf das Vermögen zur Selbstdarstellung, das dem Zögling innewohnt. Er kann nichts hinzutun, nur verstehn. Alles, was der Zögling wissen „muß", ist ohne Wert, wenn er nicht danach ruft. Ihn etwa zum Rufen zu bringen, ist das Geheimnis der Kunst.

Scheuern, Fegen, Putzen, Blumen begießen und Vasen reinigen, Waschen und Flicken sind im Machtbereich der Frau, dem sehr zu respektierenden, der Liebe, der Kochkunst und Heilswissenschaft weit überlegen. Es ist immer richtig, daß gescheuert, gefegt, geputzt usw. werden muß – und es ist immer verkehrt. Aber richtig ist es nie, daß dem Gast, wenn er sich gerade der Unbequemlichkeit des Vorzugssessels angepaßt hat, ein Brokatkissen in den Rücken geknüllt wird. Auch die Kissen sind Vehikel der Herrschaft.

Die Gesellschaft spricht von dem, was man gesehen, gehört, gelesen haben *muß*. (Niemand liest, ist noch dazu imstande. Denn es fehlt der Ernst Maestosos.) Das „Muß" bedeutet die Abwesenheit geistiger Existenz, der Notwendigkeit von innen.

Wie spät versteht man einen Freund: Man gerät, zwölf Jahre nach seinem schauerlichen Tod, auf seine Wege, in die Räume, in denen er zu Hause war; und nun erst, im gemäßen Medium, leuchtet sein Bild auf, und auf ein jedes der wenigen Worte, die das Gedächtnis noch wiederholen kann, fällt der erklärende Akzent. Verhält es sich aber so in der kurzen Spanne eigener Erfahrung, so müßte es uns klarwerden, wie barbarisch wir uns gegen die Vergangenheit verhalten. Es stimmt kein einziges Wort, das wir von ihr sagen und schreiben: nicht ein einziges Wort ist wahr.

Deseo non desear
e querría non querer.
El Marqués de Santillana

Ich begehre nichts zu begehren, und ich wünschte nichts zu wünschen: das gelte auch für Unsterblichkeit in jeder Bedeutung.

Ein zureichendes Bild der Geschichte muß die Krankheit einbeziehen, und zwar an wichtiger Stelle. Es ist merkwürdig, wie wenig sich die Geschichtsschreiber auch heute noch mit ihr befassen; meist bleibt es bei den bekannten Sensationen: Barbarossa wird von der Pest aus Rom vertrieben, der Schwarze Tod tanzt, das Lager vor Metz wird aufgelöst, Abraham a Sancta Clara expliziert das Gottesgericht über Wien. Aber Krankheit als volkverändernde Geschichtsmacht wurde spät und, wie es scheint, erst von amerikanischen Forschern erkannt (H. E. Sigerist, W. H. S. Jones, Hans Zinsser). Gewiß: Krankheit ist vermutlich nicht Ursache des Verfalls; sie gehört aber zu den wesentlichen Elementen einer Epoche in ihrer Sonderart, ist Merkmal, mit dem sich ein jeder befassen muß, der eine Epoche darzustellen sucht; sie kann auch nicht in eindeutig negativem Sinne verstanden werden. Die Pestzeit, die furchtbare Erinnerung, die in den Pestsäulen gebannt und zur Glorie erhoben wurde, hat in hohem Grade beigetragen zur Formierung des Geschichtsbewußtseins, geschichtlicher Geschlossenheit Wiens, Österreichs. Man könnte von einer Ära sagen, daß sie das Gesicht ihrer Krankheit hat; daß man ihre Züge aus ihrer Krankheit ablesen kann. Die Epochen und die Krankheiten sind gemeinsam im Fluß; parallel zur Geschichte fließt die Therapie; der Arzt ist eine geschichtliche Figur wie der Minister oder der General. Der Zusammenhang von Krankheit und Geschichte dringt tief ins Geistige: nicht allein, daß etwa Tuberkulose oder venerische Krankheit die geistige und künstlerische Produktion in eine exzeptionelle Lage, ein fieberiges Klima versetzen; die von Seuchen heraufgeführte Not kann Machtformen und Systeme zerrütten. Während der Typhusepidemie, die in dem eben errichteten Sowjetstaat wütete, hat Lenin diese Tatsache klassisch formuliert: „Entweder der Sozialismus vernichtet die Laus, oder die Laus vernichtet den Sozialismus" (zitiert von Sigerist). Die Laus also ist geschichtliche Person, genauer gesagt: die Laus im Bunde mit der Rickettsia, dem Parasiten, der an ihr zehrt und den ihr Biß überträgt. In dieser Perspektive wird deutlich, was Bosch und Bruegel gesehen und führende Historiker übersehen haben. Das Insektengewimmel ist fatal; es bewirkt Geschichte; es gehört zu dem Komplex, der eine Epoche und das ihr einwohnende Geschick ausmacht.

Die Prinzessin Eulalia von Spanien, Tochter der Königin Isabella II., ist im Alter von 94 Jahren in Irún gestorben — sie war lebende Sage —, und fast zur selben Zeit starb Prinzessin Ingeborg, Herzogin von Västergötland, Schwester König Haakons, Mutter der verunglückten Astrid von Belgien und des einem mißlichen Prozeß gerade noch entglittenen Prinzen Bernadotte; Fürstin Grace hat den Monegassen einen blauäugigen braunhaarigen Prinzen geschenkt, und Françoise Sagan hat sich endlich vermählt, nachdem sie sich mit frühem Ruhm und früher Katastrophe hinreichend bekannt gemacht hat; die persische Operette, in der unsere Staatsoberhäupter animiert mitspielten, schrillt aus. Je mehr solcher Nachrichten man zusammenträgt, um so gespenstischer wird der Aspekt: Gesellschaft defiliert auf dem Fernsehschirm. Zu welcher Melodie? Und der Fernsehschirm ist in den Verdacht radioaktiver Tücke geraten, welcher Verdacht sicherlich von Sachverständigen behoben werden wird — während die Sputniks der alten Mutter Erde um die Ohren brummen.

Die Konferenzen auf höchster Ebene — Topkonferenzen — sind ohne jede Gefahr: die Partner reichen einander die Hand unterm Tisch; ein jeder verlangt, was der andere nicht gibt; das bedeutet, daß ein jeder behält, was er hat — das Klima, das die Blitze aushecken wird, ist gesichert —, und die Regierungen können ihre Völker ihrer friedlichen Bestrebungen vertrösten. Es ist einfach: man sieht durch fehlerloses Glas, keiner spielt die Karte aus, die der andere nicht ausstechen wird. Das ist streng befolgte Konvention im Vorspiel der Katastrophe.

Beten über den Glauben hinaus, gegen den Glauben, gegen den Unglauben, gegen sich selbst, einen jeden Tag den verstohlenen Gang des schlechten Gewissens zur Kirche — wider sich selbst und wider eigenes Wissen —: solange dieses Muß empfunden wird, ist Gnade da; es gibt einen Unglauben, der in der Gnadenordnung steht. Es ist der Eingang in Jesu Christi kosmische und geschichtliche Verlassenheit, vielleicht sogar ein Anteil an ihr: der Ort vor dem Unüberwindlichen in der unüberwindlichen Nacht. Ist diese Erfahrung aus der Verzweiflung an Kosmos und Geschichte, die Verzweiflung vor dem Kreuz, das Christentum heute? (Ich habe nur Fragen, eine Ahnung des Leidens, des herrscherlichen, das alle Dimensionen übersteigt.) Und dieses Muß, dieses dunkle, ohne Furcht vor dem Tod, eine Art „kleiner Passion", könnte noch eine Verheißung sein: numen adest.

Die Völker sehen nach der Fahne; der Fahnenträger hat sie zu halten; was in ihm vorgeht, ist ohne Belang. Sein Glaube bedeutet nicht viel; aus der Fahne kommt die Kraft. So war und ist Österreich die Monarchie; wer Österreich will, *muß* ihr anhangen, ob er die Krone will oder nicht. Die Situation Österreichs und die der Kirche stehen einander wie Spiegelbilder gegenüber, zwischen denen Blitze wechseln; die Kirche hat manches von Österreich erduldet — wie das, Weltlichem gegenüber, in

Ordnung ist; war sie aber dazu imstande, so hat sie Österreich schlecht verstanden und behandelt. Ob das verborgene Österreich von heute das Vorzeichen der Kirche von morgen ist? (Wenn es ein Morgen gibt.)

G. H. R. von Königswald veranschlagt die Dauer der Faustbeilkultur, die sich bis in die letzte Zwischeneiszeit gehalten hat, auf 400 000 Jahre. (Es ist das steinerne dreieckige Universalinstrument, das zum Schneiden, Kratzen und Bohren geeignet war, verbreitet von „England bis Südafrika, von Portugal bis Java".) Ob man diese 400 000 Jahre „Geschichte" nennen kann? Im Sinne der Geschichtsschreibung seit Herodot und Thukydides gewiß nicht. Und doch muß es in diesen Jahrhunderttausenden zu Gruppierungen, Führungen, Besitzwechsel gekommen sein. Wer aber wagt es, vom Orte unserer Auffassung von Geschichte 400 000 Jahren entgegenzublicken? Geschichte ist ein Verbrennungsprozeß – Ereignis des Endes.

Mit der Berufung van Swietens durch Kaunitz (1745) hat Maria Theresia die wissenschaftliche Mission der Kaiserstadt eingeleitet. Van Swieten, Schüler Boerhaaves, wie Albrecht von Haller, seiner am Krankenbett unterrichtenden Methode, rief Anton de Haen nach Wien, der mit einer gewissen Besessenheit nach dem Vorbild der Leidener Klinik Boerhaaves das Krankenhaus zum Ort medizinischer Forschung machte (Sigerist); Auenbrugger, der Entdecker der Perkussion (Beklopfen des Thorax), war Swietens Schüler. Van Swieten, Leibarzt der Kaiserin, Reformator der Medizinischen Fakultät, Präfekt der Hofbibliothek, Zensor, von Bedeutung für die Errichtung der kaiserlichen Sammlungen, war eine geschichtliche Persönlichkeit ersten Ranges, mag auch die zweite Wiener Schule den Ruhm der ersten überstrahlt haben. Maria Theresia verschmerzte ihn nicht: Sechs Jahre nach seinem Tode hielt sie den „grand jour de dévotion" an seinem Todestage: „Pour mon particulier une perte irréparable." Boerhaave selbst, wie es sich versteht, Schüler, und zwar des parlamentarischen Soldaten Thomas Sydenham (1624–1689), ist der Ahnherr; er schrieb „De honore medici, servitute". Auf seinem Denkmal in Leiden ist seine Devise zu lesen: „Simplex sigillum veri." Geht man zur zweiten Wiener Schule über, blickt man in das hoheitsvoll-trauervolle Antlitz Rokitanskys (1804–1878), der an die 30 000 Leichen, die Toten des Allgemeinen Krankenhauses, seziert haben soll, beherzigt man die Tragödie des Burgenländers Semmelweis, der sich selbst und seine Kollegen vielfachen Mordes bezichtigte – „sollten Sie, Herr Hofrat, in Ihrer Methode fortfahren, so erkläre ich Sie vor Gott und der Welt für einen Mörder" –, lernt man den „therapeutischen Nihilismus" Joseph Skodas respektieren, der Wissen erstrebte, vom Handeln aber nichts erwartete, so begegnet man dem Menschen an der Grenze, dem Menschen in seiner furchtbarsten Bedrängnis: dieser Mensch, der aushält, wo wir nicht atmen können, verschweigend, was wir nicht einmal ahnen, ist der Arzt. Und doch muß er sich einmal verraten: Skoda verzichtete auf den Erfolg; – (es ist das Gebrechen Kneipps, daß er nur von Erfolgen spricht, eine Verfälschung); für Theodor Billroth (1829–1894) war ein Mißerfolg lehrreicher als ein Erfolg; er gestand die Fehlschläge ein: „Die Hauptaufgabe der Jetztzeit (!) ist Kritik, dazu gehört Wissen, Erfahrung und Ruhe." Er war ein Mann hohen Ranges, befreundet mit Brahms und Hanslick – aber es ist grauenvoll, seine Berichte zu lesen, etwa – anderes zu unterdrücken – nur dieses: „Dreimal habe ich mich an große Netztumoren gemacht, doch dreimal mit tödlichem Ausgang. Ich bin schon in den Sechzigern mit meinen Laparatomien. Sie reizen mich wie ein Spiel" (zitiert von W. Leibbrand).

Der Arzt und der Priester geben einander schweigend die Hand: sie helfen, wo sie nicht helfen können, jedenfalls sich selber nicht. Sollten sich die Poeten nicht anschließen?

Die österreichische Universalität war essentiell europäisch, die des Empire global; Karl V., der über die Grenzen wollte und das mußte, scheiterte; Karl VI. hat Europa als Universum verstanden, trotz der ihm wohlgefälligen über die Grenzen weisenden pathetischen Allegorien. Als die globale Konzeption Macht wurde in England, liefen Österreichs Uhren ab. Nun ist auch die globale Konzeption gescheitert. Was bleibt? Die Flucht in den Raum, der Bremsenschwarm über dem Sarg der Geschichte.

Man soll, sagt Plotin, „nicht nur den Thersites ins Feld führen", den frechen häßlichen Lästerer, der erst vor dem Stock des Odysseus verstummte. Plotins Weltbild, das dem Cusaner voranleuchtete, mindestens ihm nahe ist, könnte für unsere Erfahrung noch ausreichen (während das Christentum im wesentlichen Weg ist, gelebte, im Leben sich kundmachende religiöse Ethik für den Menschen in der Geschichte, unangreifbar, weil sie eben Heilsweg bleibt am Ende der Zeiten und sich auf die kosmischen Perspektiven sowenig einläßt wie auf die universale Vorgeschichte). Der Mensch steht für Plotin „in der Mitte zwischen den Göttern und Tieren" und kann sich nach beiden Seiten neigen; der Spätling in Rom am Hofe des Gallienus verwaltete noch das Erbe des Anaximander: Man nehme keinen Anstoß daran, daß ein Ding von einem andern vernichtet wird, es ist doch aus einem andern entstanden: „seinen Eintritt ins Dasein verdankt es ja der Vernichtung eines andern Dinges"; notwendigerweise sind die Dinge „nur zum Teil einander freundlich und hold, zum andern Teile aber verhaßt und feindselig ..., die Vernichtung des einen bewirkt die Entstehung des andern. Hierin sah der Alexandriner die Hieroglyphe überschwänglicher Weisheit." Niemand dürfe am Weltall mäkeln: es ist jedenfalls das heilsame Wort, in dessen Grenzen der Mensch zu gedeihen vermag, unter der Voraussetzung gründlicher Resignation. Geben wir, wenn nur möglich, den Thersites auf! (So hat es auch Raimund gemeint.)

Zwei Buben haben in die Redaktionsstube der „Aftenposten" in Oslo den ersten Schmetterling (sommerfugl) gebracht. (Vanessa urticae); auf seinen Schwingen wechseln braune und hellgelbe Felder, die in Weiß übergehen. Er ließ sich mit ein paar Tropfen Zuckerwasser stärken, nach ein paar Stunden Rast in der Sofaecke wagte er sich durch das angelehnt gebliebene Fenster hinaus. Der Frühling ist nun nicht mehr abzuweisen, wenn auch noch Schneelasten dunkeln über Wien. Es zieht mich vom Reiter auf dem Stubenring zum Reiter auf dem Kapitol, dem Philosophen des strengen Castrums Vindobona.

Willem Elsschot: Verzameld Werk, Amsterdam 1957.

Er hat, wie es scheint, „nur" diesen Band von 750 Seiten geschrieben: darin haben etliche knappe Romane, einige Erzählungen, ein Bogen Verse Platz, von starker Haltung, den Deutschen im Politischen vermutlich nicht gelegen, ergreifende Einfachheit; mehrere Gedichte, die innigsten „Aan mijn moeder". Elsschot nahm die Feder nur in die Hand, wenn er es mußte. Ich kann diese Erzählkunst nur mit der dänischen der Jahrhundertwende vergleichen: in der Sachkenntnis und deren Darlegung liegt die Spannung: „Het Tankschip" (Antwerpen 1941). Hinzu kommt die unvergleichliche Sprache behaglicher Ironie, gutmütiger Hintergründigkeit, die vielleicht nur dem Holländischen erreichbare Sinnfälligkeit und gegenständliche Kraft. Es ist, als ob man die eigenen Väter reden hörte in fremder Stube, fremdem Haus; man wacht aus tiefem Schlafe auf, hört zu und lernt sie langsam verstehen — und vielleicht sich selbst: man verirrt sich in den Ursprung. Aber es wäre Frevel, mitreden zu wollen. Welche Konzentration und Entsagung! Die Grenz- und Küstenvölker, die Extreme, reden heute die Sprache Europas; die sogenannten „kleinen" Nationen, die Geschichte passiert haben, sind die stärksten und reinsten im Geiste, im Ausdruck.

Meine eigene Schreiberei ist ein kartographisches Unternehmen: ich will, so genau wie möglich, den Ort bezeichnen, wo ich mich befinde, den Haltepunkt des Marienkäferchens auf der beschwerlichen Wanderung über die „Times" oder den „New York Herold". An dem Käferchen liegt gar nichts. Aber die Zeile, über die es nicht hinwegkommt, könnte einige Aufmerksamkeit verdienen.

Mit den verschuldeten Versäumnissen verbinden sich die unverschuldeten; das Museum der Stadt Wien soll am Karlsplatz neu aufgestellt werden für die zu erwartenden Sommervögel; so entgehen mir die römischen Adler, aber ich kann auch das würdig-bescheidene Hausgeräte nicht besuchen, das den Dichter der Letzten Dinge während seines unendlich-unerschöpflichen Epilogs auf Österreich, auf sich selbst, auf das Drama mit sparsamer Behaglichkeit umgab — und auch die sorgfältige Abbildung des Hasenhauses in der Kärntnerstraße darf ich nicht studieren; ich glaube, es war ein dreigliedriger, mit Figurenzügen munter bemalter Bau, der die Passanten bis um die Mitte des 18. Jahrhunderts ergötzte, dann aber höheren Zwecken geopfert wurde (wie — es ist noch immer zu beklagen — das Stadtpalais des Fürsten Ferdinand Schwarzenberg, des „Pestkönigs", vor dem ersten Weltkrieg). Der malerische Schmuck der Fassade war eine lustige Travestie der Herrschaft, Umkehr der Geschichts- und Machtordnung, österreichische Ironie: Hasen jagen die Jäger, spießen sie, rösten sie, knüpfen sie auf; die langen Ohren wackeln über dem Kronreif; die törichterweise der Feigheit bezichtigte wehrlose Kreatur ist in Macht, rächt sich endlich am Menschen. Wehe dem Jäger, den der Hase verfolgt! Wehe den Fürsten vor des Hasen Tribunal! Auf lustigere Weise ist Gewalt wohl nie verspottet worden; nur hier ist das möglich gewesen. Die Glorie Meister Lampes, der Triumph der Wackelohren, der zitternden, schnüffelnden Schnuppernasen ist das Ende der Geschichte, ist Erlösung.

„Der größte Dienst, den wir Spanien erweisen können, ist, Portugal zu lieben" —„En estos momentos, la mejor manera de servir a España es amar a Portugal" (Sr. Ibañez Martín), erklärte der spanische Gesandte in Lissabon. Wenn eine solche, Jahrhunderte beleidigende Ketzerei nicht auf dem politischen Scheiterhaufen bestraft wird, so könnte es auch geschehen, daß ein Schwede norwegisch liest. Es knackt in den nationalen Gerüsten. Bauen wir fester?

„Es gibt keine Helden der Tat, sondern nur Helden des Verzichtens und Leidens." Gestern ein qualvoller Tag; ich konnte nicht arbeiten, nicht schreiben wegen des Zitterns der Hände. Ich las Jean Pierhals farbiges und dezentes Buch über Albert Schweitzer, in dem diese Worte zitiert sind. Welch mächtiges Zeugnis bleibt diese tätige und leidende Existenz für den kompromißlos als Ethiker verstandenen Christus: Welchen Sinn sollte es haben, vor dieser Lebenstatsache, die Glaubenstatsache ist, theologische Bedenken anzumelden? – Gegen den späten Abend und über die Nacht wurde mir etwas besser: das ist die Wirkung des Arztes. Eine Heilkraft geht von dem Berichte aus.

Das Gegenbild: In dem modernen zur Totalität strebenden Staate geht die Medizin in Friedenszeiten über in die Politik; sie i s t Politik. Ihre Aufgabe ist es, die Leistungsfähigkeit des Volkes zu steigern und die führenden Männer, Minister, Funktionäre zu erhalten und zu verjüngen. Im Kriege wird sie zur aggressiven Strategie. Symbol: man soll in Rußland die Zerfallsprodukte absterbender Gewebe von Gefallenen sofort nach dem Tode herausoperiert und über die Einspritzung in tierische Körper das Serum gewonnen haben, von dem man sich verjüngte kampfesfähige Truppen versprach (Roderich Menzel). Ich kann das nicht nachprüfen, aber der Gedanke ist des Nachdenkens wert. Mit diesem Serum hofft der russische Arzt Bogomolez, der das Sterben für eine verfrühte Krankheit zu halten scheint, das Alter (natürlich nur der wertvollen und erwünschten Genossen) auf 120–140 Jahre (für ihn das Normale) zu erhöhen. Sollte das nicht Sensation sein, sondern mögliche Zukunft, so müßte eine unübersehbare Verschiebung sozialer Struktur eintreten, ein ganz neuer Aufbau. Daß aber Krankheit, Tod und Geschichte sich alsdann auf einen noch ungeahnten Tribut besinnen werden, dürfte sicher sein.

Immerhin ist der Verdacht nicht abzuweisen, daß proportional zum Unglauben sich die Lebenszeit ausdehnt. Alle Bemühungen gelten der Verbreiterung des Irdischen, Vermehrung ablaufender Zeit, während in vom Glauben und Glaubenskampf stark erfüllten Epochen bei immenser Leistung die kurzen Lebensläufe hervortreten, so etwa unter Reformatoren: Ökolampadius 1482–1531, Butzer 1491–1551, Manuel Deutsch (Zürich) 1484–1510, Haller (Bern) 1492–1536.

Dann und wann durch den Traum singt schwerfällig der Kirchturm der Heimat, unter dem ich im vorigen Jahre schrieb. Offen gesagt: dem Kahlenberg kann ich nichts abgewinnen – wenigstens nicht im Winter; sein Name sagt alles; unerbittlich ist der mir erreichbare Umkreis der Stadt, wo, nach Hölderlin, die Orkane sich zanken. Ich sehne mich nach den zärtlichen Linien, den weichen warmen Farben unseres Hügelgewelles, dem transzendenten Licht, das die Turmstümpfe der Burgen verwöhnt und tröstet, der Geborgenheit der Fachwerkdörfer, dem Atem des Erwachens, der durch die Weinberge zieht. Jetzt, gegen den Frühling, schmilzt der Himmel über dem unsichtbaren Rhein in den verhaltensten Brechungen in das Dämmer hinüber, die Hähne krähen noch fern unten, und in allen Wurzeln, Stämmen und Trieben arbeitet stummes, ungestümes Leben. – Nicht hier wird meines Lebens Zeit gemessen; der geliebte Turm mißt sie unbestechlich und unermüdlich: Wenn er ruft – geschehe es bald! –, werde ich da sein, und dann habe ich nur die Bitte um sein Lied über meiner Ruhe.

Wieder am See, dem geliebten, glücklich versunken in seiner Schwermut und in der meinen. Der Wind treibt Schneewehen über die Straße, fern unten dunkelt der Eisspiegel; im Schilfkranz stehen schwarze Giganten: die bewehrten Türme an der ungarischen Grenze, die, knapp vor Ödenburg, den See durchschneidet. Auf einem jeden Kamin in Rust haben die Störche ihre Nester gebaut; eine Häuserzeile wandert vorüber, voller Einfälle, gelb getönt in orientalischem Barock. (Wir sind hier Europa so ferne wie im südlichen Portugal oder in Borgo oder Åbo.) Die Stadtmauer, unmächtig, den Stürmen unseres Jahrhunderts zu wehren, ist zerbrochen; sie schickt nur noch Trümmer gegen den See. Dann wieder ein kroatisches Dorf: saubere weiße Häuser mit der ein- oder zweifenstrigen Schmalseite gegen die Straße gewendet, schneeüberschüttet, mit den üppigen Trauben gelber Maiskolben behängt. Die Kirchen liegen hier überall hoch, als Burgen ausgebaut, als Zuflucht. Hier war keine Hilfe zu erwarten, wenn die Wolke von Osten heraufzog: die Arche Petri allein versprach einen freilich fragwürdigen Schutz. Wenn der Kaiser sein Heer schickte, war es schon zu spät. Überall sind die Läden gegen die Straße geschlossen. Da und dort steht eine Frau in buntem Kopftuch im Torbogen, unförmig vermummt, zwei blonde Mädelchen, modern frisiert, kommen aus dem Gasthaus, vom Fernsehschirm. Wir öffnen die Tür, und das warme Leben der aufbrechenden Kinder flutet uns entgegen. Nein, die Wirtin hat nie ungarisch gesprochen, aber ihre Mutter. Ich trinke noch einmal den dunklen sonnenschweren Wein. An einer Kurve vor Eisenstadt liegt ein zerbeulter blutbespritzter Wagen; Polizisten verzeichnen in ihren Rapportbüchern den Weg, den das Unglück nahm. In Eisenstadt tropft das Tauwasser von dem gelben phantastisch mit Türmchen und Büsten geschmückten Palast der Esterházy auf bizarr beschnittene Bäume. Eisenstadt, eine von den ständig um Geld verlegenen Habsburgern viel verpfändete Herrschaft, kam Ende des Dreißigjährigen Krieges in Besitz des Nikolaus Esterházy, Fürsten de Galanta, „ewigen Grafen von Forchtenstein". Hier, in dem bescheidenen zweistöckigen Haus, in einer Seitenstraße zwischen Schloß und Park, hat Haydn als fürstlicher Kapellmeister (im Range eines Offiziers) gelebt; die gewundene, von einem eisernen Gitter begleitete Treppe führte in das Arbeitszimmer hinauf; es ist von harmonischen Maßen, doch nicht geräumig, gegen den kleinen Hof gewendet, ohne Ausblick; unten steht der Brunnen, und im Sommer wird man dem Ganzen ein idyllisches Ansehen geben. Alles deutet auf Sammlung, auf im Innersten gesammelte Kraft. Ein Bildnis aus den Mannesjahren zeigt ein kühnes, großartiges Gesicht, von breiten Flächen, Ausdruck starken Willens, einsamster Eigenart. Der Sieger von Abukir war hier zu Besuch im Schloß, Kavalier der Lady, die ihn begleitete, fünf Jahre vor Trafalgar; Beethoven, Schubert kamen vorüber, die gewaltige, die Welt bewegende Harmonie rauschte über das herbe Unglück häuslichen Lebens hinweg.

Ergreifend ist, nach Triumphen, der Abschied: ein Blatt, dem der Meister sein Kärtchen beifügte: „Der Greis".

Hin ist alle meine Kraft,
Alt und schwach bin ich,
Wenig nur erquicket mich
Wein und Rebensaft.

Meiner Wangen Roth ist hinweggeflohn,
Der Tod klopft an meiner Tür,
Unerschreckt mach ich ihm auf.
Himmel habe Dank!

Ein harmonischer Gesang
War mein Lebenslauf.

Ein benachbartes Haus nennt sich nach den Lebensaltern oder Jahreszeiten, die der Meister gefeiert hat: ein Kind, eine Frau in Rosen, ein Mann, der eine Garbe trägt, eine Frau, die Trauben erntet, ein Greis schlingen den Reigen. Die Harmonie des gläubigen Gemüts und die Harmonie der Töne vollendeten, steigerten sich in mächtigem Wechselgesang. Aber der Staub hat ein anderes Gesetz; und es hat lange, lange gedauert, bis das gestohlene abgetrennte Haupt dem Gebein zurückerstattet wurde.

Vita ianua mortis, mors ianua vitae,

steht auf dem Grabe eines vergessenen Eisenstädter Philosophen. (Wäre es mir beschieden, eine Woche hier zu sein, es könnte noch ein Schatten des verstorbenen Poeten in mir auferstehn; die Atmosphäre ist Poesie, und nur an den Grenzen ist mein Element.)

Am Ende, in Wien, taugten die müden Hände des Meisters gerade noch für das Gebet; sie hielten den Rosenkranz.

Der Schnee wird hart. Ich kann den zertrümmerten Wagen nicht vergessen. Wer war der Passagier? In immer wilderer Jagd treibt der Wind unkenntliche Gestalten in das Dämmer, gegen den See, in das Burgenland.

Gestern noch ein beschwingter lustig-trauriger Abschiedsabend in einem Beisel in der Singerstraße; es hat ein blutrünstiges Wirtsschild, beruft sich aber auch auf humanistische Bestrebungen und den Zuspruch Schuberts und Nestroys, dem bekanntlich selbst das Beste zu Hause nicht schmeckte. Grete Wiesenthal, Tänzerin und Dame des Einst, Schmetterling über der Tiefe, Kristallflocke über dem Neusiedler See. – Im südlichen Indien leben Eichhörnchen von Blütenteilen; sie übernehmen die Rolle der Bienen und vermitteln die Besamung. Die reizendsten, die ich sah, waren die lichtgrauen, schwarzgesäumten, die mir morgens in Helsinki und Stockholm begegneten und die Hand gaben. Unsere deutschen sind nicht so vornehm. Aber es wird mir geschrieben, daß die meinen im alten Garten dank treuer Pflege gut überwintert haben. Das Wiedersehen mit ihnen ist jedenfalls ein ernster Grund zur Heimkehr. Wir verzichten auf die ewige Roma und fliegen nach Zürich. Marc Aurel kam nicht heim. Etwas von mir, eine Lebensgestalt, kann nicht heimkehren; sie bleibt in Wien. (In Wahrheit also kehre ich nicht zurück.)

Im Treppenhaus des Erzbischöflichen Palastes vereinen sich die Büsten Homers, Marc Aurels mit den Putten des Barock; die freien, hochgewölbten Räume belebt der Schimmer der Gummibäume und Rankengewächse; für mich ergreifend während des Essens der Blick auf das gewaltige Dachgebäude von St. Stephan, den Turmstumpf und das barocke Gehäuse der Pummerin. Auch hier ist ein großer Schauplatz liebevoll wiederhergestellt, zurückgewonnen worden. Die duldende Kirche, das duldende Österreich haben sich behauptet; die Kirche im angemessenen herrscherlichen

Stil. Ich habe zu meinem Kummer einen ganz schlechten Tag und leide mehr denn je unter der Unmöglichkeit, der Mahlzeit zuzusprechen; man ist, ohne teilzunehmen, eine störende oder bedrückende Existenz und wird dadurch selber bedrückt.

Wildes Schneegestöber begräbt die Autos an den Straßenrändern; die Gehwege und Kreuzungen sind Matsch der besten Klasse, der, wie die Fußgänger, sich selbst überlassen bleibt; unaufhörlich hallen die Signale der Polizeistreifen und Unfallaufgebote durch Wind und Flockenfall. Ich kann nichts tun, liege lange, sage — ungern — alle Verabredungen ab, lese ein paar Seiten Torresani, auf den mich Oberst B. aufmerksam gemacht hat; seine Schilderungen sind wie die Prokesch-Ostens, von bewundernswerter Präzision und Farbgebung; ein guter Soldat ist fast immer ein guter Schriftsteller; was hätte man lernen können, wenn man in anderer Richtung gegangen, geführt worden wäre! (Ich denke auch an Schaukals Nachruf auf Franz Joseph; er ist in bewußter Stilisierung, aus genauester Kenntnis konzis wie eine Seite des Livius oder des Tacitus.) „Dagens Nyheter" berichten, daß diesen Winter in den Nadelwäldern Östergötlands — ich bin einmal an diesem herrlichen verstrickten Wachstum der Föhren, Fichten, Ebereschen, kniehoher Heidelbeeren und des Heidekrauts vorübergefahren — die Kungsfågeln in ungewöhnlich großen Scharen erschienen seien; ein solches Vögelchen, das leichteste Schwedens, wiegt nur fünf Gramm. Dagegen verschwinden die Taucherenten im Mälar. Wieder merke ich mir, in dumpfer Stimmung, Absurditäten des Lebens an, das für mich in seinem Selbsthaß einen immer unheimlicheren Aspekt annimmt; man unterrichte sich – es ist wirklich zu raten – über Plattwürmer, Strudelwürmer, Saugwürmer, das Geschlecht der Egel; der Leberegel entwickelt 45 000 Eier und placiert etwa 1660 Sprößlinge in einer Rindsleber – von allem weiteren, der tückischen Raffinesse des dreifachen Generationenwechsels, der die Larven durch Schnecken über Gras und Schilf in die Körper, in Leber und Galle schmuggelt, wo sie sich dann gütlich tun, zu schweigen. Dagegen ist es eine Ermunterung, daß die Pferde der Ehrenwache, die der englischen Königin-Mutter auf ihrer Australienreise beigegeben wurde, sich an der Festgabe, nämlich an einem Orchideenbukett, erlabten. „Paarden aten Koninklijke orchidee. Een van de dieren was zo hardnekkig", daß die hohe Dame es nur mit einem Stückchen Zucker (een klontje suiker uit haar tasje) vom Blumengenuß ablenken konnte.

Kurz, nach totaler Niederlage wird es Zeit für die Operette; es ist der „Graf von Luxenburg" in der Volksoper, als Revue inszeniert. (Schade ist es doch, daß der Operettenstil an die Revue verlorengeht.) Aber nun wird mit Laune und Temperament und immer neuen Einfällen gespielt; stets hat der leichte Vorhang des Hintergrunds eine pikante Überraschung bereit; Darsteller und Orchester lassen einander keinen Augenblick im Stich; Trauben leuchtender Kugeln schweben darüber; auf der Drehbühne, im Scheine der Eleganz und der Kugellampen von 1900, fliehen die „danzas de la vida breve" vorüber (die ich einstmals liebte, deren Patient ich nur noch bin). Vor uns ein Jungchen, höchst brav gescheitelt, adrett angezogen, unter der Aufsicht der von dunkler Brille geschützten Mama, höchstens fünf Jahre alt, dekoriert mit goldener Medaille, auf der

Franz Joseph zu sehen ist, an rotweißem Band, betrachtet arglos die vorbehaltlosen Dekolletés durch den zierlichen Operngucker; er ist, wie zu verstehen, stolz auf seine Medaille und zeigt sie wiederholt der Mama und dem Logendiener. Endlich geben es die blindwütigen Schmerzen auf, mich zu attackieren; sie sind müde wie ich; bald schlafen wir ein: wir, die Schmerzen und ich, schlafen zusammen; wir werden uns nicht mehr voneinander trennen.

Ich habe mich in dem Verdacht, dasein zu müssen als Vorbote des Entsetzlichen, gegen das keine Warnung und keine Bitte hilft. (Einen andern Sinn dieser mühsamen Existenz, die eben doch, in aller Geringfügigkeit, eine geschichtliche ist, kann ich nicht mehr erkennen. Vermutlich wird erst die Katastrophe mich erlösen. Furchtbar-Unfaßbarer, komme bald!) – Warum dann noch schreiben? Ich unterhalte mich, solange ich dasein muß, durch das Medium der Welt in ihrer Zeitgestalt, auf den Straßen Wiens, mit mir selbst, in einer gewissen Freude an zerplatzten Seifenblasen, die über einem Essener Spielzeugladen ein nickendes Bärchen in die Luft blies, im Schmerz um die Kreatur, den verborgenen Gott.

Friedrich Schreyvogl ließ in der Nationalbibliothek im Auftrage der Grillparzer-Gesellschaft intime Texte lesen: Grillparzers Ja und Nein zur Frau. Ob mir die Bekenntnisse nun im einzelnen noch erinnerlich waren oder nicht: sie wühlten mich in ihrer Dramatik auf; wilde, aber auch ratlose und überaus verletzliche, destruktive, das Sittliche durchbrechende Leidenschaftlichkeit, die ihren Schwerpunkt hat in der Passion. Nie habe er sich einer Frau genähert, die sich nicht zuvor ihm genähert habe – (hier lachen die Gebildeten) –; aber dann hat er zerstört – während ihn die Kunst zerstörte. Kathi Fröhlich erscheint als starke, hohe Persönlichkeit. Einer, der durchaus nicht glücklich sein will, beobachtet sich und seine Opfer in unbarmherziger Objektivität. Wehe der Frau, die in das Magnetfeld dieses Willens zum Unglücklichsein gerät! Um so bewundernswerter ist das Ethos des dramatischen Werkes, das freilich von dem mit Orden und Ehren beschwerten Mitglied des Herrenhauses kaum zur Geltung gebracht wurde, jedenfalls nicht mit dem ernstlichen Anspruch auf geschichtliche Wirkung. Ethos im Drama ist freilich Formgesetz: ohne Ethos keine Form. (Er legte sich schweigend – zwischen Fremde und Fremde – den immensen Schatz seiner Kritiken, Ironien, Geständnisse, Huldigungen und Verhöhnungen an, ein Bergwerk der Selbst- und Zeiterfahrung, das dem zu Tale Fahrenden zur Falle wird. Dieser sein nicht-dichterischer Nachlaß, vielleicht sein bedeutendster, ist der unterirdische Kalvarienberg der Monarchie, das verschwiegene Labyrinth ihrer Passion; auch hier, was den Charakter des Vermächtnisses angeht, eine Parallele zu Hebbel; die Kunst bleibt in dieser Epoche weit hinter der Aussage zurück. Überall transzendiert das Persönlich-Allzupersönliche ins Geschichtliche. Ein Österreicher dieses Ranges, solchen Wissens konnte im 19. Jahrhundert nicht glücklich sein; er konnte es nicht sein wollen.)

In den letzten Tagen beginne ich nachts um zwei Uhr: mein kleines norwegisches Neues Testament, das mich überallhin begleitet – wie überzeugend ist die Schrift in dieser treuherzigen Sprache –, ein paar Seiten Hamsun: „Markens Grøde", das an elementarer Gewalt nichts verloren hat („Segen der Erde" ist ein falscher Titel), Strindbergs erschütternden „Sidste Ridarren" und „Mäster Oluf", meine geliebten holländischen und schwedischen Zeitungen, Biologie und Astronomie (auf das dilettantischste von mir verarbeitet), österreichische Geschichte und Dichtung – ich finde Nadlers österreichische Literaturgeschichte faszinierend, ohne natürlich in allen Einzelheiten, soweit ich mich darauf verstehe, übereinzustimmen; man ist jedenfalls wunderbar unterhalten und angeregt; Mells „Barbara Naderer" ist einer der stärksten Eindrücke des Winters, ein neues Motiv in antiker Konsequenz und herber Verhaltenheit durchgeführt. Das sind die besten Stunden. Gegen sieben oder acht schlafe ich wieder glücklich ein. (Mit Roths „Radetzkymarsch" bin ich bei aller Bewunderung nicht zurechtgekommen: Verfall der Armee – aber auf welchem Hintergrunde!)

Alsdann beginnt die physische Misere des Tageslaufs; immer später, ganz gegen meine Gewohnheit; überall komme ich zu spät.

Vor dem in weitem Parke liegenden Palais der Fürstin X hackt ein Bedienter mißmutig das Eis auf. Innen die weitgeschwungene Doppeltreppe, ihre Genien und Lampen und nicht minder der Kuppelsaal verkünden noch die Festlichkeit des Barock. Aber – wie könnte es anders sein? – die Kultur blutet aus; nur noch wenige Sessel, cin paar ovale Porträts, eine Miniatur bezeugen, was war. Die Herrschaften waren, wie immer, von der freundlichsten Nachsicht. Ich kann nicht sagen, wie das

Schicksal der Familien mich bewegt, die einmal Land und Reich geführt haben. Es wäre wohl eine bedeutende Aufgabe, ihre Geschichte zu schreiben. Aber einem Manne bürgerlicher Abkunft wird das nie gelingen; das ist einfaches Gesetz, das mit Devotion nichts zu tun hat. Echter Adel ist eingeborenes, durch Jahrhunderte in Wechselwirkung mit der Geschichte sich fortbildendes Mysterium, wie auch – mehr und mehr neige ich zu dieser Ansicht – Österreich ein Mysterium ist. Man kann dieses Mysterium ahnungsweise spüren in der Leopoldskapelle in Klosterneuburg – dem Sakramentshaus der Weltmacht –, vor Maximilians Grabplatte in Wiener Neustadt, in der Schatzkammer und Kapuzinergruft, am Grabe Eugens, in Mayerling, im Redoutensaal, in der Reitschule, unter den Fahnen Starhembergs, Dauns, Erzherzog Karls, Radetzkys, im Sterbezimmer in der Spiegelgasse, allein in der Galerie der Burg: wirklich bezeichnen kann man es nicht; das Antlitz entzieht sich in Schweigen und Ironie; es hat die Kränkungen der Geschichte nie überwunden; es zieht oftmals die Selbstzerstörung der Verteidigung vor. (Was mich selber angeht, so erachte ich mich als Flugsamen, der durch die Zweige getrieben wird, ohne Stand und Grund.)

Ich hätte etwas sagen sollen. Aber das wage ich nicht: mein Beheimatetsein in Vorderösterreich wäre eine unzureichende Legitimation. Dagegen verfalle ich, mißleitet wohl von physischen Fatalitäten, wieder den Ahnungen des Endes. „Ich habe nichts zu fürchten", sagt die alte Fürstin X, „ich habe sechs Söhne verloren und allen Besitz. Was ich nun noch habe, kann ich nicht verlieren. Überhaupt: verlieren? In Wahrheit verliert man nichts. Ich wünsche mir nur den Tod." Doch ist sie lebhaft, ganz gegenwärtig, freier Gast in einer abgetanen Welt, der eine jede Torheit oder Tücke gegenüber der Tradition ohne weiteres zuzutrauen ist. Für diese Erfahrung gibt es keine Überraschungen mehr. Immerfort singt sie leise während des Redens.

Fest steht: der Kaiser ist da; die Reichskleinodien bezeugen stellvertretend seine Anwesenheit, sind eigentlich „Person", kaiserliche Personalität. Aber das Heeresgeschichtliche Museum, die großartigste Darstellung neuer österreichischer Geschichte, ist vielen unbekannt: Man braucht nicht zu sehen und zu repräsentieren, was man ist.

Die reizende kleine Gräfin aus einem nach den Staaten ausgewanderten Magnatenhaus hat sich, wie es scheint, in der gutwilligen Vernichtungszone der USA bewahrt. Für wie lange?

Der Kaiser und die großen Herren haben sich aufgemacht zum Rendezvous im Kalvarienberg von Eisenstadt, dem österreichischen Kyffhäuser; die Noten sind bereit, und das Orchester wartet schon lange; eben schlägt Vater Haydns Taktstock an das Pult zur Begrüßung und zur Huldigung vor der erlauchten unterirdischen Versammlung. Die Musikfreunde haben dem Meister den so lange vorenthaltenen Schädel zurückgegeben. Was zusammengehört, ist wieder zusammengekommen. Und der Chor hallt aus dem Berge.

Ich ende, wie ich angefangen habe: noch einmal beim Grafen Th., an der geheimnisvollen Ecke, wo die Spiegelgasse beginnt, die Geisterstraße. Welches Jugendfeuer des alten Herrn! Welche Gegenwart der Erinnerungen! Ich wage zu fragen nach dem Toten auf Madeira, der sich in die Heiligkeit verflüchtigenden Majestät. Es ist alles da: Reihe um Reihe in den Regalen, das europäische Vermächtnis; aber es ist doch mühsam, es ist fast nicht mehr möglich, die Region – das siebente oder achte Stockwerk – zu erreichen, wo August von Platens Werke stehn, und Platen bleibt der Meister unsterblicher Form. Und wie viele Verwalter der Geheimnisse Österreichs haben diesen Winter in Wien durchwacht? Wie viele werden ihrer im nächsten Winter sein?

Später, im Hause des Herrn A. v. S., des Bruders des einstigen Bundeskanzlers, tauchen im Gespräche die Schrecken der zwölf Jahre auf, von denen kein Einsichtiger behaupten kann, daß ihre Wiederholung unmöglich ist.

Als ich kam, verblühten die letzten Rosen auf dem Aspernplatz. Jetzt sind – vermutlich wegen irgendeiner Messe oder Konferenz – die Lichtmasten bewimpelt mit Halbmond und Stern, dem Danebrog. Was ist das noch? Was gilt's?

Und nun die letzte Nacht gegenüber dem Adler. Denn nur er ist noch da. Die Stadt hat mich mit einer Fülle des Menschlichen im Geschichtlichen überschüttet, auf die ich nicht vorbereitet war. Ich kann mich der Tränen nicht erwehren.

Cuando quiero llorar no lloro,
Y algunas vezes lloro sin querer.

Auf der Fahrt an der Totenstadt vorüber verliere ich die Fassung. Ich habe in einer großen Dimension gelebt.

Nun werde ich hinkümmern. Um wen weine ich? Um Wien? Um das Reich? Die Freunde? Um mich? Die Fürstin X hat es vermocht, sechs Söhne – und wieviel Schlösser? – zu überleben. (Doch sie singt, mitten im Gespräch, leise vor sich hin. Ich dachte immer, die großen Damen seien nicht mehr da. Aber ich irrte – hier wie überall. Die Gänge, die Treppen sind kalt.) Es ist alles, worum wir hätten bangen können, geborgen im Bergwerk der Mystiker unter Vater Haydns Taktstock: Was wir in Wahrheit besitzen, was wir sind (denn wir besitzen nur, was wir sind), können wir nicht verlieren.

Ein Sportflugzeug vom Typus KZ-3, bemannt nur mit dem Piloten N auf Probeflug, ist, wie angekündigt, um 13 Uhr in Sonderburg gestartet, aber in Beldringe nicht angekommen. Der Pilot sollte im Einzelflug sein Orientierungsvermögen erweisen. Die kurze Flugzeit ist längst überschritten. Die Rettungsstation Karup hat zwei Maschinen ausgeschickt, gegen Abend aber, in Dunkel und Schneesturm, zurückgenommen.

Wieder, einsam wie der verschollene Pilot, singt der Priester im roten Ornat hinter der Ikonenwand von Sankt Barbara.

Und in der kommenden Nacht wird der Adler fliegen und der Feldherr befehlen, wohin? Und Maestoso Alea wacht und wartet auf den Reiter, den ersten Takt. Er wartet auf die Posaune, den apokalyptischen Reiter.

Wien, 5. März 1958

Am dunklen Abend der Heimkehr durch den Regen unerwartetes Trauergeläute: der gütige Erzbischof ist gestorben. Folgenden Tags ziehen die Fahnen, Korporationen, Fakultäten, die Ordensleute, Domherren, Bischöfe am Münster vorbei: eine großartige Selbstdarstellung der Kirche, im wesentlichen noch mittelalterlichen Gepräges, in der die Vertreter der Regierungen ein klägliches Aussehen haben, erschütterndes Bekenntnis des Glaubens an Unsterblichkeit. Der Zug entschwindet, und die Menge verliert sich, die Glocken schweigen; den zwölf Schlägen der Turmuhr folgt ein einziger, unwiderruflicher: 13 Uhr.

Die Vernunft zerstört den Glauben keineswegs; viel ernster zu nehmen ist die Arbeit des Schmerzes am Fels, vernichtende Erosion.

Vor dem Fenster meines einstweiligen Domizils, in dem ich mich einzugewöhnen suche, wirbelt der Schnee in die weiträumige Ruine des Großherzoglichen Palais. Auf der Mauer hat sich ein Weidenkätzchen angesiedelt, unbeirrbare Frühlingsverheißung, unter der sich am Morgen ein Finkenpärchen badet im Schnee.

Und nun ist der Hochwürdige Herr, nach unsäglichen Mühen, geborgen vor dem Altare, an dem er sich geopfert hat. Und es muß sein, es ist ganz unabdingbar, was sich verhüllt in mir, was sich mir unter dem Geheimnis der Barmherzigkeit sachte entzieht.

Freiburg, 7. 3. 1958

Werner Bergengruen

—

Grabrede für Reinhold Schneider

gehalten

auf dem Baden-Badener Friedhof

am 10. April 1958

In dieser Stunde schmerzlichen Abschieds ergreife ich das Wort nicht nur von mir aus. Ich spreche zugleich im Namen der Bayerischen Akademie der Schönen Künste in München und im Namen der Deutschen Akademie für Sprache und Dichtung in Darmstadt. Ich spreche, so meine ich, im Namen eines großen, liebenden und verehrenden Freundeskreises, aber ich glaube, ich darf hier auch für unzählige Männer und Frauen sprechen, ohne von ihnen eine ausdrückliche Ermächtigung erhalten zu haben, ja ohne ihre Namen zu kennen. Ich spreche für alle jene, die in der Anfechtung, in der Not, in der Verzweiflung der furchtbarsten Jahre unserer Geschichte die Tröstung, die Kraft, die Milde und Liebe dieses großen selbstlosen Herzens erfahren haben, hinter Stacheldraht und Gefängnismauern, in Bunkern, Spitälern, bei Stalingrad, unter Trümmern und vor Gräbern.

Erwarten Sie daher von mir nicht eine Würdigung des reichen, vielverästelten, ja oft unübersehbar scheinenden Werkes, von dem Reinhold Schneider so plötzlich abgerufen wurde. Diese möge anderen Männern und anderen Stunden vorbehalten bleiben. Lassen Sie mich nur versuchen, einige Wesenszüge des Freundes sichtbar zu machen, der nun im heimatlichen Boden ruhen soll, bei seinen Eltern und bei den Geistern des alten Hauses, das ihm im Sterben vorangegangen ist.

Ich erinnere mich daran, daß man seinerzeit oft von einfachen Leuten, die vielleicht nie eine Zeile von ihm gelesen hatten und vielen seiner Gedankenläufe nie zu folgen vermocht hätten – daß man von solchen Menschen die Meinung hören konnte: Freiburg kann nicht durch Bomben zerstört werden, weil Reinhold Schneider hier unter uns lebt. Ich wüßte keinen anderen Menschen unserer Zeit, dem sich eine solche Zuversicht hätte zuwenden können – eine Zuversicht, die in legendarische und sagenhafte Welten aus den Kindheitszeiten der Menschheit zurückzureichen scheint und auch durch ihre schaurige Widerlegung nichts von ihrem ergreifenden Zauber einbüßen konnte. Er erschien den Menschen als der Lautere, der Herzensreine, der im biblischen Sinne Gerechte, um dessentwillen der Todesengel sich von der Stadt werde wenden müssen.

Vielleicht ließe sich sagen, jene Zeit, da sein Zuspruch in weiter Streuung hinausging, in Briefen, Aufsätzen, Gedichten, die immer wieder abgeschrieben, vervielfältigt, ja, wo es anging, illegal gedruckt wurden, jene Zeit der furchtbaren, aber entschiedenen Eindeutigkeit und der scharfgeprägten Konturen, sei, wenn ich dies unzulängliche Wort brauchen darf, seine glücklichste gewesen. Er selbst hat sein Dasein während des Krieges und der nächsten ihm folgenden Jahre mit der Tätigkeit auf einem Verbandsplatz verglichen und hat den auf einen Verbandsplatz Gerufenen beneidenswert genannt, denn „er hat nur zu helfen". Danach aber fühlte er nach seinen eigenen Worten alles „dunkler und schwerer werden". Er mußte, wie er sagt, wieder erstreben, was er von Anfang an sollte: den Ausdruck des Irdisch-Unlösbaren, über dem die Ahnung letzter Lösungen liegt.

Immer mehr bedrängte ihn die Antinomie, die er allenthalben in der Weltgeschichte, aber auch in sich selbst empfand und die das eigentliche Thema namentlich seiner dramatischen Dichtung werden sollte. So bezeichnet er das Christentum als das Unmögliche, aber Notwendige, den lebendigen Widerspruch zwischen Freiheit und Gehorsam, die beide gefordert, gestiftet, vorgelebt sind. Die Unaufhebbarkeit der Dissonanzen innerhalb des Irdischen begründet seine tragische Deutung der Geschichte, und nur in der Transzendenz schien ihm die Auflösung der Dissonanzen vorstellbar. Er, der so vielen Bedrängten und Verzweifelten zum Trost geworden ist, ja, von dem manche gesagt haben, ohne ihn hätten sie die Epoche der Tyrannei und des von ihr freventlich heraufbeschworenen Krieges nicht zu überstehen vermocht, er selbst war, daß ich es klar ausspreche, ohne Hoffnungen, es sei denn die eine Hoffnung, die Hoffnung contra spem, gerichtet auf das, was er selbst „das Undenkbare, aber Verheißene" genannt hat.

Was sich am Karsamstag und Ostersonntag dieses Jahres zugetragen hat, das mag dem oberflächlichen und unbelehrten Blick als ein Unfall oder gar Zufall erscheinen. Und doch vollzog sich hier etwas, das sich für Reinhold Schneider und die ihm Verbundenen schon lange angekündigt hatte, angekündigt im langjährigen Leiden des Körpers, angekündigt im Niederriß des alten Hauses, des Hauses mit dem Balkon, dessen Abtragung im Winter von 56 auf 57 er Schicht für Schicht mit angesehen, miterlebt und in seinem letzten Buch beschrieben hat;

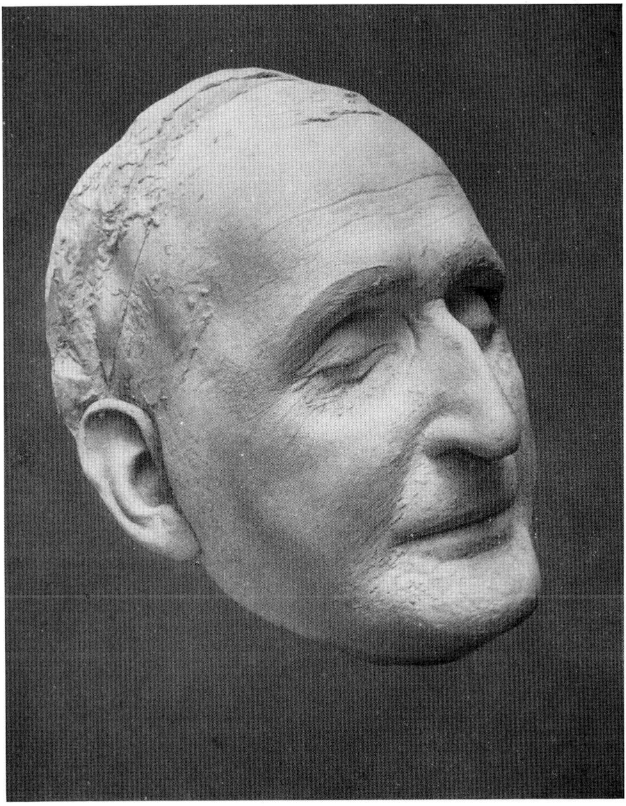

angekündigt in schwermütigen Ahnungen, denen auch ein Element eigener seelischer Zustimmung nicht gefehlt hat, etwa im Sinne des paulinischen Wortes: „Ich habe Lust, abzuscheiden und mit Christo zu sein, und dies wäre das viel, viel Bessere."

Aber der Schatten der Vergeblichkeit alles irdischen Tuns, den er als die eigentliche Tinktur der Geschichte gleichwie auch der eigenen Gegenwart wahrnahm, dieser Schatten hat ihn nicht hindern können, männlich das Seine zu tun bis in seine letzten Tage. So kämpfte er den heroischen Kampf mit den Widerständen, die seine Krankheit ihm wie steinerne Bastionen entgegensetzte und die er doch immer wieder, einen Tag um den andern, eine Nacht um die andere zu ersteigen hatte, um den Auftrag seines Daseins zu erfüllen.

Alle Leiden seiner leidensreichen Zeit hat Reinhold Schneider mitgelitten und die Leiden, die allen Zeiten verhängt sind, als seine eigenen angenommen und ausgetragen und mit dem mystischen Schatz der ihm persönlich gegebenen vereinigt.

Er lebte in einer mönchisch anmutenden Hingabe an die erwählte und auferlegte Form, die eine Lebensform der Entsagung, der Strenge gegen sich selbst, der Milde gegen die anderen war. Mönchisch erschien auch die Zurückhaltung und Verschwiegenheit in allem, was seine Leiden und den privaten Bezirk seines Lebens anging. Erst in den letzten Jahren hat er, für viele überraschend, den Reichtum seines Werkes um Mitteilungen aus der persönlichsten Sphäre seines Daseins gemehrt. Dies Aufblitzen des Individuellsten innerhalb seines Werkes, wie es sich in den Büchern „Der verhüllte Tag", „Der christliche Protest", „Der Balkon" vollzieht, war etwas gänzlich Neues. Es war, als habe er eine Mauer durchbrochen, durch die nun Licht und Bläue in breiten Strömen rannen, und es schien eine unabsehbare Fortentfaltung sich zu verheißen.

Ich möchte hier der verborgenen Heiterkeit gedenken, die Reinhold Schneider eigen war. Wohl hing die Schwermut auch über ihr, aber sie schimmerte auf eine bezaubernde Weise durch die Schwermut hindurch. Es war eine Heiterkeit, die in ihrem ganzen zarten Reiz vielleicht nur die ihm Vertrautesten erfahren haben, eine Heiterkeit, die mit seiner franziskanischen Liebe für alles Geschöpfliche von der nämlichen Wurzel war; erst in seinen letzten Jahren haben sich von ihr goldene Lichter hier und da auch in sein Werk verstreut. Er hatte ja nichts von einem Zeloten, einem Fanatiker. Dieser tapfere, gütige, liebevolle, aufrechte und demütige Mensch war ein Sohn und Vorfechter der Freiheit — sowohl gegenüber den Fesselungen der Materie und aller ihr anhaftenden Bresthaftigkeit als auch gegenüber jenen anderen und schwerer hinzunehmenden Fesselungen, welche die menschliche Gesellschaft immer einschneidender, immer unabstreifbarer um das Individuum schlingt.

Er liebte die Menschen, und ungern urteilte er über sie. Goethe hat uns im Westöstlichen Diwan ein Gedicht des Persers Nisami überliefert: alle des Wegs Kommenden schelten auf das stinkende Aas des daneben liegenden Hundes, Jesus aber sagt nur: „Die Zähne sind wie Perlen weiß.“ Ich kann mich nie an dieses Gedicht erinnern, ohne daß meine Gedanken sich augenblicks unserem Freunde zukehrten. Wo er mit seinem scharfen Verstande, seiner Fähigkeit geschwinder und das Wesentliche erfassender Beobachtung niedrige Züge gewahrte, da hielt er sich, außer im allervertrautesten Gespräch und doch selbst noch in diesem, eher zurück, um dem Urteil Gottes nicht vorzugreifen. Er war ein Mann des Friedens, und Sie alle wissen, daß er als ein Mann des Friedens von der Öffentlichkeit gefeiert worden ist. Und doch ist ihm auch das kostbare Besitztum des Friedens in den antinomischen Widerspruch eingeschlossen gewesen.

Er ist nun in den Frieden getreten und auf einen erhöhteren Platz, als der Balkon des alten Hauses es sein konnte. Der verhüllte Tag ist eingegangen in den offenbaren, und wir dürfen vertrauen, daß alle irdische Widersprüchlichkeit ihre Aufhebung und ihre Bergung im Absoluten erfahren hat.

Ich wüßte keine Worte, die einen solchen Anspruch hätten, an dieser Stelle und in dieser Stunde laut zu werden, wie die des „Grabliedes" aus Reinhold Schneiders Gedichtbuch „Herz am Erdensaume". Ich glaube sagen zu dürfen, er habe hier vor mehr als einem Jahrzehnt vorwegnehmend, vorahnend die Summe seines Lebens und Sterbens gezogen, er, der das Wort von der Existenz als von einem Todeskampfe gebraucht hat.

Wer heimlich Christi Leiden
an seinem Leib gespürt,
wird im Hinüberscheiden
vom ersten Glanz berührt;
Wer Christi Tod erlitten,
wird mit ihm auferstehn;
wo er hindurchgeschritten,
da wage ich's zu gehn.

Ich will mein selbst vergessen
am Saum der Erdennacht
und an das Kreuz mich pressen
mit meiner Seele Macht;
Kein Wort soll mich erreichen,
das, Herr, Dein Mund nicht sprach.
Gewähre nur ein Zeichen,
so folge ich Dir nach.

Aus ungeheuren Räumen,
darin das Grauen webt,
schreckt, gleich verworrnen Träumen,
der Tod, der vor Dir bebt.
Ich seh' Dein Antlitz strahlen,
kein Wort gleicht Deinem Wort,
und über Zweifelsqualen
reißt mich die Liebe fort.

Schon dringt ein ahnend Schauern
von Raum zu Raum herab;
die noch an Gräbern trauern,
begreifen nicht Dein Grab.
Die meine Brüder waren,
bezwingt die Erde nicht;
in ungemeßnen Scharen
sehn sie Dein Angesicht.

Das Zeichen zur Nachfolge, um dessen Gewährung er bat, ist unserem Freunde zuteil geworden. Er ging von uns am Ostersonntag, dem Tage der Auferstehung, und hat damit die ihm gewordene Gabe als ein großes Zeichen und einen Trost weitergereicht an uns alle, die wir um ihn trauern.

Anmerkungen

Im Sommer 1957 wurde Reinhold Schneider beim Dramatikerwettbewerb der Bregenzer Festspiele mit dem ersten Preis für sein Schauspiel „Der große Verzicht" ausgezeichnet. Die Uraufführung fand am 18. Juli bei der Eröffnung der Festspiele 1958 durch das Burgtheater Wien statt. Nachdem der Dichter sich bereits im Sommer 1957 für kurze Zeit in Wien aufgehalten hatte, entschloß er sich bald darauf, die Wintermonate in Wien zu verbringen. Am 5. November traf Reinhold Schneider wieder in Wien ein und blieb dort bis zum 6. März 1958. Er wohnte in der Pension Arenberg, Stubenring 2. Vom Verlag angeregt, führte der Dichter in Wien regelmäßig Tagebuch über seine Erlebnisse, Eindrücke und Begegnungen. Als er nach Freiburg zurückkehrte, brachte er ein umfangreiches Manuskript mit, das sofort abgeschrieben und korrigiert wurde. Fünf Tage vor seinem Tod konnte Reinhold Schneider das satzfertige Manuskript dem Verlag übergeben. Einen seiner letzten Briefe schrieb er an den Freund Hans Fronius, mit der Bitte, die Ausstattung des Bandes zu übernehmen.

Der Verlag dankt Herrn Werner Bergengruen für die freundliche Überlassung der Grabrede und Fräulein Lotte von Schaukal, Wien, für das Mitlesen der Korrekturen und für viele wertvolle Hinweise.

Es schien notwendig, dem Buch einige Anmerkungen mitzugeben, die dem Leser das Verständnis erleichtern und Zusammenhänge erklären sollen.

Seite

9 *Festsaal Karls VI.:* Spanische Hofreitschule.

15/16 *Feier für Max Mell:* Der Dichter beging am 10. November 1957 seinen 75. Geburtstag.

16 *Otto Hahns Vortrag:* Professor Hahn sprach am 13. November 1957 im Konzerthaus über das Thema: „Atomenergie für den Frieden oder für den Krieg".

22/23 *Neidhart von Reuenthal: Räumet aus . . .:* Übersetzung aus „Tanzlieder Neidharts von Reuenthal". Jena 1927. *Die Dorfweiber . . .:* Die Übersetzung dieser Verse Neidharts stellte Wilhelm Szabo zur Verfügung.

24 *Amerikanisches Stück:* „Arme kleine Sheba". Schauspiel von William Inge.

27 *Haus, wo der Herold-Verlag einen Empfang gibt:* Galerie von St. Stephan, Grünangergasse.

28 *Die über die Donau nach Artstetten gleitenden Särge:* In der Schloßkapelle von Artstetten sind Erzherzog Franz Ferdinand und seine Gemahlin, die am 28. 6. 1914 in Sarajevo ermordet wurden, beigesetzt.

28 *Der Tote von Madeira:* Kaiser Karl I. von Österreich-Ungarn (1887—1922). Gelangte 1916 zur Regierung, zog sich im November 1918, ohne bedingungslos abzudanken, von den Regierungsgeschäften zurück. Er starb in Funchal auf Madeira, dem ihm zugewiesenen Verbannungsort.

29 *Ignatius von Loyola:* Die Arbeit über Ignatius erschien in der Zeitschrift „Der große Entschluß" (Februar 1958).
Reinhold Schneider verfaßte diesen Aufsatz auf Anregung von Jesuitenpater B., dessen schwere Erkrankung der Dichter mit seiner freundschaftlichen Anteilnahme begleitete. Nach vorübergehender Besserung, die Pater B. das Erscheinen der ersten Auflage von „Winter in Wien" noch erleben ließ, ist er im September 1958 gestorben.

31 *Eichendorff-Feier:* Die Feier zum 100. Todestag von Joseph von Eichendorff fand am 1. Dezember im Akademietheater statt. Reinhold Schneiders Vortrag betitelte sich: „Prophetische Wanderschaft".

32 *Rodaun:* Wohnsitz von Hugo von Hofmannsthal (1874—1929). Er bewohnte das „Fuchs-Schlössel" aus der Zeit Maria Theresias, das sich heute im Besitz der Schriftstellerin und Malerin Maria Grengg befindet.

43 *Spiegelgasse Nummer 21:* Sterbehaus Franz Grillparzers (1791—1872).

45 *Custoza:* italienisches Dorf südöstlich vom Gardasee, wo Radetzky 1848 Karl Albert von Sardinien schlug.

50 *Anathoth:* Geburtsort des Propheten Jeremias.

53 *Ut potiar, patior:* Um mächtig zu werden, nehme ich Leiden auf mich.

54 *En boca cerrada no entram moscaes:* In einen geschlossenen Mund fliegen keine Mücken (portugiesisches Sprichwort).

60 *Tragödie Klesls:* Kardinal Melchior Klesl (1553—1630), führender Staatsmann unter Kaiser Matthias, versuchte eine Einigung mit den Protestanten und wandte sich 1618 gegen Ferdinands schroffes Auftreten in Böhmen. Er wurde gefangengenommen, jedoch 1623 in Rom freigesprochen. Gestalt aus Grillparzers „Bruderzwist".

68 *Tu ne me perdrais pas, si tu ne m'avais pas perdu:* Du würdest mich nicht verlieren, wenn du mich nicht schon verloren hättest.

68 *Periissem, nisi periissem:* Ich hätte zugrunde gehen müssen, wenn ich nicht schon zugrunde gegangen wäre.

70 *Death in the breast-bones:* Wörtlich: Tod im Brustkorb (Whitman); s. auch S. 136.

72 *Hambre de inmortalidad:* Hunger nach Unsterblichkeit.

73 *Les nénuphars froissés soupirent autour d'elle:* Die Verse Rimbauds lauten im Zusammenhang:
„Im Schlummer einer Erle weckt sie hin und wieder
ein Nest, aus dem ein kleines Flügelflattern schlägt.
Die Wasserrosen seufzen, wenn sie sie bewegt.
Ein Weiheklang fällt von den goldnen Sternen nieder." (Übertragen von K. L. Ammer)

78 *H. E. Sigerist:* Medizinhistoriker (geb. 1891). Reinhold Schneider zitiert öfters sein Werk: „Große Ärzte. Eine Geschichte der Heilkunde in Lebensbildern. Lehmanns Verlag, München 1954".

78 *Weißkunig:* (= weißer König), nach Kaiser Maximilians Entwurf von M. Treitzsaurwein 1514 ausgeführte Erzählung der Taten Friedrichs III. und Maximilians.

78 *Karl Michael Bellmann:* Schwedischer Lyriker (1740 bis 1795). Held des Schauspiels „Ulla Winblad" von Carl Zuckmayer.

89 *Awwakum:* Über den Protopopen Awwakum hat Reinhold Schneider einen Aufsatz „Altrussischer Glaube" veröffentlicht (s. „Macht und Gnade").

89 *Towerhill:* Platz beim Tower in London, auf dem Thomas Morus, John Fisher u. a. hingerichtet wurden.

89 *Campo Fiori:* Platz in Rom, auf dem Giordano Bruno 1600 verbrannt wurde.

89 *Blutgerüst auf dem stor torget in Stockholm:* Vermutlich meint Reinhold Schneider das Blutbad vom 8. 11. 1520, bei dem Christian II. 82 vornehme Gegner der Union enthaupten ließ.

98 *Magister, quid faciendo ...:* Meister, was soll ich tun, um das ewige Leben zu erlangen.

101 *Jack der Aufschlitzer:* auch Jack der Bauchaufschlitzer, Jack the ripper, englischer Frauenmörder aus dem Ende des 19. Jahrhunderts. Wedekind bringt ihn in der „Büchse der Pandora" als „Jack", den Mörder Lulus, auf die Bühne.

102 *Ile de Cythère:* Anspielung auf das Gemälde von Watteau: L'embarquement pour Cythère (Die Einschiffung nach Kythera. Paris, Louvre). Symbol für die Entrückung in ein Reich des schönen Scheins.

103 *Ambiente* (spanisch und italienisch): Umwelt

105 *Brüder Uchatius:* einer davon, Franz Freiherr von Uchatius (1811—1881), österreichischer Offizier, Technologe und Waffentechniker.

106 *Wilhelm v. Tegetthoff:* (1827—1871), österreichischer Admiral, besiegte 1866 bei Lissa die italienische Flotte.

107 *Heinrich Hauptmanns:* „Der arme Heinrich" von Gerhart Hauptmann.

107 *Montecuccoli:* (1609—1680), kaiserlicher Feldmarschall, schlug 1664 die Türken bei St. Gotthard an der Raab.

111 *Habsburg für immer:* Schlußworte von „König Ottokars Glück und Ende" von Grillparzer.

113 *Hóstias puras ...:* Reine Hostien, vergebens erhebt ihr euch über mich.

114 *Defeat cries ...:* Niederlage schreit laut nach Erklärung; dagegen deckt der Erfolg wie die Liebe eine Menge Sünden zu.

118 Numina Bina Thronum Fermant: Zwei Majestäten schützen den Thron.

121 *Henrik Wergeland:* (1808—1845), norwegischer Dichter.

131 *Unreiner Widerspruch.* Anspielung auf Rilkes Grabschrift: „Rose, oh reiner Widerspruch, Lust, Niemandes Schlaf zu sein unter soviel Lidern."

133 *Whispers of heavenly death:* Geflüster von himmlischem Tod. (Whitman)

135/136 *Verse von Walt Whitman:*

Denn ich sehe keinen Makel im Weltall,
Und ich sehe weder eine Ursache noch eine Wirkung, die letztlich zu beklagen wären im All.

Das All ist gebührend geordnet, jedes Ding hat seinen Platz.

Ich bekräftige durch Schwur mein Denken:
Alles hat ausnahmslos eine ewige Seele!
Die Bäume verwurzelt im Erdreich! Die Wogen der See!
Die Tiere!
Ich bekräftige durch Schwur mein Denken:
Es gibt nur Unsterblichkeit!

... trotz markiger Gestalt den Tod im Brustkorb, die Hölle unter dem Schädel ... sich nur gut an Gewohnheiten haltend, keine Silbe über sich selbst sprechend, wissend, daß der Erfolg nur einen größeren Kampf heraufruft.

151 *Schüsse von Mayerling:* Rudolf, Erzherzog und Kronprinz von Österreich-Ungarn, einziger Sohn Kaiser Franz Josephs, beging hier mit seiner Geliebten, Mary Freiin v. Vetsera, 1889 Selbstmord.

173 *Oskar Regele* veröffentlichte im Herold-Verlag: „Feldmarschall Radetzky. Leben, Leistung, Erbe."

177 *Baron Kempelen:* Wolfgang v. Kempelen (1734 bis 1804) erfand und verfertigte einst vielbewunderte automatische Figuren, von denen namentlich der schachspielende Türke seinerzeit Aufsehen erregte.

183 *Hans Leifhelm:* Lyriker (1891—1947).

193 *Mandelbäumchen für Mauve:* Auf dem Bild „Blühender Baum", das in Wien ausgestellt war, steht von van Goghs Hand geschrieben: „Souvenir de Mauve". Der Münchner Katalog vom Jahre 1956 erklärt diese Inschrift: das Bild war von van Gogh für die Witwe

des holländischen Malers Anton Mauve (1858—1888) bestimmt, bei dem er in Den Haag kurze Zeit hindurch Malunterricht genossen hatte und dem er eine treue Erinnerung bewahrte. „Cousin Mauve“ ist auch sonst aus van-Gogh-Biographien bekannt.

193 *Dionysischer Heimkehrer auf dem Wege von Bordeaux nach Straßburg:* Hölderlin.

193 *Halbblinder Prophet tragischer Wiederkehr in den Straßen Turins:* Nietzsche.

197 *Ducunt volentem fata, nolentem trahunt:* Wer willens ist, den führt das Schicksal, wer nicht, den reißt es mit sich.

202 *Hermann Weiner:* sein Stück heißt „Zwischen den Fronten“.

206 *Verse von Guido Gezelle:*

O Rauschen von dem ranken Riet,
Durchrausche du mein traurig Lied,
Und klagend komms vor deine Füß,
Du, der uns beide leben hieß.
O du, der selbst die kranke Red
Von einem Schilfrohr wohl versteht,
Verwirf doch auch mein Seufzen nit:
Ich arm und krank und klagend Riet.

(Übersetzt von Rudolf Alexander Schröder)

221 *„Lamm“:* Gasthaus in Neuweier bei Bühl, das Schneider im Winter 1956/57 während seines Aufenthaltes in Baden-Baden wiederholt aufsuchte.

228 *Devise AEIOU:* Die bekannteste Auslegung von Habsburgs Wahlspruch seit Friedrich III. ist: Austria Erit In Orbe Ultima (Österreich wird ewig auf dem Erdkreis bestehen). Eine andere, von Friedrich III. selbst so gedeutete lautet: Austriae Est Imperare Orbi Universo (Österreich soll den ganzen Erdkreis beherrschen).

229 *Rákóczy:* Franz II. (1676—1735). Als Führer der unzufriedenen Ungarn wurde er 1701 eingekerkert, später durch seine Gemahlin entführt. Er eroberte 1704 den größten Teil Ungarns. Nach der Niederlage von Trentschin löste sich sein Anhang auf.

230 *Torresani:* Karl Ferdinand von Torresani, Freiherr v. Lanzenfeld di Camponera (1846–1907). Österreichischer Offizier und Erzähler. Er schöpft seine Themen hauptsächlich aus dem Soldatenleben. Am bekanntesten sind seine von Reinhold Schneider auf Seite 249 genannten Bücher „Aus der schönen wilden Lieutnantszeit" und „Schwarzgelbe Reitergeschichten", mit denen er 1888 an die Öffentlichkeit trat.

237 *Lothar von Supplinburg ... der mir besonders teuer war:* Reinhold Schneider veröffentlichte 1938 ein Buch über ihn: „Kaiser Lothars Krone. Leben und Herrschaft Lothars von Supplinburg".

241 *Schläfer von Ephesus:* Siebenschläfer. Sieben Brüder, nach der Legende christliche Jünglinge aus Ephesus, die unter Decius 251 in eine Höhle flüchteten und dort, von den Heiden eingemauert, 200 Jahre schliefen, befreit wurden und ihren Glauben an die Auferstehung des Fleisches bekannten. Fest: 27. Juni.

242 *Tant que l'homme ...:* Solange der Mensch im Rahmen der Naturgesetze lebte, tötete er für seinen Gott und für seinen König — was ganz einleuchtend erscheint. Von dem Tag an etwa, da der Galopp eines Pferdes nicht mehr das Kennzeichen der Schnelligkeit war, begann er für sein Land zu töten — dies war schon schwieriger zuzugeben und zu erklären. Heute scheint es, daß er nur noch für seine Ideen töten darf: „Wer nicht mit mir ist, ist gegen mich" — und das ist geradezu unerklärlich für den, der keinen Glauben besitzt.

246 *Sieger von Kolin:* Feldmarschall Daun, der am 18. Juni 1757 bei Kolin über Friedrich den Großen siegte.

246 *Sieger von Aspern:* Erzherzog Karl über Napoleon (21./22. Mai 1809).

247 *Ludwig Ritter v. Benedek:* Feldzeugmeister des österreichischen Heeres, 1804–1881, mußte 1866 die Führung der Nordarmee übernehmen und wurde bei Königgrätz von den Preußen geschlagen.

247 Franz Graf *Conrad* v. Hoetzendorf: über ihn s. S. 174 f.

251 *Karl v. Frisch:* Zoologe (geb. 1886), vor allem bekannt durch seine sinnesphysiologischen Arbeiten.

251 *Adolf Portmann:* Zoologe (geb. 1897). Reinhold Schneider beschäftigte sich bis in die letzten Tage seines Lebens mit dessen Werk „Die Tiergestalt. Studien über die Bedeutung der tierischen Erscheinung."

254 *Innocue vivito, numen adest:* Lebe schuldlos, und Gott ist mit dir.

262 *Gustav H. R. v. Königswald:* Paläontologe (geb. 1902).

267 *Dichter der Letzten Dinge:* Franz Grillparzer, der sich selbst so nannte. Als ihm seine Freunde Vorwürfe machten, weil er schon lange als Dichter geschwiegen hatte, antwortete er mit der Strophe:
„Ich rede nicht, wo jeder spricht,
Wo alle schweigen, schweig ich nicht.
Weh euch und mir, wenn je ich wieder singe.
Ich bin ein Dichter der letzten Dinge."

272 *Sieger von Abukir:* Admiral Nelson über die französische Flotte (1798).
Lady: Lady Hamilton.

273 *Vita ianua mortis, mors ianua vitae:* Das Leben ist die Pforte zum Tod, der Tod Pforte zum Leben.

282 *Cuando quiero llorar ...:* Wenn ich weinen will, weine ich nicht, und manchmal weine ich, ohne zu wollen.

284 *Der gütige Erzbischof ist gestorben:* Dr. Eugen Seiterich (geb. 1903) war am 3. März gestorben. Die Beisetzung fand im Freiburger Münster statt. Reinhold Schneider wohnte zunächst im Hotel Oberkirch am Münsterplatz, von wo er am Tag nach seiner Ankunft den Leichenzug betrachten konnte.

INHALT

WINTER IN WIEN
Seite 7-284

(Confusionen Seite 251-270)

GRABREDE VON
WERNER BERGENGRUEN
Seite 285-292

ANMERKUNGEN
Seite 293-301

Verzeichnis der Abbildungen

Reinhold Schneider, Porträtaufnahme — *Titelbild*

Sechs Zeichnungen von Hans Fronius:

Werner Krauß. Kreidezeichnung — *nach Seite 48*

Pietà. Kreidezeichnung — *nach Seite 64*

Gogol: Der Revisor. Pinselzeichnung — *nach Seite 96*

Kühfußgasse und Peterskirche. Kreidezeichn. — *nach Seite 128*

Der Kaiser. Federzeichnung, laviert — *nach Seite 192*

Franz Grillparzer. Pinselzeichnung — *nach Seite 240*

Totenmaske von Reinhold Schneider — *nach Seite 288*

Herkunft der Abbildungen

Titelbild: Foto Fr. Eschen, Berlin-Wilmersdorf. — Totenmaske: Abgenommen von Bildhauer W. Schelenz, Freiburg i. Br.; Foto W. Pragher, Freiburg i. Br. — Die Zeichnungen von H. Fronius „Pietà" und „Der Kaiser" aus dem Besitz von Reinhold Schneider; „Werner Krauß" aus der Staatlichen Sammlung Albertina, Wien; die übrigen im Besitz des Künstlers.